全球化下的货币政策

张敬国　著

商务印书馆
创于1897　The Commercial Press
2014年·北京

图书在版编目(CIP)数据

全球化下的货币政策/张敬国著.—北京:商务印书馆,2014
ISBN 978-7-100-09257-9

Ⅰ.①全… Ⅱ.①张… Ⅲ.①货币政策—研究 Ⅳ.①F821.0

中国版本图书馆 CIP 数据核字(2014)第 086094 号

全球化下的货币政策
张敬国 著

商务印书馆出版
(北京王府井大街36号 邮政编码 100710)
商务印书馆发行
北京瑞古冠中印刷厂印刷
ISBN 978-7-100-09257-9

2014年7月第1版 **开本 880×1230 1/32**
2014年7月北京第1次印刷 **印张 13⅞**
定价:42.00元

序

全球化自21世纪以来日益成为世界经济的一个重要特征，也成为影响中国经济运行的一个重要因素。2001年中国加入世界贸易组织后，对外贸易增速提高，国际贸易份额上升，中国企业参与国际产业分工程度也在加深。在商品流动扩大的同时，资本流动加速，人民币信贷总量、利率、汇率等金融指标受国内外市场密切关注，货币政策调控面临一些新的课题。

中国是一个发展中国家，处于计划经济向市场经济转轨过程中，在经济金融国际交往中，既要积极参与谋求互利互惠，又要始终清楚自身的条件与特点，充分审慎地控制风险，维护宏观稳定。党的十八大提出，要深化金融体制改革，健全促进宏观经济稳定、支持实体经济发展的现代金融体系。作为新兴加转轨的经济大国，中国金融体制的改革和发展，要以促进宏观经济平稳运行、支持实体经济健康发展为基本。金融业要始终以服务实体经济和金融消费者为己任，提高金融服务效能，更好地适应经济社会发展对金融服务的新要求。积极支持实体经济稳步增长，提高金融服务效率。这是金融改革也是金融开放的立足点，在促进宏观经济稳定、支持实体经济发展的构架下，稳步推进利率和汇率市场化改革，逐步实现人民币资本项目可兑换。

中国金融业的发展需要大量的金融人才，加强学习、研究是金融从业人员积蓄知识、提高能力的重要途径。

本书是张敬国的论文集，内容包括货币与宏观政策、金融市场、宏观经济、金融开放、次债金融危机、利率与汇率六个部分。在我指导张敬国学习期间，他就努力尝试去系统、深入地思考经济问题。他勤奋好学，专业知识积累涉足经济学、金融学、工商管理、法律和会计多个领域，注重学以致用，思学互进。张敬国毕业后先后在人民银行的金融监管和货币政策部门工作多年，之后从事金融市场投资，既参与了银行业开放、信贷资产分类监管、基础货币规划、存款准备金调控、利率和汇率机制改革等重要工作，又积累了证券市场、外汇市场和项目投资活动经验，为他学习、思考经济金融问题铺筑了较好的基础。作为一家之言，本书提出的观点和思路，有待于进一步辨析和讨论。希望张敬国继续努力，不断学习，坚持独立思考，为经济改革和发展做出更有价值的研究。

尚福林

2013年4月

目 录

第二部分 金融市场

第三部分 宏观经济

第四部分 金融开放

第五部分 次债金融危机

第六部分 利率与汇率

前　言

本书是一部论文集，选录了我约二十年来学习、工作期间所写的主要经济类文章。我于1989年从内蒙古海拉尔第二中学考入中国人民大学经济学系读本科，1993年考入中国人民银行研究生部（2012年改名为清华大学五道口金融学院）攻读金融学硕士。工作后在职期间，于1999—2003年在北京大学攻读经济学博士，2001—2002年由中国人民银行公派在英国兰卡斯特大学（Lancaster University）攻读工商管理硕士，2004—2007年在中国社科院金融研究所做博士后研究。此外，于1998年10月参加并通过了全国律师资格考试。

1996年8月从五道口毕业后到中国人民银行总行工作。第一年在福建省漳州市分行锻炼，我怀着浓烈的兴趣在金融稽核、货币信贷、金融监管、会计、国库、营业部6个科室实习，出差去了漳州分行下辖的9个县支行培训、调研，粗略地见识了县域经济金融的情况，回到总行后写了1万多字的锻炼报告。那一年结交了很多朋友，至今很想念他们。此后，我于1997—1998年在人民银行总行外资金融机构管理司、1998—1999年在银行监管一司、1999—2003年在货币政策委员会秘书处、2003—2005年在货币政策司分析处工作，2005年8月离开中央银行到泰康资产管理公司工作至今。

本书将所选的文章分成6个部分。

第一部分货币与宏观政策。11篇文章中前4篇是在人民银行货币政策司工作期间所写。“铸币税、货币发行与基础货币供应”写于1999年，时值中国实行积极的财政政策，有官员和专家提出中央银行应该上缴铸币税以增加财政收入，为扩大财政支出提供支持。该文章指出，在现代信用经济中，铸币税不是财政收入的一个税种而是中央银行的基础货币增量，基础货币供应需要以投资或融资等有偿的信用方式投放。

事实上直到今天，由于政府权力边界不明确，财政部和中央银行在资金运用上常常有纠纷和被质疑。比如，关于外汇储备的管理和使用，财政部和人民银行都可以引据经济理论和国际经验证明自己应该是主导机构；财政部内部对于为购买2000亿美元外汇储备并将其交由中国投资公司管理而发行国债造成债务规模扩大的问题争议较大；人民银行内部对于将外汇储备投资国有商业银行是否属于印钞票透支问题也存在分歧。

无论是税收支出还是基础货币投放，都是社会公共资金支出，这些支出受公平和效率原则的约束，也受权力和势力的影响。在美国，财政部和中央银行也会因为救助“太大而不能倒”的金融机构、汽车公司而动用公共资金。关键是特殊安排要少而不能成为常态，支出行为自始至终要受到监督和约束。

第一部分中的“2006年货币政策需要协调从紧”、“全球化背景下中国货币政策要点”、“2007年货币政策调控工具应用”、“从紧的货币政策：向左还是向右”、“2009年房价飙升的直接原因是货币政策过度宽松”5篇文章是作者离开中国人民银行后，从市场投资者的角度对货币政策的思考。在我看来，对于理解货币与宏观政策，市场工作经验和中央银行工作经验同样重要。2005年5月我参加美国纽约联储培训时，曾经问一个从华尔街转行来的联储官员的感受，他说，“市场告诉我现实是什么，联储告诉我政策是什么”。2010年我参加会议见到AIG保险集团原董事长格林伯格先生(Mr. Greenberg)，他讲到，“一个人最好不要一辈子都在政府部门工作，可以去体会一下民众的生活，从事一下具体的社会创造”。

回顾三十多年来中国改革动力源泉，一是民营化，二是国际化，两者都至关重要。货币与宏观政策首先是调控总需求，尽可能熨平经济波动，同时协调有效供给，促进可持续增长。2005—2011年的货币与宏观政策，以挑剔的眼光来看，至少有以下几个特点：1.货币政策立场偏松，2.货币政策操作市场化取向和行政化取向并存，3.利率平价幽灵时现时隐，4.利率水平过低，5.保护商业银行利益。以上几个特点，本书都有文章进行具体阐述。2002—2011年是中国经济全球化最快的十年，对外贸易年均增长约20%，外汇储备年均增长约70%。这一时期的货币宏观政策承前启后，对中国影响如何，人们争议颇多，还需要时间去检验。作者将本书中的一篇文章标题“全球化背景下中国货币政策要点”简化作为全书的名字，是想建议对这一问题要反复思考。市场投资者理解货币政策有两个角度：一是短期力求实证，把握决策机构甚至决策个人特点，猜测最有可能出台的政策措施，演绎其对市场的影响进而安排投资操作，即所谓“识时务者为俊杰”，如果货币政策持续偏松那就去参与泡沫吧。二是中期力求规范，经济总是有周期有规律的，政策错误也是要纠正的，在参与泡沫之前一定要坚定地设计好退出的路线。“未来五年货币政策趋向”试图有所展望。2002—2012年中国经济总量扩大同时结构上出现退化问题，经济杠杆率也大幅上升。由于货币政策操作市场化与行政化取向并存，利率水平偏低刺激影子银行业务供需两旺，致使货币政策调控效果折损。2013年后，货币政策以利率市场化（主要是存款利率市场化），还是以资本项目开放、减少外汇管制为主线，对于经济金融发展和货币政策调控效果影响重大。

第二部分金融市场。这里的4篇文章，都是作者在货币政策司工作时所写。2003年发表的“货币市场运行特征及其与资本市场的协调”提出发展融资性商业票据和企业债，与2005年推出短期融资券及2008年推出中期票据相呼应。其中关于发行大额可转让存单提议是许多人都建议过的，作者一直认为这是利率市场化的重要措施之一。随着商业银行理财产品的大量发行，大额存单实际上已经存在并迅速增加。2012年6月8日和7月6日，人民银行调整存贷款利率水平同时进行利率市场化改革，将贷款利率下浮幅度扩大至30%，允许存款利率上浮幅度为10%。在商业银行1年期以内存款（占总存款比例90%以上）利率基本都是一浮到顶情况下，存款利率上浮更像加息而难以称为真正的利率市场化，短期内继续提高存款利率上浮幅度也比较困难。推进利率市场化，推出和推广大额存单、协议存款仍然是非常有价值的选项。

第三部分宏观经济。“货币资金流动与产业结构成长”是我的硕士学位论文的缩写，也是我从综合角度学习研究中国经济金融问题的开始，思考如何在推动金融市场化改革的同时，促使更多的资金流向经济起飞时的基础产业和主导产业。

“非均衡的中国与国际经济”、“美国引领全球产业升级与重组”和“全球资本流动变化趋势与中国的政策协调”三篇文章，主要是思考在全球化进程中，中国与美国及国际经济的关系。21世纪以来经济全球化进程加速，资本、技术、劳动力、资源在全世界范围组合，美国产业结构变化明显，制造业产值比例和就业人数比例下降，金融、专业服务业产值比例、就业人数比例上升。美国等发达经济体产业升级和经济转型，延长了全球经济产业链，拓展了全球经济发展的空间。发达国家制造业向中国等国家转移，加快了中国的工业化、城镇化发展，促进了产业结构升级。与此同时，全球资本净输入国家趋于集中，美国资本流入占比不断上升，既体现了美国经济增长强劲、金融效率高的优势，也反映出美国贸易逆差加重、储蓄缺口扩大的现实。中国对外贸易顺差增加，资本输出额持续上升，反映了中国市场经济体制成长、产业结构升级、可贸易商品劳动生产率提高等进步，同时也显露出储蓄持续大于投资、内需不够充足等问题。中国需要在保持宏观总量稳定情况下，加快国内经济改革，出台劳动保障、社会保障、加强教育、保护环境、开发消费点等方面的结构政策，并适当参与国际经济协调。

“中国增长模式转型关键是发展民营经济”写于2008年中国经济增速受美国次债危机影响快速下滑初期，强调2008年下半年中国经济增速大幅度下滑的根本原因，是2003—2007年以投资和出口为导向的高速增长模式不可持续。促进经济平衡和转型，就是要在服务业打破垄断，引入民营资本和市场机制，支持和发展民营中小企业参与GDP创造和分配，增加民众收入，促进居民消费。这一呼吁在2012年中国经济增速再次明显下滑时候被很多人提起，其立足点是呼唤政府减税放权、缩小垄断、国退民进，由于矛盾集中于政府而让人担心其现实可操作性不大，进展也难以迅速。最近我关注到一种观点，以城镇化中公民权利平等的社会化改革为突破带动全面改革[①]。这一提法与发展民营经济观点并不矛盾，但是可能更温和、更现实，也可以成为增长模式转型的切入点，值得市场投资者关注。

"中国经济：成长的烦恼还是增长的陷阱"，分析21世纪第二个十年，中国经济既面临着人口抚养比上升、收入分配差距扩大、城市化高成本、市场化机制退化、金融资产过度膨胀和质量下降等困难，也存在城市化空间大、收入消费升级、增长模式内在转型等机会，强调经济政策的制定和执行非常关键。

第四部分金融开放。现代文明主要是西方文明，开放是中国经济竞争力提升的源泉。制造业是中国国际竞争力的中坚力量，对外开放参与国际循环，对内开放促进民营企业竞争与发展，国际竞争力快速提高。"中国金融开放的微观与宏观问题"强调的是，相比于制造业，中国金融业微观对外开放缓慢，外资金融机构市场份额较低，对中资金融机构的竞争和促进作用不充分。金融业对国内民营企业开放停滞，以政府拥有和干预为主导的产权安排对金融机构经营行为影响很大，既难以实现有效审慎约束，又不利于提高竞争和活力。人民币汇率机制改革之后的中国宏观金融开放出现逻辑混乱，突出表现是货币政策对外推进人民币汇率、资本项目管制放松的同时对内却恢复并强化信贷发放限额行政管理。中国金融业的宏观不稳定问题和微观不活跃问题并存，建议政策取

① 华生：《中国改革：做对的和没做的》，东方出版社2012年版，第106页。

向在微观金融方面进一步对外资和民营资本开放，宏观金融方面把握好货币政策的对内和对外市场化安排。

第五部分次债金融危机。次债金融危机后，加强金融监管成为最响亮的呼声。“次债金融危机的主要成因并非监管不严”旨在提醒中国政策制定者：1.次债危机主要成因是美国货币政策低利率刺激经济金融过度膨胀，其基础是美国对全球资源的过度使用；2.为应对危机造成的经济萧条，美国采取低利率和加强金融监管措施是基于其自身需要的挽救和改进措施；3.中国可以从美国等应对危机的金融监管改革措施中借鉴经验。然而更重要的，应该看到次债危机的主要成因是过度宽松的货币政策。防范宏观系统性金融风险需要坚持货币政策中性取向，提高金融竞争力需要提高微观主体创新能力，在此基础上改进金融监管。

第六部分利率与汇率。对于独立货币政策当局，利率是货币政策的核心。20世纪90年代，主要工业国家中央银行陆续将利率确定为货币政策调控中介目标。利率调整与经济运行变动之间的关系，可以通过利率变化与通货膨胀、经济增长等宏观变量和劳动生产率、企业利润率等微观变量之间的关系来描绘分析。市场经济主体行为变化会体现其关于利率变动和经济变化的理解，并通过市场交易反映到市场利率和价格的变化上来。“中国的利率水平与利率结构”分析了1978—2006年间，中国利率长期处于偏低水平，存款实际利率平均为-0.2%，并存在明显的“利率幻觉”。2005—2006年压低利率水平在引导汇率走势上存在双重影响：利率水平低会降低短期“热钱”投机的货币市场收益，但是同时也会助长国内投资过快和资产泡沫膨胀，反而吸引投机资本。根据经济周期的变化，综合协调地调控存贷款利率和债券市场利率，使其达到或接近中性水平，将有利于实现货币政策的稳定性器功能。

“利率过低是中国宏观经济不稳定的重要原因”是本书核心观点之一。2003 年以来中国利率水平过低，从国内历史看处于最低阶段，从国际比较看属于最低群体。低利率刺激中国经济持续透支式地高增长，加剧房地产泡沫爆膨，政府应对通货膨胀和资产价格高涨，被动仓促进行行政调控加大了经济波动。主张人民币利率保持低位的理由似是而非，在经济调控工具选择上，利率比汇率更有理论和现实效力。中国股票市场缺少长期投资安排，低利率和宏观政策行政性波动促其使然。

汇率问题是经济、金融、外交问题的综合体。如果从经济、金融角度来看，“人民币汇率改革路向何方”指出，外汇交易主要由于金融交易需要，其次才是贸易交易需要而发生的。人民币汇率管理放松进程的快慢，将主要取决于中国金融市场包括货币市场、资本市场和外汇市场的发展程度，还有汇率问题密切联系价格、税收制度。中国出口额 60%以上来自三资企业，如果一方面通过税收对出口企业进行大量补贴，听任企业对劳动力、环境进行掠夺，一方面又试图通过汇率升值来促进国际收支平衡，那就是自相矛盾和本末倒置。人民币汇率改革是国内、国际体系的联结点，与汇率改革相伴，中国金融机构、金融市场成长发展，劳动力、资源价格体系合理市场化，人民币资本项下可兑换推进，这些方面的协调、配合十分重要。“加速升值抑制通胀:逻辑的错误与错误的逻辑”在 2008 年初算是一篇逆时尚的文章。人民币汇率加速升值不仅不能抑制通胀，反而可能加剧通胀压力。2004 年以来中国经济过热的原因，主要是国内经济扩张动力充足，国际经济需求强劲，同时中国的货币政策立场偏松。在通货膨胀加剧的形势下，外汇管制偏弱而信贷控制加强且价格限制严格，是完全颠倒了行政干预的先后次序，调控效果也是事倍功半。如果中国经济制度和收入结构不能及时改进，失衡过多地依靠汇率来调节，将使企业、政府忙于苦于应对人民币升值压力，无暇无力进行要素价格调整和环境保护投入，会恶化而不是改善中国经济结构问题。

汇率是2005年来货币政策的焦点问题。由于和这一时期人民银行的观点不能完全一致，我一直略带苦恼地反思产生分歧的原因是什么。

首先是对经济学原理的理解和应用。汇率问题至少涉及国际收支、购买力平价、巴拉萨—萨缪尔森模型、利率平价、蒙代尔三角理论等等。理论模型都要设立假设条件，将理论用于现实分析时，需要把假设条件与实际条件相对应和甄别，而对实际因素的分析是否透彻决定了推理逻辑是否连续和结论是否符合现实，这一点在使用巴—萨模型来分析人民币汇率问题时尤为突出。

其次是对现实国际秩序的接受和思考。汇率不可避免地和国际问题相关联，国际金融秩序以美国及国际货币基金组织为主导。这一秩序对于美国、欧洲和亚洲国家的经济利益考虑并不相同。顺从地接受这一秩序，容易将人民币汇率问题作为国际失衡的重要原因，因为该秩序提倡全球资金自由流动，但是不认可人口自由流动，并且以美欧利益为主导。质疑地参与这一秩序，可能就会发现，人民币汇率不是全球经济失衡的原罪，“全球金融危机是美国的政策所致”①。国际经济秩序演变是渐进的，中国需要加入国际秩序与其一同演进，但是也要保持平等、独立的思考态度。

---

① 林毅夫：《从西潮到东风》，中信出版社2012年版，第27页。

还有是对中国金融改革的设计和安排。2002—2012年是中国国际化进程最快的时期，但是经济对外国际化进度快而政府对内管理市场化进步慢，各项金融改革如国有银行改制、金融市场发展、人民币汇率浮动、人民币跨境贸易结算、资本项目开放，在寥寥不多的经济改革中为人瞩目。如果说人民币汇率承载了太多总量和结构调节的意义而喧宾夺主，但是其它经济改革的滞后的确也有几分令货币当局不得已为之。这里可以挑剔的是人民币利率水平偏低和利率市场化滞缓，低利率的本质是让老百姓承担更多的经济运行成本。

改革政策设计和实施受现实约束，一些问题长期萦绕着货币政策操作：在金融改革中，国际化和市场化，汇率和利率，哪一项更为基线更为主导？汇率浮动、利率市场化、资本项目可兑换该有怎样的顺序？1840年以来中国的现代化进程命运多舛，改革者推动中需要借力打力，经验和教训是否倾向于：加入国际循环是促进改革最有效手段，即使侵占一些老百姓利益也是不得已的“轻害”选择？

“人民币汇率：冰山更多在海面下”是作者自认为思考比较深入的文章，当然出发点也会有倾向，基本结论如下。顺差和汇率都是表象问题，一国经济的根本在于就业、通胀和福利。把顺差和汇率作为中国经济的根本问题是避重就轻。目前汇率出现国际纷争的核心原因是商品和资本流动性较高而劳动力流动性较低。巴—萨模型下实际汇率升值源于贸易品生产率增速差异引致的非贸易品价格上涨的差异，外贸收支顺差变化则反映了国民经济核算中储蓄的变化。过度强调汇率升值调节顺差和储蓄，汇率升值水平就可能高于购买力平价水平，这可以部分地解释人民币对内贬值和对外升值现象。人民币汇率改革之后，汇率机制从钉住改为爬行钉住美元，是中国当局从其所理解的金融稳定角度进行的汇率安排。人民币还需要名义锚约束，是中国宏观当局货币政策立场偏松、缺乏市场信任也缺失自信的结果。考虑到中国近年来资产价格膨胀的速度，按市值计算，外商在华资产价格有可能达到3万亿美元，与中国外汇储备规模孰高孰低难以定论，中国对外到底是净资产还是净负债需要细察。开放是中国经济发展的原动力之一，在货币领域，近年来出现对外开放市场化、对内管制行政化、金融改革进退矛盾的现象。货币当局关于商业银行利率市场化政策的核心是贷款利率管下限、存款利率管上限，这种利差保护政策巩固强化了商业银行在中国金融领域的垄断强势地位，助长甚至放大了中国经济顺周期波动，抑制金融创新、阻碍经济增长方式转型。中国经济不均衡问题的核心是经济对外国际化进度快而政府对内管理市场化进度慢！

以上是对本书背景和内容的简要介绍。记得在学位论文答辩会上，最后如果论文通过，答辩委员会都做出一个决议，其中一句话是“具备一定的独立研究能力”。之后我常常思考，怎样能够做到独立研究，既不能人云亦云，也不要自以为是。现在感觉资产管理工作与此要求不谋而合，一方面要对市场有独到的见解，人云亦云的研究员不会被花钱聘用，另一方面观点还要被市场真金白银地检验，仅仅自圆其说也不能证明有实际价值。推而广之，在竞争市场上的从业者们，都具有独立钻研精神。

2001—2002年我在英国读书，深为这个多阴多雨的小岛国能够创造出现代科技文明和社会文明而感慨。班级共有70多位同学来自22个国家或地区，其中中国学生智商明显偏上等，学习也比较勤奋。从理性程度看,英国教学更追究实证与逻辑。然而,从个性表现看,西方学生更张扬。举个例子,管理学曾经有一节课讨论如何开会,请大家设计和模拟开会场景,努力实现会议中每个人独立发言,发表不同看法,而不被几个或者少数人操纵会议。曾经和多位朋友讨论,中国的读书人多有士大夫情节:修身、齐家、治国,“小不忍则乱大谋”,不鼓励个性张扬,然而结果是个人不舒展,国家理性发展缓慢。否则,为什么中国人聪明勤奋,但是国家却长期落后,至今还不能说完成了现代化进程呢?

2012年时值北京大学经济学院建院100周年,在参加百年讲堂里的纪念活动中聆听各种讲话,脑子里突发闪念:这里有多少民主和科学思想的薪火传承呢?多年以来我体会,市场经济是民主和科学精神的社会基础。在比较充分竞争的市场上,生产者要想获得消费者的选票,就要努力了解、分析消费者,提供恰当的产品和服务满足消费者的需求,这里的确是以民为本;而了解、分析和满足消费者需求,就要求真务实,这里的确是不唯书、不唯上、只唯实。现代市场经济,是在竞争市场的基础上去努力完善公平和法治,首要的前提还是市场本身。

向往现代文明,期盼中国现代化,就参与到市场经济中来吧。

2013年3月

第一部分

货币与宏观政策

铸币税、货币发行与基础货币供应①

摘要:在现代信用经济中,从中央银行创造货币的角度来理解,铸币税不是一个会计概念,更不能把它理解为一个真正的税种,成为财政收入的直接来源,铸币税是中央银行的基础货币增量。除了中央银行投资购买黄金、外汇资产外,中央银行其他基础货币供应也都是以有偿的信用方式投放,表明在规范的金融市场上,任何资金运用都要有信誉和效益的比较。

一、 铸币税的来源

铸币是指经过国家证明,具有一定形状、重量、成色并标明面值的金属货币。在金属货币制度下,世界各国先后出现了铸币流通。铸币有主币和辅币两大类,主币由足值的贵金属铸造而成,公民有权持金属要求铸造当局代铸。辅币一般是实际价值低于币面价值的不足值货币,铸造辅币可以得到一部分铸币收入。为防止

① 本文写于1999年。当时正值国家实行积极的财政政策,有人提出中央银行应该上缴铸币税以增加财政收入,为扩大财政支出提供支持。针对此意见,本文经过戴根有、王煜、刘薇、张敬国讨论,由张敬国执笔完成。

私铸牟利、辅币排斥主币以及劣币驱逐良币的现象发生，法律规定辅币由国家垄断铸造，铸币收入收归国库，称为铸币税。[①]

二、 铸币税概念的演变

随着银行信用的发展，各国出现了用纸印制的银行券，发行银行券的银行保证随时可按面额兑付铸币。到了19世纪，许多工业化国家先后禁止商业银行发行银行券，而把发行权集中于中央银行。19世纪末20世纪初，中央银行垄断了银行券的发行，保证银行券与铸币兑换，使银行券稳定地代表金属铸币流通，并最终取代了铸币流通。这时期，由于要求将银行券兑换成铸币的为少数，中央银行按面值发行银行券为其提供了大量的资金来源，使中央银行能够为财政和商业银行提供贷款。[②]

经过1929—1933年的世界经济危机，不兑现的银行券货币制度取代了金属货币制度，纸币成为法偿货币，由国家强制规定其流通。由于纸币材料的价值与其面值相差甚远，中央银行发行纸币就成为其资金来源重要的一项，如表1所示。

在现代中央银行的运作中，现金发行是中央银行创造货币的一部分，当中央银行通过资产负债表借贷方同时记账的形式增加基础货币时，这时的货币创造连印钞纸的成本都没有了，更成了“无本造钱”。

在现代信用经济中，对铸币税的解释有两种，一种认为它是中

---

① 李春：《资本主义货币银行学》，武汉大学出版社版1989年版，第53页。

② 同上书，第55页。

表1　1996年底工业化七国通货发行与中央银行主要资金来源比

单位:10亿各该国货币单位†

	通货量*	储备货币量**	通货量占储备货币量比重%
美　国	406.20	475.20	85.5
英　国	22.12	29.37	75.3
德　国	246.80	329.00	75.0
法　国	260.00	315.00	82.5
意大利	100.07	181.85	55.0
日　本	49.08	57.84	84.9
加拿大	28.78	33.46	86.0

*在商业银行之外的通货量。

**即基础货币余额。

†意大利和日本为万亿各该国货币单位

资料来源:International Monetary Fund, *International Financial Statistics*, 1997, 11.

央银行资金运用收益和资金来源成本的差额,即中央银行上缴财政的利润,另一种认为它是中央银行的基础货币增量。① 从铸币税给政府带来收入的角度理解,第一种解释较合适。而如果从中央银行创造货币的角度来理解,第二种解释更恰当。

三、基础货币与中央银行的货币政策操作

如果将铸币税理解为中央银行的基础货币增量,那么铸币税就不是一个会计上的概念,更不能把它理解为一个税种,作为财政收入的直接来源。实际上,这里铸币税的概念已经不是政府从货币创造中获得的收益,而是指随着一国GDP的增长,中央银行在

① 谢平:"关于铸币税的研究",中国人民银行《金融研究报告》,1999年。

保证币值稳定的前提下，可以增加多少基础货币来媒介流通。中央银行的资产结构，特别是新增资产结构，反映了基础货币增量的供应渠道，亦即铸币税收入的分配对象。

一定时期内中央银行的基础货币增量，取决于一国名义 GDP 的增长、货币流通速度的变化等。通过操作基础货币来调控货币供给，是中央银行实施货币政策的重要手段。如果一国中央银行将货币发行全部提供给财政，那么该国也就不存在货币政策了。

在计划经济或中央银行独立性很差的市场经济国家，“财政出赤字，银行发票子”，财政收支成为调节货币供给的一个“闸门”。

在现代市场经济国家，中央银行和政府的关系相对独立，一般立法规定财政不得向中央银行透支，这是各国多年的经验教训。在这些国家，中央银行基础货币供应有以下特点：

（一）除了中央银行购买黄金、外汇资产外，央行基础货币都是以有偿的信用方式投放，如再贷款、再贴现和在公开市场上购买政府债券，这些信用形式的价格分别为再贷款利率、再贴现率和国债利率。以有偿的信用方式投放基础货币，表明在规范的金融市场上，任何资金运用都要有信誉和效益的比较。

（二）购买政府债券为中央银行基础货币供应的重要渠道，如美联储 1997 年 1 月总资产中，政府债券占 86.1%，日本中央银行 1997 年 9 月总资产中，政府债券占 80.7%。

随着社会生产的扩大，社会信用规模也要扩大，需要中央银行创造更多的信用。同时，政府作为经济主体之一，其信用规模也将不断扩大，这是市场经济运行的必然状态。

四、 我国的基础货币调节

1994—1997年前我国基础货币供应特点是：由于三年以来连续的国际收支盈余，人民银行为维护汇率稳定，在市场上买入外汇，外汇占款成为基础货币供应的主要部分；对农副产品收购等政策性资金的供应也表现出刚性增长，逐渐成为基础货币供应的重要渠道；为了实现"适度从紧"的货币政策目标，人民银行采取收回对国有商业银行再贷款的方式，"对冲"外汇占款和政策性银行贷款两个渠道供应的基础货币。1998年由于东南亚金融危机和粮食流通体制改革的影响，通过外汇占款和对政策性银行贷款渠道供应的基础货币大大减少，而通过对国有商业银行贷款渠道供应的基础货币相对增加。目前基础货币需求与供应一定程度上存在结构性矛盾，一方面国有银行由于有国家信誉作后盾，存款大量向其集中，资金充足，并不需要人民银行对其提供的再融资便利，另一方面，中小金融机构由于存款搬家、清理整顿等因素影响，头寸极为紧张。

在此情况下，中央银行的基础货币调控要考虑增加给中小金融机构提供再贷款资金支持，适当增加对城市信用社的再贷款融资，增加对农村信用社的再贷款数量，以促进小企业和农村经济发展；扩大公开市场的一级交易商成员，适时开展公开市场业务操作，配合积极的财政政策，及时为商业银行提供充足的流动性等。

参考文献

International Monetary Fund (1997), *International Financial Statistics*, 11.

李春:《资本主义货币银行学》,武汉大学出版社1989年版。
谢平:"关于铸币税的研究",中国人民银行《金融研究报告》,1999年。

存款准备金制度与金融调控[1]

摘要：本文介绍了存款准备金制度适用的内容、存款准备金率调整趋势、准备金资产范围和考核办法、准备金存款利率以及外汇存款准备金等方面内容，指出在西方国家货币政策操作由数量目标转为价格目标后，存款准备金制度逐步演变为约束货币供应增长、增强公开市场操作和利率调整有效性和灵敏性的基础性制度。在系统分析我国存款准备金制度演进逻辑的基础上，提出建立和完善资本充足制度、存款保险制度和存款准备金制度，对于促进金融机构市场化运作、维护金融平稳运行、增强货币政策传导有效性至关重要。

存款准备金指金融机构根据规定将其有关存款和负债按照一定比例交存到中央银行的部分。金融机构按规定向中央银行交存的存款准备金占其有关存款和负债总额的比例为存款准备金

① 本文写于2004年，部分发表于《金融理论与实践》，2006年第10期。2003、2004年中国人民银行改革存款准备金率制度，为之后频繁使用存款准备金工具进行调控奠定了基础。

率。[①] 存款准备金最初渊源于保证商业银行对客户提款进行支付，之后逐渐具备清算资金的功能，后来发展成为货币政策工具。近二十多年来，在部分国家，如英国、加拿大，出现存款准备金率下降为零、存款准备金制度弱化的现象；但是在其他很多国家，如美国、日本、欧元区国家和众多发展中国家，存款准备金制度仍然是一项基本的货币政策制度，在货币信贷数量控制、货币市场流动性和利率调节，以及促进金融机构稳健经营、限制货币替代和资本流出入等方面发挥重要作用。我国存款准备金制度借鉴诸多市场经济国家经验，关注国际趋势，并根据我国实际不断改进和发展。

一、 存款准备金制度概要和发展趋势

从目前各国存款准备金制度运作实际来看，存款准备金发挥着货币政策工具、清算资金和一定的支付保证职能，存款准备金制度的内容也主要是围绕这些职能设计和规定的。

（一）存款准备金制度适用的范围

作为货币政策工具，存款准备金是影响货币乘数，即影响中央银行基础货币与货币供应量之间函数关系的重要因素。当中央银行降低或提高法定存款准备金率时，金融机构可用于贷款的资金会相对增加或减少，促使社会贷款总量相对增加或减少，从而影响整个社会的货币供应状况。存款准备金制度的适用范围，与货币

---

① 中国人民银行货币政策司：《存款准备金制度的理论与实践》，企业管理出版社1998年版，第2页。

政策调控方式、传导方式、控制的有效性和公平性密切相关。

从存款准备金制度适用的金融机构范围来看，能够影响货币供应的金融机构，特别是存款货币银行（传统中的商业银行）是存款准备金制度适用的主要机构。20 世纪 80 年代后，许多西方国家尽可能扩大了准备金制度适用的金融机构范围。如美国 1980 年的《存款机构放松管理和货币控制法案》规定，所有存款机构，包括商业银行、外国银行的分支机构以及储蓄机构（储蓄机构和信用协会）等机构，都需按照联邦储备银行的规定交纳的存款准备金。与美国相似，日本要求所有经营本币或外汇的银行，韩国要求所有存款机构，马来西亚要求商业银行、金融公司和商人银行，都必须遵循存款准备金规定。80 年代后，各国金融业竞争日趋激烈，金融创新和金融自由化发展迅速，扩大存款准备金制度适用范围，有利于防止新设金融机构逃避准备金管理，增强存款准备金制度约束货币信贷总量的有效性，同时也避免造成金融机构经营上的不公平。

从存款准备金制度适用的负债范围来看，货币供应量口径对应的负债一般是存款准备金制度适用的范围。20 世纪 80 年代，随着各国货币中介目标逐渐由狭义货币供应量向广义货币供应量转变，存款准备金制度适用的负债范围也相应扩大。准备金制度不仅适用于一般存款，也适用于所有符合货币供应量口径的负债。美国存款准备金要求适用于交易存款、储蓄存款、非个人定期存款和某些欧洲货币负债，日本存款准备金要求适用于金融机构的存款、银行向非金融企业以及公众发行的债券、居民和非居民外币负债以及海外汇入等。在德国，20 世纪 70 年代和 80 年代初期商业银行发行了大量无记名债券代替定期存款，削弱了存款准备金制度的基础。1985 年德意志联邦银行决定，原到期日期不足两年的无记名债券适用于存款准备金制度，以尽可能有效地实现货币政策调控。①

（二）存款准备金率

存款准备金制度对一国货币供应状况、金融市场发展和金融机构资产管理有重要影响，确定和调整存款准备金率是其中关键。准备金率的提高或降低，一方面会相对收缩或扩张货币供应量，另一方面也会增加或降低金融机构经营的机会成本。

20 世纪 80 年代以来，西方国家在扩大准备金制度适用范围的同时，不断下调存款准备金率。美国从 1983 年开始多次降低存款准备金率，对 5 400 万美元以上的交易存款由 12% 下调到 10%（法律权限为 8%—14%），对 420 万至 5 400 万美元的交易存款准备金率下调至 3%，以降低存款机构的资金成本和方便其进入金融市场。日本 1986 年和 1991 年两次降低存款准备金率，下调至 1% 左右。②

1990 年代以来，资本充足制度和存款保险制度要求不断强化，促进了金融机构稳健经营，一定程度上也增加了金融机构经营成本。中央银行等金融当局在通过其他手段促进金融机构审慎经营的同时，在可能的情况下，逐步降低存款准备金率，有利于从整体上安排金融制度，更充分地发挥市场机制和机构自主约束的作

---

① 中国人民银行货币政策司：《存款准备金制度的理论与实践》，企业管理出版社 1998 年版，第 85 页。

② 同上书，第 75 页。

用。同时，国际银行之间业务往来趋于密切，资本在各国之间流动增强，金融机构和金融中心之间竞争也不断加剧，为避免使本国金融在国际竞争中处于不利地位，许多国家倾向降低存款准备金率。

发展中国家的存款准备金率变动相对复杂，一方面类似发达国家趋于下降，另一方面也可能在下降之后反转提高。例如，马来西亚在1959年中央银行成立时，存款准备金率为2.5%，为抑制出口剧增带来的货币供应量增加，1969年提高至5%，后来逐步提高到10%；1975年后通货膨胀缓解，存款准备金率逐渐下降，1986年降到2.5%；1989年至1996年，通货膨胀加剧，存款准备金率被连续上调10次，达到13.5%。① 发展中国家存款准备金率下调后转而提高，一般与货币供应量增加、通货膨胀压力加大有关。同时也由于在发展中国家资本充足制度建立和实施较晚，主要靠存款准备金制度约束银行贷款扩张。历史上东南亚国家为对冲外汇流入过快相应增加的货币供应量，也采取过提高存款准备金率的手段。

（三）准备金资产、账户与考核

金融机构在中央银行的存款都被认可为合格的准备金资产，其库存现金在发达国家多被认可为准备金资产，而在一些发展中国家却不被认可。国债等资产一般不被认可为准备金资产，主要是因为债券资产不属于基础货币，如果将债券资产认可为准备金资产，一定程度上会造成存款准备金制度不能发挥控制基础货币和货币乘数的作用，不利于中央银行调控货币供应量。美国金融

---

① 中国人民银行货币政策司:《存款准备金制度的理论与实践》，企业管理出版社1998年版，第103页。

机构存款准备金资产包括在联储的存款和库存现金。德国与美国类似,区别是金融机构库存现金只可充当不超过25%的准备金资产,目的是促使金融机构提高现金使用效率,避免保存太多的库存现金。发展中国家中央银行受统计信息技术限制,大多没有将金融机构库存现金列为准备金资产。

一般地,金融机构在中央银行都开设存款账户,按照账户的性质可以划分为准备金账户和清算账户两大类。在发达国家,两类账户合二为一,准备金账户可用于清算,账户余额即为准备金余额;在发展中国家,两类账户有的是分开的,并对准备金账户头寸的变动存在不同程度限制,金融机构在央行开设有单独的备付金账户用于清算。近年来随着技术和管理水平的提高,越来越多的发展中国家将两类账户合并。

存款准备金考核包括计算和维持两方面。计算是确定金融机构缴存准备金标准的过程和基础,维持是指按计算出的准备金标准考核金融机构实际缴存准备金的情况,维持期一般要滞后于计算期。例如,美国金融机构存款准备金计算周期从星期二到十四天后的星期一,按金融机构应缴准备金负债的平均余额计算应缴准备金额。维持周期从星期四到十四天后的星期三,比计算周期滞后两天,按实缴准备金的日平均余额考核,该滞后期在国际上是很短的。①

准备金计算期和维持期的长短,以及二者之间的时滞,在不同国家之间存在较大的不同。计算期或维持期长短一方面取决于准

---

① 中国人民银行货币政策司:《存款准备金制度的理论与实践》,企业管理出版社1998年版,第75页。

备金管理技术,一方面取决于各国央行对准备金弹性和货币政策调控之间的把握。如果准备金维持期较长,则日准备金余额可以有较大幅度的变化,将有利于稳定市场利率,但是不利于稳定货币总量;反之反是。

二、 近年来存款准备金在货币政策调控中作用的变化

(一) 存款准备金由货币政策调控工具转变为调控基础

存款准备金作为一种货币政策工具存在局限性:一是准备金率调整对金融机构经营震动较大,准备金率变化需要银行重新调整资产组合,但是金融机构在短时间内难以完成,如果市场发育不完善,超额准备金在金融机构间分配不平衡时,这种震动会更大。二是较高的准备金率会降低金融机构通过市场渠道运用资金的比例。并且,如果法定准备金调整频繁,银行会倾向保持较高超额准备金,进一步降低可用资金比例。三是由于多数国家对准备金存款不付息,准备金相当于一种税收,容易引发金融机构及市场融资同行逃避金融监管,甚至形成脱媒。

20 世纪 90 年代以来,主要工业国家中央银行陆续将利率指标确定为货币政策调控的中介目标,中央银行通过货币政策操作调控基准利率,基准利率水平的变动通过利率风险结构、期限结构等机制影响金融市场各种利率变化,从而对金融运行和经济运行产生影响。随着货币政策调控趋向以价格调控为主,强调预调和微调的精细化操作,单纯依靠调整存款准备金率进行货币政策调控的方式使用越来越少,存款准备金制度以及存款准备金率调整变化,更多是从配合其他金融制度实施和其他货币政策工具运用

的角度出发，存款准备金制度逐步演变为约束货币供应增长、增强公开市场操作和利率调整有效性和灵敏性的基础性制度。

采取利率调控国家的中央银行多是将货币市场同业拆借利率作为基准利率，其货币政策操作是确定和维护基准利率目标水平。为此中央银行必须对银行准备金供给及短期同业资金进行严格控制，并且对银行准备金的需求及同业资金有合理的预见性，然后才能通过公开市场操作调整流动性和市场利率。保持稳定和可预计的法定准备金有利于保证公开市场操作顺利进行和避免货币市场急剧波动，使商业银行对中央银行资金需求存在结构性缺口，以增强中央银行调节货币市场利率能力。

在这种情况下，中央银行要规定适度的最低存款准备金率。由于存款准备金用于满足准备金要求和支付双重需要，一般只有将准备金要求保持在足够水平上，使法定准备金要求超过清算准备金要求，才会形成可预测的流动性缺口。否则，如果清算需求经常超过准备金要求，准备金需求将会变动不定，增加预测准备金需求的难度和政策实施的复杂性。

（二）准备金存款利率变化及影响

存款准备金是法律强制商业银行存在中央银行的资产，存款准备金制度适用范围、存款准备金率水平以及是否对准备金存款支付利息，会影响金融机构的经营成本。

一些国家对准备金存款支付利息，例如，欧洲中央银行对法定准备金存款支付利息，其利率水平低于市场利率。很多国家对准备金存款不付息，其原因：一是认为对准备金存款支付利息，成本会比较高；二是认为支付的利息会增加货币供应，似乎与存款准备金限制货币供应的目的有悖。

但是对准备金存款不付利息也会产生问题，在这种情况下，准备金的机会成本，银行大都以高息贷款或低息存款转嫁给了顾客，会促使资金融出融入者尽力避开银行体系，金融机构创新产品避开准备金要求，这将不利于银行和其他金融机构竞争，也不利于数量型货币政策调控效率。长期以来，一些国家的中央银行包括美联储都在考虑对法定准备金存款支付利息，但是由于涉及部门多，至今尚无进展。

绝大多数国家对超额准备金存款不支付利息，否则商业银行可能会主动在中央银行存有超额准备金，使基础货币供求变得难以预测，不利于中央银行准确地调控基础货币和货币供应。在对超额准备金存款支付利息的国家，降低超额准备金存款利率，将有利于促进货币市场交易，增强金融机构对货币政策操作的敏感性。

三、 外汇存款准备金制度

外汇存款准备金管理与本币存款准备金管理思路有所区别。从货币信贷总量调控来看，当外币在一国境内不能起支付作用时，外汇贷款在境内不会派生存款，也不会在境内形成购买力，外汇存款准备金在控制信贷总量上意义有限。

但是当本外币存款可以互相替代时，如墨西哥、智利在 20 世纪 90 年代遇到的情况，将外币纳入法定准备金基数会直接有助于稳定货币乘数或满足对同业资金的需求。[①] 此外，外汇存款准备金管理与控制资本流动有关。资本流入较多，外币兑换的本币会

① International Monetary Fund (1995), *Reserve Requirements on Foreign Currency Deposits*.

增加货币供应量。在货币替代高或资本流出入较大的情况下，将外汇存款计入货币供应量、将外汇存款准备金率计入货币乘数有助于货币规划和信贷控制。

协调本外币存款准备金制度之间的安排十分重要。从限制货币替代的角度出发，应相对降低本币存款准备金率并对准备金存款付息；从限制外汇流入角度出发，应提高外汇存款准备金率，特别是在外汇准备金不付息的情况下，这将有助于限制总需求，也有助于控制金融体系面临外汇流入形势突然逆转情况下的脆弱性。

关于外汇准备金存款的币种，从不同角度出发有不同的选择。在发达国家，如日本、德国、意大利，外汇存款准备金用本币缴纳。在 20 世纪 90 年代的东欧转轨国家，由于通货膨胀率高，曾经要求以本币缴纳外汇存款准备金，以减少本币头寸，控制货币供应量。一些长期存在货币替代的国家，如阿根廷、秘鲁，外汇存款比重高，外汇存款准备金率高，一般用外币缴纳外汇存款准备金。其目的一是控制金融体系应对外汇流出的脆弱性，二是增强中央银行调节外汇流动性的能力，三是使银行避免准备金的汇率风险。

总的来看，在汇率稳定、货币替代有限的情况下，用本币缴纳外汇存款准备金对于中央银行和商业银行来说都简单便利，并且有利于控制本币的流动性；在汇率不稳定的情况下，用外币缴纳外汇存款准备金则比较简单，有利于降低货币控制的风险，同时避免使准备金需求变得不稳定而难以预测，对商业银行和中央银行的流动性管理带来困难。

四、我国存款准备金制度演进和创新

1984年，中国人民银行建立存款准备金制度，20多年来，存款准备金率经历了七次调整。

表1　存款准备金率调整情况

年份	准备金率（%）
1984	20（企业存款） 40（储蓄存款） 25（农村存款）
1985	10
1987	12
1988	13
1998	8
1999	6
2003	6（城乡信用社） 7（其他金融机构）
2004	6（城乡信用社） 7.5（多数金融机构） 8（部分金融机构）

资料来源：中国人民银行网站。

1998年前，准备金存款不能用于支付和清算，金融机构需要在人民银行开立备付金存款账户用于清算。1989年，人民银行规定金融机构备付金率应保持在5%—7%。1998年，人民银行改革存款准备金制度，将金融机构法定准备金存款和备付金存款两个账户合并为“准备金存款”账户，法定存款准备金率由13%下调到8%，准备金存款账户超额部分的总量及分布由金融机构自行确定。1999年存款准备金率进一步下调至6%，2003和2004年，为对冲外汇占款，适度控制金融机构信贷扩张，人民银行两次提高存款准备金率，达到7.5%。

我国存款准备金制度适用一切吸收公众存款或负债并发放贷款的金融机构，这些金融机构和客户之间形成了债权债务关系而不是委托代理或投资的关系。近年来，金融机构产品创新加快，对哪些创新产品适用准备金要求关系到货币政策调控的有效性和公平性。目前在改进金融服务、鼓励直接融资和减轻间接融资压力的背景下，应鼓励商业银行进行业务和产品创新，如发行金融债券、开办代理理财业务。但是从存款准备金管理来看，不能因为商业银行有关负债业务在名称上没有存款二字就不适用于存款准备金制度，对商业银行向公众发行的债券或其他形成债权债务关系的产品应考虑适用存款准备金制度。恰当地把握存款准备金适用范围，在当前我国金融机构改革、金融产品创新的形势下非常重要。这一方面有利于增强货币政策的有效性和公平性，另一方面也有利于促进金融机构规范地进行业务和产品创新，改进金融服务。

目前我国对法定准备金存款和超额准备金存款都支付利息，但是超额准备金存款利率趋于下降。如前所述，对超额准备金存款支付利息，金融机构可以通过超额准备金存款调整吸收过多流动性，不利于中央银行预测货币市场流动性。降低超额准备金存款利率，可以促使金融机构进一步加强流动性管理，充分利率货币市场交易融通流动性余缺，增强对货币政策操作的敏感性。

2004年,人民银行开始实行差别存款准备金率制度。金融机构适用的存款准备金率与其资本充足率、资产质量状况等指标挂钩。金融机构资本充足率越低、不良贷款比率越高,适用的存款准备金率就越高;反之越低。差别存款准备金率制度综合了存款准备金制度、资本充足要求和存款保险制度的有关思想,体现了我国关于货币政策和金融稳定的综合考虑和安排。

从历史来看,存款准备金制度、存款保险制度、资本充足要求创建目的之一是防范金融风险。存款准备金最早用于保障银行支付,防范流动性风险,后来发展成为货币政策工具。资本充足要求以及存款保险制度根据金融机构评级收取差别保费的做法,都有约束金融机构信贷过度扩张的作用,促使金融机构本着质量、效益、市场的原则进行经营,有利于形成金融运行和货币政策调控的市场基础。

在我国,存款准备金制度建立的时间最早,资本充足制度在90年代初引入,但是2000年后才真正逐步发挥作用,存款保险制度还在探索中。目前存款准备金制度一定程度上兼具资本充足和存款保险的职能。差别存款准备金率制度进一步强化了货币政策调控与金融机构经营之间的联系,有利于实现金融调控、金融稳定和防范风险的综合效应。在我国金融市场扩张、开放的过程中,建立和完善资本充足制度、存款保险制度和存款准备金制度,协调好三者之间的关系,对于促进金融机构按照市场化原则运作、维护金融平稳运行,增强货币政策传导有效性都至关重要。

参考文献

International Monetary Fund (1995), *Reserve Requirements on Foreign*

Currency Deposits.
中国人民银行货币政策司:《存款准备金制度的理论与实践》,企业管理出版社 1998 年版。

利率结构理论与货币政策调控①

摘要：本文介绍了利率风险结构、期限结构和收益曲线的概念，以及这些概念对于货币政策公开市场操作目标选择的参考意义。在一般情况下，中央银行公开市场操作目标是影响短期货币市场利率，但是直接干预长期利率甚至各个期限、各类资产的利率也是一种考虑。

一、利率结构的概念

在金融市场上，利率或收益率可以看做是金融资产的价格，利率结构是指金融市场上不同种类金融资产的利率之间的关系，利率结构由金融资产的风险、期限和流动性等因素综合决定。

（一）利率的风险结构

利率的风险结构是指具有相同期限、不同风险的证券的利率

---

① 本文是笔者 2001—2002 年在英国 Lancaster University 读 MBA 时所做研究的部分内容。2008 年以来美联储的数量宽松包括 2011 年的卖短、买长操作以及市场预期 2012 年可能出现的卖短期国债、买长期 MBS 的操作，都体现了利率结构理论对于货币政策调控的作用。

之间的关系①。金融资产收益的风险主要体现在其收益率的波动上。

$$R = E(R_i) = \sum_{i=1}^{n} R_i P_i$$

$$\delta = \sqrt{Var(R_i)}$$

一般地，金融资产的收益可以用其收益率的期望来表示，金融资产的风险可以用收益率的标准差来表示。造成金融资产收益波动的原因有很多，其中最基本的是该金融资产的违约风险，即指在一致同意的期限内借款人不能履行其承诺的全部付款的风险。并且，风险证券的收益率与投资者察觉到的借款人的违约风险正相关。

在有效的市场上，证券的风险溢价可以用 CAPM 模型来解释。②

$$R_s = R_f + \beta(R_m - R_f)$$

$$\beta = COV_{\mathrm{sm}} / \delta_{\mathrm{m}}^2$$

R_s = 金融资产收益率

R_f = 无风险收益率

R_m = 市场平均收益率

该模型认为，风险证券的收益率至少由两个因素构成：无风险利率和违约风险溢价。风险溢价是指在其他因素不变的情况下，具有违约风险与没有违约风险的金融资产收益间的差额。对于风

---

① Frederic S. Mishkin (2000), *The Economics of Money, Banking, and Financial Markets*, Boston: Sixth Edition, Addison Wesley.

② Zvi Bodie and Robert C. Merton (2000), *Finance*, London: Prentice Hall International.

险中立的投资者而言，风险溢价是指承诺收益率与无风险的证券收益率之间的差额；而对于风险回避的投资者而言，风险溢价将超过预期的违约损失，即超过承诺收益率与无风险的证券收益率之间的差额。

存在一个利率风险结构，其基础是无风险利率，在此基础上，每一种溢价是对承担某种风险的补偿。市场上的每一种利率都是部分或全部这些风险溢价因素加实际的无风险利率之和。当利率变化时，这种变化可能是因为无风险利率变化或风险溢价因素变化。在实际中，一般把国债利率视为无风险利率。

（二）利率的期限结构

具有相同风险不同期限的证券的收益率之间的关系为利率的期限结构。描述相同风险、不同期限的证券收益的图形为收益曲线。在短期金融市场上，收益曲线有以下几点特征：不同期限的货币市场工具的利率同时波动；当短期利率低的时候，收益曲线倾向于向上倾斜；当短期利率高的时候，收益曲线倾向于向下倾斜。关于利率的期限结构，即某种债券的短期利率和长期利率之间的关系，主要有三种理论解释。[①]。

二、利率期限结构的理论

（一）理论基础

第一种是完全预期理论（Pure Expectation Theory），认为不

① Frederic S. Mishkin (2000), *The Economics of Money, Banking, and Financial Markets*, Boston: Sixth Edition, Addison Wesley.

同期限的证券可以相互替代，长期利率等于在该长期证券的期限内短期利率的平均值。可以用以下公式来表示。

$$i_{nt} = [i_t + i^e_{t+1} + i^e_{t+2} + \cdots + i^e_{t+(n-1)}]/n$$

i_t　　t 时刻的 1 期利率

$i^e_{t+(n-1)}$　　t 时刻所预期的 t+(n-1)时刻的 1 期利率

i_{nt}　　t 时刻的 n 期利率

该理论基于以下假设：(1)投资者追求证券投资期间回报的最大化，所有投资者都是风险中立者，即他们不关心一种证券收益的分配特征，而只关心它的预期平均收益；(2)投资者对不同的证券期限没有特殊的偏好，他们各种不同期限的投资可以完全互相替代；(3)买卖证券的交易成本很小以至于可以忽略，投资者买进一份长期证券的收益率等于买进一系列短期证券的收益率，因此，投资者可以根据投资收益的变化调整持有不同期限的证券；(4)众多、大量的投资者形成对将来利率走势的预期，并且按照这些预期投资。

预期理论有助于解释，金融市场上长期利率趋于逐渐地变化，而短期利率则经常在较大的范围内变动。根据预期理论，长期利率是当前和预期短期利率的平均值，而平均数的变化要比构成平均数的各个组成部分的变化慢得多。长期利率是当前的与预期的将来短期利率的几何平均数，那么长期利率的波动较小。

完全预期理论假设证券市场是高度有效的。利率期限结构中的远期利率是当前对将来的即期利率的无偏估计。市场上足够大的套利因素促使远期利率等于预期的将来利率。市场有效意味着各种证券对新出现的信息调整非常迅速。如果有超常利润存在，足够多的市场参与者就会运用足够多的资源发现并利用这个机会进行交易，使利率水平与信息反映一致。

第二种理论是市场分割理论（Market Segmentation Theory）。在分割的市场上，不同借贷双方的独立的行为决定了收益曲线的形状。不同类型的贷款人有不同的期限偏好，只有在收益差别非常大的情况下，他们才会从一类市场转移到另一类市场。在缺乏足够大的收益诱导下，贷款人只会选择某种期限的资产投资。另一方面，借款人要根据资金需要的时间来确定借款期限。不同期限之间的套利不会完全消除不同期限的资产收益之间的不一致性。市场分割理论认为，从投资者的角度来看，短期债券流动性好，债券本金的稳定性好，即市场风险较低；长期债券的回报比较稳定，收益固定。投资者偏好固定收益的倾向于投资长期债券；而偏好本金稳定的倾向于短期债券。

市场分割理论假设投资者认为所有的证券不是完全可替代的。投资者存在一定的期限偏好，一般不会偏离其期望的期限范围，除非是长期或短期证券的较高收益率或其他有利条件促使他们去那样做。投资者期限偏好的存在，使金融市场被分割成一系列市场。每个期限范围内的需求与供给曲线是形成该期限范围内利率水平与结构的主导因素。除了预期因素有影响，具体期限内的需求与供给因素的影响非常重要。

市场分割理论认为，短期证券比长期证券流动性强，是因为：(1)它们更容易交易；(2)到期时间短，价格波动幅度会较小。除此之外，不同的机构对一定期限的工具有不同的偏好，同时也由于法律法规的存在，使不同期限的工具具有不可替代性。不同的金融机构有不同的特性，如养老基金等中介机构有稳定的、可预测的长期负债，因此偏好投资于债券、股票和其他长期资产，而银行有波动较大的存款与货币市场负债，所以偏好于投资于短期贷款和证券。这些投资集团利用组合管理的套期保值原则，使其负债的期限与其资产的期限相关，以确保当需要流动性资金时能够容易获得。

关于期限结构还有一种流动性溢价理论（Iiquidity Premium Theory）。该理论与完全预期理论有很多相似之处。它认为长期证券的利率等于短期利率的平均值加上流动性溢价（也叫期限溢价），如下公式。

$$i_{nt} = [i_t + i^e_{t+1} + i^e_{t+2} + \cdots + i^e_{t+(n-1)}]/n + l_{nt}$$

l_{nt}，n 期债券在 t 时刻的利率溢价

该理论认为不同期限的证券是可以相互替换的，这意味着关于一种证券的预期收益会影响其他期限证券的预期收益。但是，不同期限的证券并不是可以完全替换的。投资者倾向于持有短期证券，因为短期证券承担的利率风险更小。只有投资者获得了一种溢价，他们才会愿意持有长期证券。这种溢价实际上是对投资者流动性的补偿。流动性溢价理论可以用以下公式表示。

现实中，短期债券比长期债券的流动性要高，这是因为：(1)短期债券到期并获得清偿的期限要短；(2)市场变化导致短期债券的价格波动要比长期债券小得多，因而更易于定价。如果投资者是风险回避者，对高流动性债券的偏好将使得短期债券的利率水平低于长期债券。

与短期证券相比，长期证券倾向于有更为波动的市场价格。因此，当购买长期证券时，投资者面临着较大的资本损失风险。如果投资者是风险回避型的，他们一定会要求对投资长期债券所承

担的较大的风险给予补偿。根据这种理论，期限升水是正的，并且随着期限的增加而增加，所以，一般的收益率曲线是上升的，向上倾斜的。为了克服资本损失的风险，必须以利率期限升水的形式向投资者支付额外的收益，以鼓励他们购买长期金融工具。这种因放弃流动性而获得的额外利率或收益率——称为流动性升水——趋于使收益率曲线偏向于正斜率。

除了以上三种理论，还有一种偏好习惯理论（Preferred Habitat Theory），它综合了三种理论，比较好地解释现实状态。偏好习惯理论认为市场资金的融入者有较强的期限偏好，收益率曲线因此不会严格地符合完全预期理论和流动性升水理论。但是，如果预期的偏好的期限证券的收益出现太大的偏差，市场参与者也会改变他们的投融资期限。偏好习惯理论建立在投融资者会为了获得附加的预期收益承担附加的风险这一观点的基础上，它接受市场分割理论和完全预期理论的部分观点，但是不接受其中较极端的方面。

（二）收益曲线

金融工具的收益率与其到期日之间的关系被称为利率的期限结构。它可以通过对具有相同信用质量的所有证券画一条收益率曲线来形象地表示。

现实中，利率收益率曲线有以下几个特点：(1)收益率曲线大多数时间向上倾斜，长期收益比短期收益高，期限升水。(2)收益率曲线多数时间都是整体上下移动，而不是反向移动，即一般短期利率上升时，长期利率也上升，短期利率下降时，长期利率也下降，很少出现长短期利率反向运动的现象。预期理论认为，不同期限的投资之间可以相互转换。当短期利率上升时，投资者会出售部分长期债券，而转投资于短期债券。借款者会相对减少短期债券而增加长期证券的发行，这样短期债券的价格就会上升，而长期债券的价格下降，相对减缓短期债券利率的上升，长期债券的价格会上升。(3)长短期利率的运动有周期性。短期利率在商业周期中的波动幅度要大于长期利率。根据预期理论，经济扩张时通胀压力增大，利率上升；经济萧条，利率下跌。

收益曲线有向上倾斜的趋势。因为投资者偏好于持有短期证券，流动性溢价随着期限的延长而增加。

正是根据收益曲线的特性，它成为一种非常有用的工具，主要功能有以下几方面：(1)预测利率，如果预期假说正确，那么收益率曲线提供了预测利率未来走向的线索，即如果收益率曲线向上倾斜，利率可能上升；反之，利率可能下降；(2)发现价格高估或低估的证券。在均衡的状态下，风险相同的所有证券的收益率应该按其相应的期限水平位于收益率曲线上。在一个有效率的市场上，每种证券对收益率曲线的偏离都是暂时的，都将回归于收益率曲线。

三、货币市场上利率结构的特点

(一) 利率的风险结构

利率的风险结构反映金融市场上相同期限不同风险的金融资产的利率之间的关系。图1显示了伦敦货币市场的利率风险结构，不同利率之间的差别可以清楚地看出来。

这些金融资产的期限相同，主要差别是违约风险不同。国债

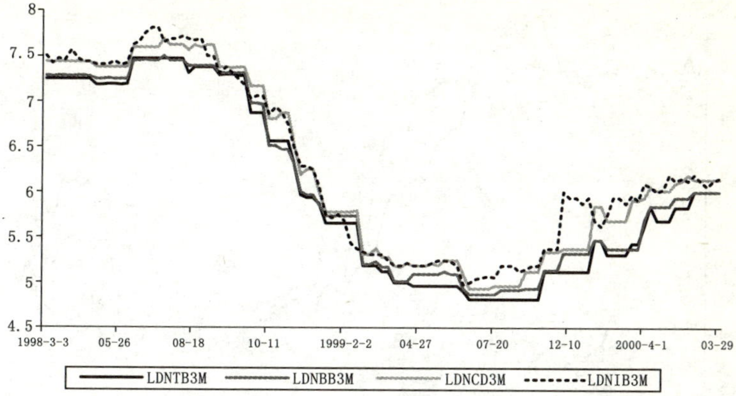

资料来源：Datastream，下同。

图1 伦敦货币市场利率风险结构

通常被认为是没有违约风险的，因为政府常常被认为能够按时还债的，所以国债的利率被称为0风险的利率。其他金融资产与国债的利率之差，被称为风险溢价，显示为了让投资者持有风险资产需要追加的利息收益。①

在伦敦货币市场上三个月期的资产中，1991—2001年间，相对于国债，银行票据、存单和同业拆借的风险溢价分别是0.071，0.275和0.323个百分点。

在货币市场上，利率的风险结构相对稳定，各种不同风险资产的利率走势比较相同。

（二）利率的期限结构

利率的期限结构是指在相同种类的金融市场上，不同期限的

① Frederic S. Mishkin (2000), *The Economics of Money, Banking, and Financial Markets*, Boston: Sixth Edition, Addison Wesley.

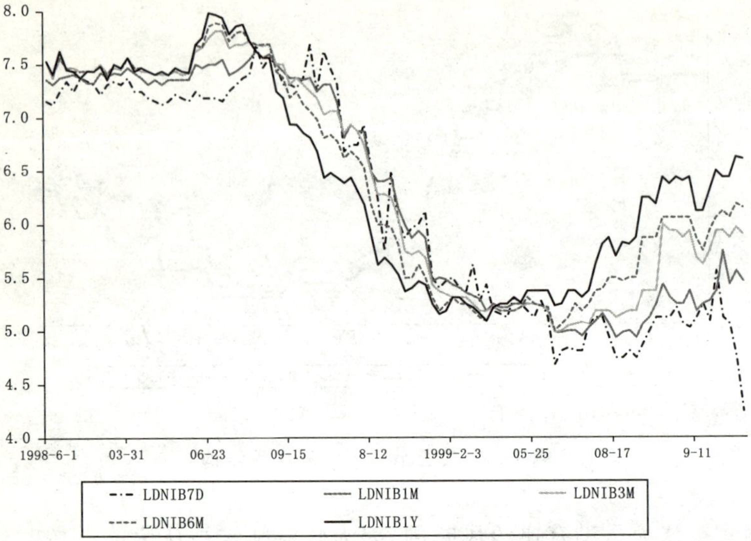

图 2　伦敦同业市场利率期限结构 1998—1999

资产的利率之间的关系。同业拆借市场是伦敦最大的货币市场，该市场的利率在分析货币市场的利率结构方面具有代表性。可以发现，在利率下降的时候，金融资产的期限越长，利率的水平越低；在利率上升的时候，资产的期限越长，利率水平越高。这反映了利率结构的预期理论的原理。这种规律在存单市场、国债市场上也能发现。

不同期限的利率之间的差别也可以从利率水平的走势图上看出。可以发现，在利率上升的时候，长期利率比短期利率高；在利率下降的时候，长期利率比短期利率低。也就是在利率上升的时候，长短期利率差为正；利率下降的时候，长短期利率差为负。

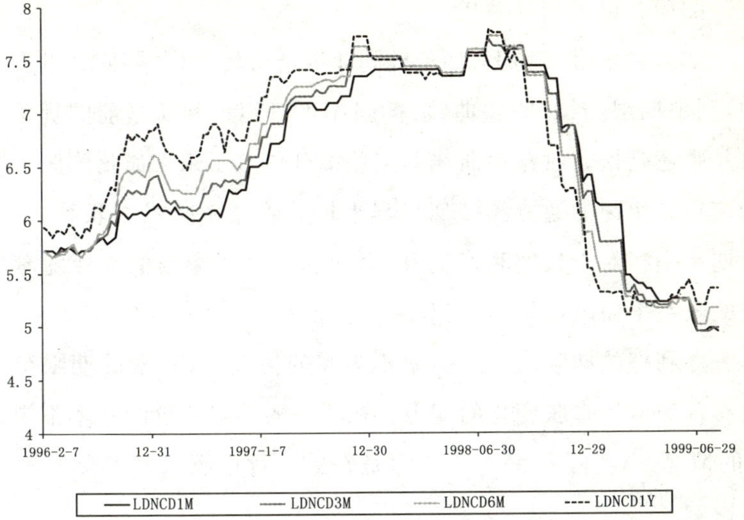

图 3　伦敦同业拆借市场利率期限结构 1994—1995

四、 利率结构与货币政策调控

第二次世界大战前，经济学家对利率的期限结构并不太关注，他们主要关心利率的水平以及利率和其他经济变量之间的关系。然而，凯恩斯关于经济大萧条开出的疗方主要是在长期利率方面，他建议长期利率应该保持低水平以刺激投资需求。如何调控长短期利率就成为中央银行货币政策调控的焦点之一。

预期假说即利率期限结构的完全预期和流动性溢价理论，证明了像凯恩斯经济模型那样考虑长期债券的利率而不考虑短期债券利率的合理性，也证明了只用一种利率来代表债券市场利率的合理性：长期债券利率和短期债券利率之间存在着相关关系，不同期限的债券可以相互替代。

如果在金融市场上，如伦敦同业拆借市场上，预期假说是有效的，利率期限结构（收益曲线）的斜率可以用来判断当前的货币政策是紧还是松。收益率曲线的某些部分包含了未来通货膨胀走势的信息。快速的通货膨胀似乎与平坦的收益率曲线相联系，因为短期利率相对于长期利率上升，而减弱的通货膨胀似乎伴随着较陡的收益率曲线，因为短期利率下跌。

在利率的期限差价的斜率不为零的情况下，利率的期限结构具有预测通货膨胀变化的能力。在利率的期限差价的斜率不视为1的情况下，实际利率不能认为是常数。货币政策对实际利率也有影响。

预期理论对货币政策的启示是，如果关于利率结构的预期理论是有效的，货币当局只需对当前的短期利率进行调整，就会对其他期限的利率产生影响，从而对投资以及消费产生影响。当短期利率相对于长期利率较高时，即收益曲线向下倾斜，货币政策是紧的，通货膨胀将会下降。收益曲线的斜率要比一年期的利率，更能反映一年的通货膨胀预期。收益曲线向下倾斜意味着货币政策是紧的，实际利率高并对关于商品的实际需求有负面的影响。长期利率可以反映其期限内的预期通货膨胀，但是短期利率的角色不是反映其期限内的预期通货膨胀。收益曲线的斜率可以反向地显示实际利率的水平。扩张的货币政策，一般会降低短期的实际利率，但是长期利率同时会上升，因为预期通货膨胀上升了。

根据理性预期关于收益曲线的解释，预期决定了利率的特征，而不同期限的债券供应并不影响利率水平。货币当局只有改变利率的预期才能改变利率的期限结构。中央银行增加短期利率的供给，使短期债券的利率上升，由于债券是可替代的，部分投资于长期债券的资金就会来购买短期债券，从而导致长期债券利率的上升。

然而，大量经验证明，在整个金融市场上，包括货币市场和资本市场，利率期限假说是不成立的。有很多解释来分析利率结构假说为什么失败，主要包括：交易成本的存在、流动性溢价的变动、风险溢价的存在、美联邦储备操作的影响以及人们的预期有不理性因素等。

如果预期理论不适用整个金融市场，由于市场相对分割，政策制定者只通过影响一个或多个分市场的供给与需求就能够改变收益率曲线的形状。

在现实中，长短期市场面临的不同的供求因素、对将来短期利率的预期都是影响当前利率的期限结构，也都是影响收益曲线形状和走势的因素。利率结构的偏好习性理论似乎更适用于现实，但是由于该理论的兼容性和模糊性，其关于货币政策的主张，例如中央银行如何进行公开市场，也就出现了分歧。

公开市场操作有两个即时的影响。美联储在短期债券市场上进行公开市场操作，初始影响是在短期市场上。当美联储在市场上卖出短期债券时，短期国债的市场供应量增加，如果美联储卖出的数量足够大，那么短期国债的利率会上升。第二个是对美联邦基金市场上利率和商业银行的储备量的影响。当美联储卖出国库券时，银行的储备资产减少，银行同业拆借市场利率和联邦基金利率就会上升。但是联邦基金市场的紧缩状况对居民持有的短期债券的利率的直接影响不大。实际上，联邦基金市场的紧缩对公众的主要影响是间接的。商业银行面临市场总体上的资金短缺时，会控制发放贷款，同时也会对短期商业贷款提高利率。

商业银行还会出售国库券或其他短期证券以筹得资金满足贷款需求，这就使短期债券的利率面临更大的上升压力。为了获得资金，商业银行还可能发行短期证券，如票据、存单等，这也会增加公众持有证券的数量。从直接影响和间接影响的角度，美联储实行紧的货币政策会迫使短期市场的利率上升。[①]

1.只实行短期的债券操作

1953 年，美联储公开市场委员会建议公开市场操作应该限制在短期国债市场上。短期国债市场有深度、广度和弹性，适合中央银行在此调节商业银行的储备头寸；对长期债券进行交易，容易造成长期债券市场的条件混乱。但是也有一些委员会成员认为美联储可以通过购买长期债券促使长期利率下降，同时补充商业银行的储备。如果中央银行只交易短期债券，长期利率就可能保持在较高的水平，或者是由于货币政策的放松而小幅、缓慢地下调。直接调控长期利率才会和凯恩斯强调的调节长期投资相一致。

2.同时进行短期和长期操作

在 20 世纪 60 年代美联储不再坚持只买卖短期国债的政策，开始买卖长期债券。通过直接买入长期债券，美联储给长期利率带来向下的压力。但同时造成贸易收支恶化，美国需要高的利率，特别是高的短期利率来吸引外国资本流入，以弥补外汇储备的流出。美联储买入长期债券，压低长期利率以刺激经济增长，同时卖出短期债券，促使短期利率上升，以吸引外资流入。这种操作相反

① Jeffrey A. Frankel (1995), *Financial Markets and Monetary Policy*, Massachusetts Institute of Techology Press.

的政策，使收益曲线由向上倾斜变得平坦。但美联储很快放弃了这种操作。如果商业银行通过卖出长期债券来实行紧的货币政策，直接造成长期利率上升，也间接地调整商业银行储备的变化贷款。这样，短期利率上升，收益曲线也会由于紧缩的货币政策上浮。

相信长期利率是由对将来短期利率的预期决定的人认为，只有预期之外的操作可以改变长期利率，并且这种改变是暂时的，对经济没有实质性影响。坚持预期理论的人认为，预期是决定利率的因素，各种期限的证券的供给量的变化对收益曲线的形状没有持久的影响。在长期市场上的操作对收益曲线没有影响，所以，没有理由认为不能在长期市场上进行公开市场操作。如果预期理论是正确的，中央银行的公开市场操作也可以在短期和长期证券市场上同时进行。

3.更广泛的、各个期限的公开市场操作

除了直接影响长期利率，中央银行还可以针对收益曲线上的各种证券进行买卖，如同时买入或卖出各种期限的债券。

为了保护金融中介的生存力和活力，保证收益曲线的形状不发生逆向很重要。向上倾斜的收益曲线有利于中央银行避免使收益曲线过于平坦，使银行难以经营。中央银行对收益曲线的影响不必然是中性的，只有中央银行对各种期限的债券同时进行交易，对收益曲线的影响才是中性的。

所以，即使不相信在各个期限市场上的公开市场操作会带来更稳定的状况，在没有理由反对实施货币政策时，可以使用各种期限的证券来进行公开生产操作。否则，美联储实行货币政策时，可能造成收益曲线在短期和长期市场上的扭曲。紧缩的货币政策可能会使某些金融市场和机构面临沉重的负担，主要是因为这些操作集中于短期证券和银行储备。

如果公开市场操作在各个期限的市场上进行，各种利率就会出现更适度的变化，利率结构也不会给银行和储蓄机构造成很大的困难。使用短期国债或其他短期的货币市场资产作为公开市场操作的工具，美联储称短期市场的流动性很高，公开市场操作的交易量不足以改变债券的价格。有人认为在长期市场上操作会影响到长期利率，回顾美联储进行公开市场操作的目的，要货币紧缩就是要提高利率。中央银行在各个期限的市场上进行操作，可以提高长期利率的水平。如果市场是薄的、敏感的，利率可以被提高；通过少量的市场证券卖出，对商业银行的储备头寸进行压缩，紧缩的货币政策目标就能够实现。

但是也有人认为，在动态的经济运行中，收益曲线被希望是能够改变其形状的，因为收益曲线实际上是由一系列资产价格构成的。这些价格随着供求形势的变化而变化，以此来促进稀缺资源的有效配置。由于中央银行的干预，保持收益曲线的形状不变是非常不合适的，因为商品的价格需要竞争的商品市场来决定。中央银行要避免通过公开市场操作来控制商业银行的储备，也要避免控制证券市场。这就需要在更广泛的领域内进行讨论了。

参考文献

Frederic S. Mishkin (2000), *The Economics of Money, Banking, and Financial Markets*, Boston: Sixth Edition, Addison Wesley.

Jeffrey A. Frankel (1995), *Financial Markets and Monetary Policy*, Massachusetts Institute of Techology Press.

Terry J. Watsham and Keith Parramore (1997), *Quantitative Methods in*

Finance, London: First Edition, International Thomson Business Press.
Zvi Bodie and Robert C. Merton (2000), *Finance*, London: Prentice Hall International.

中央银行体制与金融调控[①]

摘要：中央银行的分支机构设置，从世界范围看，有美国、英国的经济区域主导和日本、德国的行政区域主导两种体制。中国人民银行1998年开始实行按照经济区域设立大区行的体制，2005年又设立上海第二总部。从现实运行情况看，中央银行内部和外部争议、褒贬分歧都很大。本文指出，在中国金融机构改革中，中央银行体系和职能的市场化改革比较领先，有的甚至超前了。相比之下，人们更期待中国商业金融机构能够真正大踏步的落实改革措施，这是发展金融市场、提高金融调控效率的基础所在。

中国市场化金融体系的培育和发展，起步于中央银行体制的建立。1984年，中国人民银行与中国工商银行分设，开始行使中央银行的职能，标志着中国金融政策当局和金融商业机构分立并行的格局确定。1985年后中国信贷市场、货币市场、资本市场、保险市场、信托市场逐步建立发展，各类商业金融机构大量涌现。在

① 本文于2005年8月发表在《上海证券报》。

中央银行的基础上，证监会、保监会和银监会三个金融监管当局先后设立，形成了比较完备的金融管理体系。20 多年来，中央银行体系与职能不断改革，改革的主线是促进金融市场发展，加强金融调控机制市场化导向。尽管改革的道路并不平坦，但是市场化取向是鲜明的。21 世纪中国金融业国际化加速，机遇和挑战纷沓迭至，如何促进金融市场协调发展，提高金融市场运行效率，强化金融调控效应，是金融市场参与者和管理者共同面对的问题。2005 年 8 月 10 日，中央银行总行上海二部设立，是在此方面进行的又一步重要探索。

一、 经济金融市场发展是各国中央银行机构设置的重要依据

从国外中央银行体系发展经验来看，中央银行是市场经济和市场金融的产物，中央银行代表国家统一提供信用，调控货币总量，确定利率水平。从中央银行金融调控的统一性来看，中央银行总行在中央银行体系中具有至关重要的位置和作用，其人数一般在中央银行系统占据绝对优势。中央银行的分支机构设置方式在不同国家特点不同，分支机构与总部的关系也各有不同。从总体上看，中央银行组织机构设置的核心是促进经济、金融市场发展，提高金融调控效率。

世界上第一个中央银行，英国英格兰银行，于 1694 年成立，其总行设在英国的经济、政治、金融中心——伦敦。英格兰银行在英国的几个中心经济城市伯明翰、曼彻斯特、利兹、纽卡斯尔、布里斯托尔设有 5 个分行，另设 4 个代表处，负责地区性事务。[①] 英格兰

① 英格兰银行网站：www.bankofengland.co.uk。

银行的分支机构是按经济区域设置的，与其相似，美国、加拿大、澳大利亚等国分支机构也是按照经济区域设置的。

美国作为一个市场经济大国，其中央银行机构设置多年来是中国借鉴的模式之一。1914 年美国联邦储备体系设立，在华盛顿设立中央管理机构，把美国 50 个州和 1 个直属区划分为 12 个联邦储备区，每个区设立 1 家联邦储备银行，分别为纽约、波士顿、费城、里奇蒙得、亚特兰大、克里夫兰、芝加哥、圣路易、堪萨斯、达拉斯、旧金山、明尼阿波罗斯联邦储备银行，此外在全国还有 25 家支行。在 12 家大区行中，纽约、芝加哥、旧金山三家联邦储备银行规模相对较大，持有约 50%的联储系统资产，而其中纽约联储规模最大，持有约 30%的联储系统资产。[①]

位于美国和世界的经济金融中心纽约，纽约联邦储备银行在联储体系中位置突出，它代表联邦储备体系进行公开市场操作；在美国财政部或者联储理事会的指示下，对外汇市场进行干预来实现美元汇率政策目标；同时，还为 200 多家外国机构包括外国中央银行、政府、国际机构提供投资、托管等金融服务。它的人事和人力在联储系统占据优势，其行长是当然的公开市场委员会委员，传统上还担任公开市场委员会副主席，它的研究力量也十分雄厚。

相比之下，日本与德国的中央银行分支机构设置较多地受到行政区域的影响，是一种兼顾行政区域和经济区域的模式。日本银行在全国 47 个都、道、府、县设有 33 家分行和 12 个办事处，但是其总行人数相当于日本银行全国总人数的三分之一。[②] 德国德

---

① 美联储网站：www.federalreserve.gov。

② 日本银行网站：www.boj.or.jp。

意志联邦银行在两德统一前按照行政区域设置机构，在全国 11 个州每个州设立一个州中央银行；两德统一后，德意志联邦银行按照经济区域与行政区域结合的原则，设置了 9 个州中央银行，州中央银行在全国较大城镇共下设了 125 家分支行。①

从发达市场经济国家经验来看，在中央银行越来越依靠市场性交易方式如公开市场操作等来实施货币政策、干预汇率、提供金融服务的背景下，中央银行分支机构设置要越来越多的考虑所在地金融市场环境状况，经济、金融中心一般会成为设置机构和开展业务的首选之地，以更好地促进经济金融的发展，同时有效地实施金融调控。

二、 我国中央银行组织与职能改革体现了明确的市场化导向

20 世纪 90 年代我国建立中央银行体制后，中央银行的组织机构设置、职能定位、调控手段不断根据金融市场的发展变化而改革，有的改革甚至超前于金融市场的发展。

首先，各类金融业监管机构从中央银行分设，中央银行金融监管职能弱化。1992 年 10 月，证监会成立，标志着中国证券市场统一监管体制开始形成，证监会负责对中国证券市场、期货市场的统一监管。1998 年 11 月，保监会成立，负责统一监督管理全国商业保险市场。2003 年 4 月，银监会成立，负责银行业金融机构的监督管理。银监会分设后，大量监管机构和人员从中央银行划出，根本性地弱化了中央银行的金融监管职能，并曾经一度对中央银行

① 德意志联邦银行网站：www.bundesbank.de。

金融调控的有效性提出了挑战。

与此同时，中央银行分支机构设置也大举改革，1998 年撤销省级分行，设立了沈阳、天津、济南、上海、南京、武汉、西安、成都、广州 9 家大区行和北京、重庆 2 家营业管理部。中央银行大区行的设立，尽管有很多需要反思之处，例如如何协调金融管理职能层次与政府行政、经济管理职能层次之间的关系，如何协调中央银行分支机构设置与商业金融机构分支机构设置之间的关系等，但是其主导思想是促进金融市场发展，建立市场化取向的金融调控和金融监管体系。

除了在机构设置上不断改革，中央银行的职能也不断调整。在银行监管职能从中央银行分出后，实施货币政策、维护金融稳定、协调促进金融市场发展以及提供金融服务成为中央银行的核心职能。随着贷款规模的取消，中央银行金融调控手段也越来越间接化，2001 年后，公开市场操作成为货币政策调控最常用的手段。在货币政策调控日趋间接化的情况下，促进经济、金融市场机制增强，推进利率市场化，完善汇率形成机制成为金融建设和金融调控的重要工作。

数年后回顾，尽管三类监管机构分设弱化了中央银行的金融监管职能，但是有利于中国金融业的专业化分工和发展，有利于金融市场的细化和深化。随着中国金融市场发展，在中央银行机构设置、职能转变、手段更新的过程中，金融调控效应发挥的方式和渠道也在变化。近年来中国经济金融市场化、国际化增强，金融机构对金融市场价格如利率、汇率的变化越来越敏感，金融市场流动性状况对金融资产价格产生越来越重要的影响，目前中央银行通过间接金融调控手段基本控制了金融市场的资金流动性以及利率和汇率水平，比较成功地掌握了金融调控的主动权。

三、加快发展金融市场，提高金融调控效率

目前上海是中国金融市场首善之地，拥有国内最齐全的交易场所和交易方式：集中竞价的证券交易所、黄金交易所、外汇交易中心、期货交易所，全国同业拆借、债券场外交易信息中心，票据贴现华东区域中心，等等。中央银行加强在上海的机构设置，有利于进一步促进上海金融市场发展，促进证券市场、外汇市场、银行间市场（货币与债券市场）的协调运行，加快中国金融产品、衍生金融交易的创新和发展，并以上海为龙头之一，带动全国金融市场更快地发展。

中国金融调控越来越以金融市场为平台，以金融交易为渠道，以市场化工具为手段。中国各类金融市场之间的联动关系，如货币市场、债券市场与信贷市场之间，信贷市场、债券市场与股票市场之间，甚至固定收益市场与外汇市场之间的关系，都越来越密切，金融调控越来越需要兼顾各个市场的运行情况。提高金融调控效率，需要促进金融市场综合发展，理顺市场发展次序和相互之间的关系，并将金融调控行为有机地融入到金融市场交易当中去。

金融机构包括中央银行的组织机构设置，既是形式上的，也是内容上的，关键在于机构设置与市场环境的协调情况。市场化的基础是市场参与者理性，产权明晰，治理结构有效。从总体上看，中国金融体制还处在转轨当中，国有商业银行股份制改造还未完成，证券市场历史遗留问题仍未全面解决，证券公司、城市商业银行、城乡信用社风险问题依然比较严重。金融市场的发展，需要环

境配套，更需要参与者规范。长期以来，在中国金融机构改革中，中央银行体系和职能的市场化改革比较领先的，有时甚至超前了。相比之下，人们更期待中国商业金融机构能够真正大踏步的落实其改革措施，这也是发展金融市场、提高金融调控效率的基础所在。

2006年货币政策需要协调从紧[①]

摘要: 2005年7月中国人民银行宣布改革人民币汇率机制后,如何协调利用货币政策工具存在很多争议。至2006年上半年一直存在汇率政策从紧,而利率、货币供应政策从松的现象。本文在判断经济已经过热基础上,提出坚持货币总量、利率水平为主导目标和工具的货币政策调控,维护经济金融平稳运行,在此基础上推进人民币汇率形成机制改革,才能减弱由于经济过快增长给国内国际资源、能源、资产价格造成的上涨影响,减缓人民币升值的压力,为国内国际经济结构失衡调节奠定基础。

一、 经济金融反弹偏热,货币政策亟须从紧

当前宏观经济金融偏热的原因,一方面是我国经济结构处于升级阶段,经济主体内在扩张动力强劲,并且国际经济增长形势良

① 本文写于2006年。作者至今认为,由于货币政策立场偏松以及重视汇率而相对轻视货币总量和利率,造成2006—2007年中国宏观方面经济过热和资产泡沫问题恶化,致使2007下半年到2008年上半年被动出台了仓促、严厉的货币政策紧缩措施。

好，外需充足，另一方面也与2005年下半年以来金融市场流动性持续过多密切相关。2005年下半年以来，人民币汇率小幅升值，但是贷款加权平均利率和债券市场收益率大幅度下降，货币供应量增速持续走高，货币政策出现汇率政策从紧，利率、货币供应政策从松的现象。2005年7月到2006年3月末，人民币兑美元汇率累计升值约3.2%，而人民币货币供应量增速提高约2.5个百分点，从16.3%上升到18.8%，1年期贷款加权平均利率下降约1.3个百分点，降幅达到18%。由于金融市场流动性充裕，2005年债券回购市场加权平均利率不断下滑，由年初的2%下降到下半年的1.5%左右，有时甚至低到1.1%。2005年同时推出了偏紧的汇率政策和偏松的利率、货币供应政策。[①] 在当前经济金融反弹过热的形势下，货币政策既有一个从松从紧的取向问题，更有一个汇率与利率等政策协调的问题。

关于货币政策取向，有关经济管理部门的认识不尽一致。例如，银监会指出，"考虑到银行资本充足率的严格管理、存贷比逐步下降、新增中长期贷款增幅下降、短期贷款增幅上升等因素，1季度贷款投放虽偏快，但总体上是基本合理的。"[②]还有，尽管投资、工业、进出口增长明显偏高，房地产价格上涨过快，国际市场资源、能源价格飙升，但是1季度我国居民消费价格指数（CPI）上涨0.8%，工业品出厂价格指数（PPI）上涨2.5%，也使部分经济管理部门感到眼前经济过热还不足为惧。从维护经济平稳较快增长的持续性来说，这些观点是比较危险的。首先，资本充足率、银行存

① 中国人民银行金融市场司："2005年12月份金融市场运行情况"，中国人民银行网站。

② 唐昆："银行信贷成了替罪羊吗"，《上海证券报》2006年4月21日。

贷比、贷款结构都主要是微观指标，不能反映货币信贷总量是否过高；从宏观经济金融指标来看，2005年4季度以来货币增长持续偏快，今年1季度信贷大幅度增加；从价格角度看，20世纪90年代计划经济国家纷纷转向市场经济体制，加上经济全球化下生产链重组，居民日常消费品的生产效率大大提高，CPI保持在低位一度成为常态，对经济过热反映滞后。经济过热对价格的影响主要表现在相对供不应求的资源、能源价格高涨，房地产价格上涨过快。还有，宏观经济是否过热，关键还要看工业、投资、信贷的高增长能否持续，潜在的大起大落风险是增加还是降低，而从当前资源、能源、环境约束，全球经济失衡的状况，以及国内金融配置的低效率来看，经济波动的风险在加大，及时出台从紧的货币政策措施非常必要。

二、 确立货币稳定基调，协调政策内外措施

人民币汇率机制改革后，本外币利差问题成为关注要点，利率平价理论即以低利率支持汇率改革成为主流，强调扩大人民币与美元的利差，缓解本币升值压力。[①] 但是从历史与现实的角度来看，通过扩大利差来缓解升值压力的作用被夸大了，而低利率、高流动性会加剧投资增长过快和资产价格上涨过快进而吸引更多投机资本流入的影响却没有得到足够重视。

从历史来看，2002年以来人民币升值预期逐步走强，在此影

---

① 艾勇："美元利率比人民币高3%左右，利差有利汇改"，《东方早报》2006年2月13日。

响下外汇流入加快加大，中国外汇储备由2002年底的2 800亿美元快速上升至2004年末的6 000多亿美元进而到今年1季度末的8 700多亿美元。人民币升值预期，主要是与美元贬值程度、中国经济增长形势、外贸收支变化和市场传言相关，并且升值预期、外资流入与固定资产投资扩张、房地产过热现象相互助长、相互强化。实际上，升值预期与人民币存贷款利率、债券市场收益率之间没有明显正相关关系，这可以从反映升值预期强弱的非交割远期人民币汇率(NDF)走势与人民币债券市场利率走势关系看出来。1999—2001年，人民币存在贬值压力，但是人民币货币市场利率下降并没有强化贬值预期，在中国经济平稳较快增长下，NDF市场人民币贴水值降低，贬值压力缓解；2004年下半年，货币市场收益率下降，人民币升值预期却持续增强。

从现实来看，扩大人民币与美元利差是否有利于缓解本币升值压力，取决于升值压力是否来自利差。如果升值压力主要来自经济增长预期与市场舆论，则不应强调通过压低利率来缓解升值压力。相反，压低利率水平会刺激投资过快和资产泡沫膨胀，吸引更多资本流入，2006年1季度外资继续大举流入中国投资，各大城市房价出乎意料的快速上涨再次印证了这一点。[①]

从宏观经济金融运行角度来看，在汇率升值的背景下，金融市场流动性过多，利率过低，一方面会助长投资过热和资产泡沫膨胀，不利于经济持续平稳较快增长，一方面也会降低金融机构资金配置的效率，增加潜在金融风险，日本当年的教训已经证明了这一

---

① 根据国家统计局公布的数据，2006年1月到3月全国房屋销售价格指数同比增长分别为：5.5%、5.5%和5.4%；环比增长分别为：0.9%、0.7%和0.3%。

点。2005年4季度，由于金融市场流动性过多，我国10年期企业债市场利率下降到3.5%左右，根本不能覆盖企业债的信用风险，金融市场资金配置效率大幅度降低，市场潜伏着系统性金融风险。

在人民币预期升值的环境下，保持汇率基本稳定与保持货币信贷增长和利率水平适度稳定都极其重要。对于汇率政策，无论从巨大的社会保障缺口、庞大的金融不良资产，还是从稚弱的债券、外汇市场体系来看，中国不具备人民币快速大幅升值的基础。目前关键是要形成人民币对美元升值最高幅度的稳定预期，同时扩大汇率波动幅度，发展债券、外汇市场。对于货币政策，各项操作要协调一致，无论维护经济金融平稳运行，还是减缓汇率升值压力，适度控制货币、投资增长，抑制经济过热，稳定金融市场预期，都应该是货币政策的基调。

三、 货币政策价格、数量手段密切配合

当前，针对货币信贷投资增长过快，中央银行上调贷款利率，加大窗口指导力度，对促进经济金融平稳运行有重要作用，但是仅靠这些措施还不足以抑制贷款、投资的过快增长。从融资企业角度看，上调利率0.27个百分点对贷款需求的抑制作用可能比较小。这是因为：一方面，在贷款利率上浮制度下，主要贷款品种1年期贷款的基准利率由5.58%上调至5.85%后，仍然小于上调前1年期贷款加权平均利率约6.1%的水平，实际加权平均利率的上调幅度可能远小于0.27个百分点。另一方面，企业可以通过增加票据融资、短期贷款并进行短贷长用，规避中长期贷款高利率。在今年1季度商业银行增加的1.26万亿贷款中，票据融资和短贷增

加6300亿元，同比增加3200亿元，已经反映出这种趋势。从商业银行角度看，只要金融市场流动性充裕，贷款利率越高放贷动力越足。

展望下一步货币政策操作，为及时有效回收商业银行流动性，中央银行有必要提高法定存款准备金率。2006年2月份以来，中央银行加大公开市场操作回收流动性力度，金融机构超额准备金率维持在3%左右，接近最低备付要求，为提高商业银行总准备金率以降低货币乘数，抑制贷款和货币供应量过快增长，需要提高法定存款准备金率。同时，要维持公开市场操作力度，有效控制基础货币投放。其实这也是参考国际经验之举。历史上东南亚国家为对冲外汇流入过快相应增加的货币供应量，曾经采取过提高存款准备金率等手段。马来西亚在1969年为抑制出口剧增带来的货币供应量增加，把存款准备金率由2.5%提高至5%，后来逐步提高到10%。①

目前货币政策仍需要以数量调控为主，同时兼顾利率目标。在贷款利率上调后，中央银行将继续采取多种手段，抑制商业银行信贷扩张，紧缩金融市场流动性，将货币市场利率引导到2005年上半年水平并保持稳定，这是货币政策趋于中性调整的举措，以避免货币信贷大起大落，助长经济起伏波动。

2005年下半年人民币汇率机制改革以来，在人民币爬行升值的同时，金融当局出于以低利率支持汇率改革的逻辑或者出于避免对经济过度紧缩的考虑，推出了货币利率政策从松、汇率政策从

① 中国人民银行货币政策司：《存款准备金制度的理论与实践》，企业管理出版社1998年版。

紧的操作。但是在当前宏观经济金融明显偏热的情况下,货币政策需要协调从紧,即在汇率小幅升值的同时,适度收紧货币利率政策。如果任由货币信贷扩张,将导致经济过热加剧,人民币汇率升值压力加大,金融体系资金配置效率降低,金融风险增加,并对花大力气改造的国有商业银行及其他金融机构的健康运行带来不利影响。

对于像中国这样的大国经济来说,宏观调控中货币信贷利率指标应该比汇率指标占有更主导、更主要的地位。坚持货币、利率为主导的货币政策适度调控,维护经济金融平稳运行,在此基础上有序推进人民币汇率形成机制改革,才能促进中国经济金融持续健康发展,减弱由于经济过快增长给国内国际资源、能源、资产价格造成的上涨影响,减缓人民币升值的压力,从而为国内国际经济结构失衡调节奠定基础。

参考文献

艾勇:“美元利率比人民币高3%左右,利差有利汇改”,《东方早报》2006年2月13日。

唐昆:“银行信贷成了替罪羊吗”,《上海证券报》2006年4月21日。

中国人民银行货币政策司:《存款准备金制度的理论与实践》,企业管理出版社1998年版。

中国人民银行金融市场司:《2005年12月份金融市场运行情况》,中国人民银行网站。

全球化背景下中国货币政策要点①

摘要：中国货币政策有多目标性，至少包括币值稳定、经济增长、利率市场化、国有银行和农信社改革、银行间市场发展、汇率改革与外汇市场发展等。1979年以来中国现实中的宏观政策比发达国家的中性政策表现得要宽松，货币政策在较多时间是适应性的而不是中性的，常常是被动纠偏操作而不是主动引导操作。中国经济最大的失衡，就是收入、税收政策扭曲和社保、劳保、环保制度落后与产业加快国际化的不平衡、不协调，在宏观经济指标上表现为储蓄、投资、顺差的过大。如果把制度上的和其他政策的问题压在汇率升值上，将孕育更多的经济风险，很可能造成金融资产价格泡沫膨胀，金融配置效率低下。

存在就是合理的，市场是生动的，理论是苍白的。2002年以来中国经济开始了新一轮的快速增长，国际化是其一个突出的特征。5年来，对外贸易增速保持在GDP增速的2—3倍，外资流入

① 本文部分发表于2007年1月8日《上海证券报》。

增速则更高达GDP增速的3—5倍。[①] 在中国加速国际化的同时，世界各国的生产分工、资源配置、资金流动日益表现为全球整体布局的趋势。在近5年的宏观经济分析中，多数的经济预测、评析与实际都出现了比较大的偏差。从货币政策角度看，这种偏差既体现在信贷增加额预测目标等调控规划上，也体现在银行改革将导致通货紧缩、广义货币增长较快将导致CPI明显上涨等观点上，反映了人们在全球化背景下对中国经济认知能力的局限。在年底已至、新春伊始之际，回顾5年来宏观金融问题，总结货币政策要点，可以对新年的投资、调控规划有所支持，尽管经济预测一般会比最糟糕的天气预报还要糟糕。

一、 货币政策具有多目标性

中国采取渐进式改革模式，经济长期处于转轨过程中。宏观金融是经济运行的基本背景，货币政策操作与经济多方面问题相关，长期兼顾多个目标。如果说美国货币政策操作是在通胀和经济增长之间把握的天平式平衡，联储的货币政策操作在经验上体现了泰勒规则的两点兼顾，那么中国的货币政策更像是在梅花桩上的武术运动，尽管难以同时全面顾及，但是一定要把握多点的动态平衡。

2002年以来，货币政策目标点至少包括币值稳定、经济增长、

① 根据国家统计局公布的数据，2002—2006年，GDP增速分别是9.74%、12.87%、17.71%、15.67%、16.97%，同时期货物进出口总额增速分别是21.80%、37.19%、35.55%、22.38%、20.57%，同期外汇储备的增速分别是34.99%、40.80%、51.25%、34.26%、30.22%。

利率市场化、国有银行和农信社改革、银行间市场发展、汇率改革与外汇市场发展多个。学术界对货币政策多目标的批评是顾此失彼、相互矛盾的,实际操作中也确有棘手之处。比如,为支持国有银行、农村信用社改革,2003 年以来中央银行通过发行央行票据置换金融机构不良资产,增加了财政式的基础货币投放,但这与维护币值稳定目标冲突;[①] 2005 年汇率改革后为控制汇率升值预期,央行抑制货币和债券市场利率水平来强化利率平价机制的作用,不利于国内债券市场定价正常化。[②] 还比如,为支持商业银行改革、扩大存贷款利差,在 2006 年 4 月提高法定基准利率时,存款利率没有像贷款利率一样进行上调,这与利率市场化取向以及抑制商业银行放贷积极性相矛盾。[③] 从这些可以看出,多目标性导致不纯粹的货币政策,政策操作经常会有平衡甚至妥协。但是现实问题不得不应对,这也是中国货币政策复杂与高难之处。

长期兼顾多个目标,货币政策在不同时段的主要目标和手段难以完全一致,但宏观金融以及货币信贷利率的基本稳定是最基础的目标。2003 年 1.8 万亿的新增信贷目标被突破至 2.8 万亿元之后,2004 年的 2.6 万亿元新增信贷额就成为重要调控目标。2005 年 7 月汇率机制改革之后,强化利率平价机制以稳定升值预期一度成为货币政策主目标,放任金融市场流动性过多。但是在

---

① 2003 年以来,中央银行为支持中国银行、中国建设银行股改上市以及农信社改制发行数千亿央行票据置换金融机构不良资产。

② 根据中国债券信息网公布的数据,2005 年 7 月至 10 月,一年期央票的发行利率从 1.595 下降到 1.3274。

③ 根据中央银行 2006 年 4 月公布的《中国人民银行决定上调金融机构人民币贷款基准利率》,从 2006 年 4 月 28 日起,金融机构一年期贷款基准利率上调 0.27 个百分点,由 5.58%提高到 5.85%,金融机构存款利率保持不变。

2006 年宏观经济出现反弹现象后，保持货币信贷利率稳定很快恢复为货币政策主要目标。

当前货币政策目标方面的突出问题就是如何内外平衡，即市场流动性、货币市场利率与汇率升值的协调问题。中国货币政策在未来 2 到 3 年甚至更长时间，将继续面临人民币汇率升值压力问题。在蒙代尔的货币政策独立、资金自由流动和固定汇率不可能三角[①]中如何取舍，重点要看中央银行的政策取向。2005 年下半年汇率改革刚刚开始时，中央银行似乎是选择了资金比较自由流动和汇率预期稳定：大力放松资金流出的管制，鼓励资金流出但并未加强限制资金流入，同时强调利率平价，放任流动性过多，听任货币市场利率水平超低。但是到了 2006 年下半年，侧重点似乎已经转移为货币政策独立和汇率稳定，外汇局在资金流入方面加强限制措施，并禁止中资金融机构参与海外 NDF 交易。[②] 而此前中央银行官员数次通过描述 NDF 市场上美元对人民币远期汇率贴水值的走低，来佐证人民币汇率升值预期趋稳趋降。[③] 这些变化体现了货币政策思路的动态调整。

关于货币政策目标另一个突出的问题是：货币政策调控是通过货币信贷或者利率的中介目标实施，还是直接实行通胀目标制；如果设立中介目标，数量目标与价格目标如何协调？

2000 年以来，以货币供应量、信贷规模为主要中介目标的货

---

① 〔美〕保罗·克鲁格曼：《萧条经济学的回归》，朱文晖译，中国人民大学出版社 1999 年版。

② 外汇管理局："关于外汇指定银行对客户远期结售汇业务和人民币与外币掉期业务有关外汇管理问题的通知"，2006 年 11 月 21 日。

③ 中国人民银行官员 2006 年 2 月在北京大学"CCER 中国经济观察"报告会上的讲话。

币政策框架受到了学者的质疑，通货膨胀目标制被反复推荐。其实，中国货币政策目标更多的是个实践问题。通货膨胀目标制的核心不简单地在于中央银行是否以通胀率为直接调控根据，而在于政府对经济信息是否进行足够充分的披露，中央银行是否愿意并能够与市场进行足够充分的沟通，中央银行是否遵循相对简单、稳定的操作规则。实际上，是否实行通胀目标制也并不重要，关键是加强政府与市场的沟通，同时中央银行对经济形势、宏观调控有准确、自信的判断与稳定连续的调控操作，要尽可能避免忽东忽西。

目前货币信贷数量调控在中国仍然是最有效的调控工具。在中国债券市场滞后，利率体系、商业银行市场化尚不充分背景下，货币、信贷数量调控仍然最具有可操作性，以货币供应量、信贷增加额为主的货币政策中介目标总体上还适用，但是需要强调利率手段在调控中的作用。货币政策操作中，以货币信贷数量调控为主的方式存在缺陷，需要加强利率手段予以弥补，原因主要有：一是货币信贷增长速度波动较大，货币乘数和货币流通速度变化也较大，货币信贷调控目标只能大概确定而不能严格遵循；二是货币信贷调控准确性不好把握，在调控中容易出现矫枉过正现象；三是货币结构发生的变化不易及时应对，例如2004年以来出现的广义货币供应和狭义货币供应增速差别较大的现象，二者中哪个指标与宏观经济更加密切在不同时期并不一定。相比往年，2005年广义货币供应增长更多是因为外汇占款增加导致的，这与信贷增加创造的货币供应量增加对经济的影响不尽相同。①

① 根据中国人民银行公布的数据计算得到，2003—2005年外汇占款占广义货币供给的比重分别为15.9%、20.8%和23.8%。

二、货币政策处于适应性地位

货币政策取向分为紧缩性、中性和适应性三种。货币对经济增长的影响从长期来看是中性的，货币政策作为市场经济国家最重要的宏观经济政策，其取向多数时期也是中性的，既不刺激经济扩张，也不造成经济紧缩。

中国作为发展中的转轨国家，现实中的宏观政策比发达国家的中性政策表现得要宽松，中国的货币政策在较多时间是适应性的而不是中性的。改革开放以来，我国长期实行偏松的利率政策，实际利率长期处于较低水平，有时甚至出现两位数的负利率。从国际上来看，美国商业银行优惠贷款的实际利率一般在5%—6%，德国在4%—6%，英国在5%左右[①]，而我国1979—2006年平均实际贷款利率为1.6%。我国以低价格资金投入支持了经济体制改革，促进了经济快速增长，但是低利率也造成我国资金配置效率低下，成为金融机构形成较多不良资产的原因之一。

中国最近一轮的快速经济增长始于2002年下半年。2001年中央银行还在为通货紧缩以及银行业的"惜贷"问题思考对策，积极提倡商业银行进行信贷营销[②]，第二年信贷投放就表现出加快特征：当年计划新增贷款1.5万亿元，实际增加1.8万亿。2003年计划新增信贷1.8万亿元，上半年商业银行就完成了全年信贷计划，中央银行在下半年数次召开窗口指导会，要求商业银行适度

---

① 根据彭博网站数据计算：www.bloomberg.com。

② 黄湃："对国有商业银行'惜贷'问题的理性思考"，《经济经纬》2003年第3期。

控制贷款发放，最后全年新增贷款2.8万亿。对此，有关部门曾经争论是信贷过快导致了投资扩张还是投资过猛刺激了信贷扩张。从宏观经济整体来看，这似乎是一个问题的两面，但是在预测判断宏观形势和政策方面，这里仍然存在逻辑上的主次问题。例如，2005年初，有人认为国有商业银行改制上市时资本充足等要求会抑制其信贷投放，从而会造成通货紧缩；而也有人认为，中国经济结构升级将持续，投资内在扩张动力较强，经济、货币仍会保持较快增长。事实证明，把握宏观经济大势者把握了宏观金融大势。

中国的货币政策多数时期是适应性的而不是主导性的。1998—2001年中国的通货紧缩有金融监管强化下商业银行信贷趋严的原因，但是更主要的还是自身经济周期和东亚金融危机后外部环境恶化的影响。2004—2005年，商业银行新增信贷总额与中央银行预测目标大体一致，经济内在需求和中央银行调控的因素大概各占了一半。2006年的情况又与2003年有所相似，商业银行在前8个月就完成了全年信贷增加2.5万亿的计划，对此中央银行一方面努力调控，另一方面也适应经济加速增长对信贷需求增加的趋势，在通胀形势平稳的情况下，没有硬卡信贷投放。

货币政策的适应性地位，体现了货币政策多目标背景下的平衡和妥协。首先，在中国经济政策中，增加就业、促进增长始终是第一位的，在保证通胀比较稳定的情况下，货币政策对此提供相应的支持。其次，无论政府部门，还是国际机构、专家学者，对转轨、新兴、国际化背景下的中国经济运行的认知能力都很有限，很多情况下对各项经济指标与其说是预测不如说是追认。货币政策综合预调、微调和适应性调控，体现了开明、务实的间接调控取向。还有，货币政策的适应性地位与其他金融改革相协调，比如，在可忍受的幅度内放松金融市场流动性，可以支持金融机构处置不良资产和改制，鼓励金融市场产品创新，支持汇率机制改革等，这些改革在中国加入 WTO 后也显得比较紧迫。

货币政策的适应性地位也可能造成货币政策措施相对滞后，货币政策常常是被动纠偏操作而不是主动引导操作。为弥补这方面的不足，货币政策在舆论上、表态上一般是中性的而不是适应性的。2003 年以来，中央银行在舆论上一直对通货膨胀保持高度的甚至过度的警惕，这种姿态一方面可以对货币政策的适应性状况有所调节，一方面也是中央银行树立抑制通胀威信的需要，至少在口头上要有足够的保守与稳健。

三、 货币政策不能解决其他政策的问题

2002 年以来中国经济的高速增长与世界经济良好景气一致。当前经济运行最大风险来自结构不平衡：一是国内经济的不平衡，投资比例偏高，消费比例偏低，2006 年我国投资率约为 42%，比 2000 年高 7 个百分点，消费率为 51%，比 2000 年低 12 个百分点，为改革开放以来的最低点。[①] 一是全球经济的不平衡，中国等亚洲国家外贸顺差及美国逆差偏高，中国的贸易顺差和美国的贸易逆差分别都达到各自国家 GDP 的约 7%。在经济全球化的大潮中，每个国家都以自身资源禀赋、经济结构特征去适应和竞争在国

① 中华人民共和国国家统计局：2000 年和 2006 年《中国统计年鉴》。

际分工中的位置,贸易的不平衡一定程度上是正常的。中国充足的廉价劳动力资源会吸引国际制造产业转移中国,外商直接投资会存在顺差,而以加工贸易为主的对外贸易也必然给中国带来顺差,中国现阶段难以避免地要出现双顺差,问题的关键是经济不平衡不能过度。

当前中国经济失衡的根本原因,是在近5年经济快速增长的同时,国家的税收、收入政策存在缺陷甚至扭曲,社会保障、劳动保障、环境保护制度相对于经济国际化越来越滞后。中国投资、贸易顺差较高的背后是过高的储蓄率。近10年来,居民储蓄占GDP的比重由20%下降到18%,企业储蓄占比由14.5%上升到15.5%,政府储蓄占比由5.5%上升到9.5%。[①] 2002年以来,财政收入年均增长22%(不包括政府卖地收入),企业利润年均增长25%,而同时城镇居民收入年均增长14%,农村居民收入年均增长仅仅6%左右。在个人收入增长远低于政府收入增长和企业利润增长的情况下,政府和企业都加大投资,近5年投资年均增长25%也就不足为奇。近10年来,居民的边际储蓄倾向一直保持在29%左右,在收入增长相对偏慢情况下,扩大消费的愿望就似空中楼阁了。

从国际比较来看,中国的个人名义税收负担处于中等水平,但是个人所能得到的政府社会保障非常缺乏,综合比较下来中国的个人实际税收负担处于国际前列。税收政策的扭曲表现在多个方面:近10年来居民在收入分配中比重趋于下降,但是1999年财政

① 数据来源:国家统计局网站 www.stats.gov.cn。

部门打着刺激消费的旗号出台了利息税政策。[①] 这么一个赤裸裸掠夺居民收入的错误，居然迟迟不能更正。从外资外贸方面的税收政策来看，我国出口额的59%和贸易顺差的56%以上来自外商投资企业，而外资企业所得税率比内资企业低一半还多。[②] 2006年9月出台的出口退税调整政策，部分行业产品退税率下降，但是将技术设备、IT产品的退税率由13%上调到17%，其他机械设备、车辆等产品出口退税率保持不变，而出口退税率不变和上调的产品出口额占出口总额一半左右，并且近5年占比还以每年2.5个百分点的速度上升。综合来看，通过这样的出口退税调整难以抑制贸易顺差扩大。

另外，中国在社会保障、劳动保障、环境保护制度及其实施方面非常薄弱，企业应计未计的保障保护成本很高，致使国民在经济快速增长时享受福利有限，并且降低了出口产品价格，增加贸易顺差扩大的压力。同时企业、政府积累较多收入增加固定资产投资加剧了失衡。2002年来不断深入的国际化进程推动了中国经济快速增长，产业深入参加国际循环，产品销售遍布世界，企业设备利用效率、存货周转速度提高，销售额大幅度上升，国家财政、企业利润增长显著，但是居民的生活福利改善滞后。中国经济最大的失衡，就是收入、税收政策扭曲和社保、劳保、环保制度滞后与产业加快国际化的不平衡、不协调，在宏观经济指标上表现为储蓄、投

---

① 第九届全国人民代表大会常务委员会第十一次会议："关于修改《中华人民共和国个人所得税法》的决定"，1999年8月30日。

② 根据1991年《中华人民共和国外商独资企业和外国企业所得税法》和1993年《中华人民共和国企业所得税暂行条例》，外资企业和内资企业所得税率分别为15%和33%。

资、顺差的过大。

为促进投资、消费以及国际收支平衡，最需要调整的政策是收入、税收制度和社保、劳保、环保政策。货币政策主要是总量调整，无论是汇率还是利率，结构调整作用有限。虽然货币政策措施出台都比社会保障、税收优化、劳动保障、环境保护制度性政策颁布落实要容易得多，但是不能张冠李戴。如果试图通过货币政策来解决结构优化问题，把制度上的和其他政策的问题压在汇率升值上，将孕育更多的经济风险，很可能造成金融资产价格泡沫膨胀，资金配置效率低下，金融机构风险累积，如同在畸形的地基上建造畸形的房屋，在扭曲的制度体系上形成扭曲的价格体系。

四、　利率比汇率在宏观调控中更居于主导地位

中国的汇率改革首先是要改变钉住美元的固定汇率制度。据IMF统计，GDP总量在5000亿美元以上的国家，基本没有实行固定汇率制的。[①] 近年来中国经济增长加快，对外贸易占世界贸易7%强，金融市场交易量成倍增长，需要建立相对灵活的汇率机制，增强在国际贸易金融交易中的灵活性，获得定价权。[②] 2005年7月以来的汇率机制改革是在自由汇率与固定汇率的两角解之间寻找中间路径，从过去一年多的历程来看，新的人民币汇率机制实际上就是爬行升值，在人民币汇率被世界关注和炒作的背景下，汇

① 国际货币基金：www.imf.org。

② 根据国家统计局编撰的《国际统计年鉴2006》和《中国统计年鉴2006》，2006年全球的货物进出口总额是244 420亿美元，中国的货物进出口总额是17 604亿美元，那么中国货物进出口总额占世界的7.2%。

率机制的调整受市场投机行为的巨大牵制。在单边升值预期的环境下，何时能够真正建立有效的浮动机制还较难确定。

人民币汇率机制改革前后，本外币利差问题成为关注点。中央银行也试图通过强调利率平价机制，扩大本外币利差，抑制市场对于人民币升值的过高预期。这种做法在国际上并不很普遍。1985—1995年间面临升值压力的德国、韩国、新加坡都没有采取类似措施。[①] 2005年下半年，为稳定人民币升值预期，利差与汇率之间的关系被夸大了。在市场上，人民币升值预期的强弱，主要是和美元贬值程度、中国经济增长形势、外贸收支变化和市场传言信息相关。从1999—2005年间人民币 **NDF** 市场所反映的升值预期强弱与人民币债券市场利率走势关系来看，二者之间没有正相关关系。

如前所述，2005年央行在不可能三角中，似乎选择了比较自由的资金流动和稳定汇率两点，并按照此思路着力，增强利率平价机制的作用。2005年年底中央银行开始与商业银行进行货币互换以回收流动性[②]，2006年又扩大了外汇指定银行结售汇综合头寸权责发生制实行范围。这些交易方式和制度的设立，使商业银行在国内外汇市场上本外币远期交易汇率定价时主要参照利率平价机制，但是这对于稳定人民币升值预期的作用仍然有限。利率平价理论的假设前提是资本自由流动下的完全浮动汇率制，市场即期汇率是均衡的。而目前市场在各种因素炒作下，却认为人民

① 1985—1995年，德国、韩国、新加坡与美国的货币市场利差呈扩大趋势，比如，德国与美国的货币市场利差从1985年的－2.9%上升到1992年的5.9%；韩国与美国的货币市场利差从1985年的1.2%上升到1991年的11.3%；新加坡与美国的货币市场利差从1985年的－2.7%上升到1994年的0.4%。

② 中国人民银行网站：《中国人民银行2005年大事记》。

币汇率是严重低估的。当前稳定市场关于人民币升值预期的基础是让市场接受即期汇率是基本均衡的现实。稳定汇率升值预期的核心，就是不要让人们把经济失衡归因于汇率。从这点看，明确和坚持表态比利率平价机制更有意义。

通过压低本币利率来稳定汇率预期存在较大弊端：一是利率水平低会增加短期投机资本的机会成本，但是同时也会助长投资过快和资产泡沫膨胀，吸引投机资本；二是如果市场接受了利率平价，当宏观经济形势偏热时，中央银行就会在货币紧缩、加息和稳定汇率预期上面临选择困难，2006 年就遇到了这种问题。对此，中央银行基于目前银行间市场利率与存贷款利率分割的现状，试图分别调控、双轨定价。当前银行贷款余额约占非金融企业债权融资余额的 90%，利率双轨制尚能够发挥分别调控的作用。但是考虑到每年新增债权融资金额中，银行贷款比重已经降至 80% 左右，固定资产投资资金来源中银行信贷比重已经低于 40%[①]，经济投资活动参照的利率水平介于贷款利率与债券利率之间，利率双轨作用将趋于弱化。

面对 2004 年中国经济的过热和 2006 年的反弹以及经济结构不平衡，从宏观经济政策总体来看，需要综合改进收入、税收政策和社保、环保制度，从货币政策来看，需要进一步转向并坚持政策中性。货币信贷总量适度、利率水平中性是货币政策的基调，也是宏观调控的基础，不能让汇率问题对货币政策的基础产生实质性干扰。从大国经济金融平稳运行来看，是利率而不是汇率，更应在

---

① 中华人民共和国国家统计局：《中国统计年鉴 2006》，中国统计出版社 2007 年版。

宏观调控中占据主导地位。

五、展望

中国20多年来的快速增长模式与其他亚洲经济体高储蓄、高投资、高出口的模式有本质上的相似。2002年以来，中国经济国际化、经济结构升级和世界经济的强劲增长，促进了中国的快速增长，但是中国的收入、保障制度的严重滞后恶化了中国经济结构不平衡问题。如果中国的经济制度和经济结构不能及时改善，所谓的失衡将主要通过汇率来调节，或者金融市场预期、炒作中国将主要以汇率来进行调节，对汇率升值预期幅度过高、时间过长，必将使资产市场形成巨大的泡沫。

金融市场巨大泡沫的产生和破灭一般都与宏观经济或者宏观政策紧密关联。20世纪80年代下半期，日本经济国际竞争力飙升，日元升值势头猛烈，日本也大有取代美国经济霸主地位之势，市场唱多气氛远远高于当前中国黄金期十年故事的氛围。然而，1991年日本股市和房市的泡沫破灭，经济从此陷入低增长甚至萧条。资本市场的泡沫有短期泡沫与长期泡沫的不同，中国1997年、2000年经历的是短期的泡沫，当前的泡沫似乎可以持续时间更长。在泡沫中进行投资对个体投资者来说当然是大有学问，但是对整个金融系统来说，肯定是泡沫越膨胀，破碎越惨烈。

中国和日本在近现代100多年的历史中激烈竞争，两国又分别在1980年代末和2000年代初面临着相似的经济结构调整、本币升值压力的巨大挑战。正是日本当年应对挑战的失误和同时期中国经济的快速增长，使中国在竞争中逐步由被动转向主动。当前中国在成为世界制造业中心的同时，承担着世界经济波动的较大风险，因为制造业的风险分散会比发达国家经济主体金融服务业的风险分散更加困难。面对与竞争对手当年遭遇的相似的挑战，中国宏观调控者如何纵横帷幄，中国货币政策当局是否存在智慧韬略，历史将拭目以待。

参考文献

黄湃："对国有商业银行'惜贷'问题的理性思考"，《经济经纬》2003 年第 3 期。

〔美〕保罗·克鲁格曼：《萧条经济学的回归》，朱文晖译，中国人民大学出版社 1999 年版。

中国人民银行网站：《中国人民银行 2005 年大事记》，2006 年。

2007年货币政策调控工具应用[①]

摘要:2004年以来全球各国经济表现出比较一致的上升扩张景气,在发达国家提高利率的同时,新兴工业国家和发展中国家也收紧货币政策。2007年中国企业通过发行短期融资券、企业债、公司债和股票直接融资1万亿元左右,相当于信贷增加额的三分之一。中国存在货币、债券市场利率和存贷款利率分化现象。继续上调利率,提高资金价格,是促使和维持货币政策中性的基本措施。货币政策操作将强化政策独立,在人民币汇率升值的同时加大对外汇流入管制力度,大力回收流动性,淡化通过维持利差来抑制外资流入的做法。

2002年以来,世界主要经济体货币政策趋于紧缩,中央银行不断提高目标利率水平。中国在经济增长偏快,信贷、投资膨胀和价格上涨的压力下,自2004年以来连续4次提高金融机构基准利率,总体上与其他经济体利率的趋势基本一致。但是在人民币汇率问题的干预下,利率走势和结构呈出现奇怪特点,利率和汇率政

---

① 本文写于2007年4月。有关利率分化问题又见作者"金融市场利率结构需要进一步完善"一文,发表于2005年7月15日《上海证券报》。

策协调成为面临的突出问题。

一、 世界主要经济体利率走势

2002年以来，全球经济景气上升，主要经济体GDP增长速度加快，通货膨胀压力加大，货币政策趋于收紧，各国利率不断提高。在OECD国家中，澳大利亚中央银行于2002年5月8日率先加息25个基点，将隔夜拆借利率由4.25%提高到4.5%。从2002到2006年，澳大利亚中央银行连续8次提高利率，隔夜拆借利率水平提高至6.25%并保持至今。

在西方工业七国中，英国于2003年11月6日开始新一轮加息，将隔夜拆借利率由3.5%提高到3.75%。2003至2004年，英格兰银行连续5次加息，将隔夜拆借基准利率逐步提高至4.75%。但是在2005年8月，英格兰银行将隔夜拆借基准利率调低25个基点至4.5%，主要是货币当局认为经济增长速度连续低于预期。事实证明这只是一次暂时的降息。2006年英国消费者物价指数上升至2.5%，高于英格兰银行设定的2%上限，8月份英格兰银行加息25个基点，将隔夜拆借利率调升至4.75%。此后至2007年1月份两次加息，将隔夜拆借利率水平提高到5.25%。

在2003年6月—2004年5月间，美国联邦基金目标利率维持在1%的低水平。2004年6月开始，美联储连续17次加息，2006年6月至5.25%并保持至今。2007年美国经济回落态势明显，预计联储在下半年降息1次左右。欧洲中央银行在2005年12月至2007年3月，连续7次加息将中央银行借款基准利率从2%提升至3.75%。在2007年经济继续保持强劲增长状态下，预计再次加息2次左右。日本银行在2001—2006年间实行了5年多的零利率政策,2006年7月,在经济增长稳定,核心消费物价指数连续上升情况下,将隔夜拆借利率上调至0.25%,并在2007年2月上调至0.5%,预计将会进一步提高。

2004年以来全球各国经济表现出比较一致的上升扩张景气。在发达国家提高利率的同时,新兴工业国家和发展中国家也收紧货币政策,韩国中央银行从2005年10月到2006年8月连续5次加息,将中央银行短期借款利率由3.25%调至4.5%。印度中央银行从2004年10月至2007年3月,连续6次提高利率,将隔夜拆借利率由4.25%调高至7.75%。

二、 中国的利率政策与特点

在1996年中国通货膨胀明显下降之后,中央银行根据宏观经济形势逐步下调利率,1996—2002年,中央银行连续8次下调金融机构存贷款基准利率,1年期存款利率由10.98%下调至1.98%,1年期贷款利率由12.06%下调至5.31%。

2002年中国经济由通货紧缩恢复上扬,信贷、投资增长加快,2003年出现经济增长偏热现象,并在2004年上半年升级为经济过热。从宏观调控角度看,2004年上半年如果提高利率,同时进行信贷控制和对投资进行适度行政干预,是比较理想的宏观对策。但是在经过了1998—2001年四年通货紧缩后,政府对出现的经济过热形势判断不够及时准确,宏观调控措施出台不够从容有序,直到下半年10月份才将金融机构存贷款基准利率上调27个基点,作为巩固宏观调控成果的政策出台。2005年货币政策调控围绕汇率机制改革展开，利率工具一度成为支持汇率改革的手段。[①]金融机构存贷款基准利率保持不变，而货币市场和债券市场利率却明显下降。2006年宏观经济形势再度走热，利率作为货币政策调控主导工具之一的地位得以恢复。中央银行分别于4月和8月分别上调金融机构贷款和存贷款基准利率。2007年货币政策预调立场明显，中央银行于3月再次上调金融机构存贷款基准利率，1年期存款利率达到2.79%，1年期贷款利率达到6.39%。

回顾2004年以来中国利率政策，有以下几方面特点：

1.利率调整与利率机制改革并行

一是2004年10月提高存贷款利率时，放开商业银行贷款利率上浮上限，并允许存款利率下浮。此项政策出台，标志利率市场化改革完成了阶段性任务；在债券市场没有大步发展的情况下，其他利率市场化政策难再有本质进展。

二是2005年3月将商业银行个人住房抵押贷款优惠利率回归到同期商业贷款利率水平，同时下调超额准备金存款利率。这是一个有争议的做法。从发达国家如美国的经验看，个人住房抵押贷款利率一般比商业贷款利率低20%—30%。2006年中央银行上调贷款基准利率时，将个人住房抵押贷款利率下浮空间由10%扩大到15%，体现了一定的自我纠正。

三是2006年4月加息时只上调金融机构贷款利率而没有上调存款利率。目的是抑制投资需求、鼓励消费、扩大商业银行盈利

---

① 2005年7月到12月，中国人民银行四次上调境内美元、港币小额存款利率，分别从1.125%和1%上调到3%和2.625%。

空间。但是这种做法行政保护色彩较浓，抑制了市场机制在利率形成中的作用。

2. 存贷款利率与货币债券市场利率分化

目前我国金融金融市场上存在金融机构存贷款利率、货币市场债券市场利率两大类。存贷款利率由中央银行管制确定，货币市场债券市场利率由市场供求确定。2005年上半年，金融机构贷款利率在取消上限之后，贷款加权平均利率持续小幅上升，显示贷款资金需求比较旺盛。但是货币市场、债券市场利率在3月份金融机构超额准备金存款利率下调后持续走低，直接原因是金融机构流动性较多而市场可供投资产品较少。不同的金融市场上资金供求状况差别很大，市场利率分化明显，表明我国信贷市场、债券市场分割(图1)。

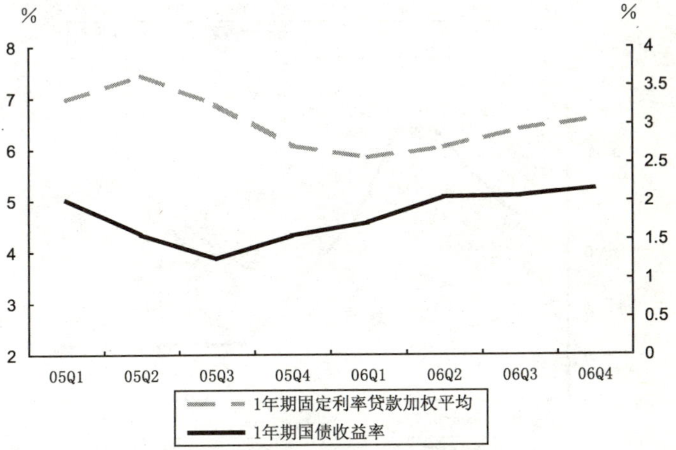

图1　贷款利率与债券市场利率走势

数据来源:《中国人民银行货币政策执行报告》,中国债券信息网。

3. 国内利率与国际利率关系趋于密切

在我国的对外经济关系中，与美国的贸易、资金往来规模最大，从较长时期来看，我国与美国经济变动的周期性不一致，利率走势也不一致(图 2)。例如，1998—2000 年，在美国连续 6 次加息的情况下，中国连续 4 次降息，尽管当时人民币还存在贬值的压力。

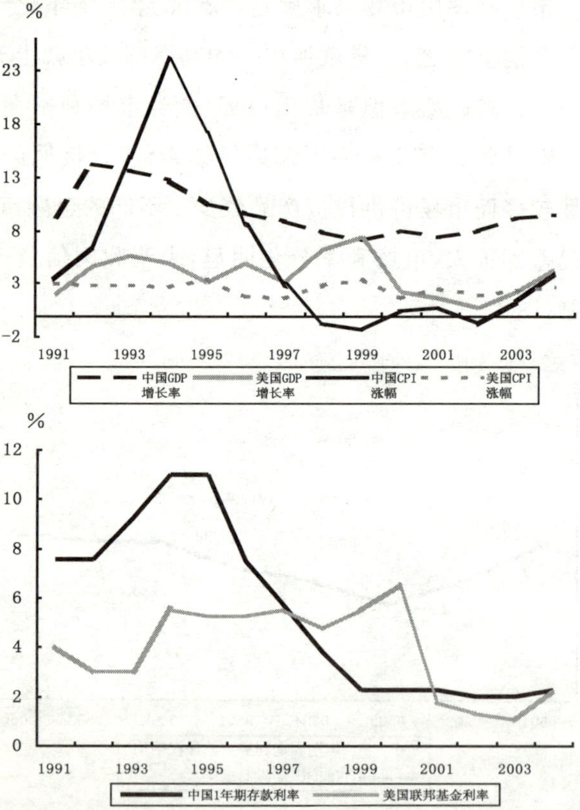

图 2　中国美国利率走势

数据来源：中国人民银行网站，美联储网站。

人民币汇率机制改革前后，本外币利差问题成为关注点。中央银行也试图通过强调利率平价机制，扩大本外币利差，来抑制市场对于人民币升值的过高预期。随着2005年后中国外贸顺差剧增，外汇大量流入，中国经济金融市场定价有与国际市场定价相互影响关系趋于密切。

三、加息、升值与货币政策协调

2007年以来，中国经济继续展现强劲扩张势头。1季度金融机构贷款增速提高，外贸顺差多增，工业增长加快。货币政策预调、多调、大调氛围变浓。1季度人民币汇率加速升值达到1%，中央银行三次上调准备金率并发行巨量央行票据大幅度回收流动性，3月份提高金融机构存贷款利率27个基点。

2006年下半年以来美联储保持目标利率水平不变，市场预期联储降息，美元债券、拆借市场利率已经振荡走低。我国中央银行在大力宣传利率平价机制以及通过扩大利差抑制外汇流入之后，如何协调加息与升值的关系，如何保证货币政策操作逻辑严密成为当前重要问题。

1. 坚持利率为货币政策主导工具

利率是一国中央银行货币政策的主导工具，利率的中性决定货币政策的中性。相比于发达市场经济国家2%—3%的短期拆借利率实际水平，并考虑到目前中国经济增长速度显著高于其他国家经济增长速度，人民币利率水平仍然偏低。当前1年期存款利率扣除CPI上涨幅度后实际水平约为0，1年期贷款利率扣除

GDP 平减指数后实际水平不到 2%，而 2007 年 1 季度 GDP 实际增速约为 11%，工业企业盈利增长 40%。此外，2007 年企业通过发行短期融资券、企业债、公司债和股票预计直接融资 1 万亿元左右，占预计的信贷增加额的三分之一。市场利率偏低，将助长企业扩张过快和经济过热。继续上调存贷款利率，提高资金价格，是促使和维持货币政策中性，保持宏观经济平稳的基本措施。

2. 加强外汇流入管制和流动性回收

中国近期巨额外贸顺差与大量外汇流入的原因，有经济国际化程度加快、国际市场需求旺盛以及国内产能在国际市场消化，等等。在外汇储备激增的背景下，人民币的适度升值在所难免。在货币政策独立、稳定汇率和资金自由流动不可能三角中，2007 年将强化货币政策独立，适度提高升值幅度，同时加大对外汇流入管制力度。货币政策独立操作即根据国内经济形势提高利率，加大基础货币回笼速度，及时果断大力回收流动性，是货币政策大局观所在。

3. 发挥利率平价机制的有限作用

利率平价理论是外汇市场上确定远期外汇定价的基本规则，在中国主要适用于 1 年期以内的远期汇率定价。2005—2006 年，为稳定人民币升值预期，利差与汇率之间的关系被夸大了。本外币利差对外资流入的抑制作用要远远小于汇率升值预期的鼓励作用。2007 年中央银行将淡化通过维持利差来抑制外资流入的做法，将会根据国内宏观形势适度加息、适度加快升值。利率平价定价机制，将主要用于中央银行与商业银行进行货币互换交易的定价，以及在外汇指定银行结售汇综合头寸实行权责发生制的背景下，确定1年期以内的人民币远期汇率定价。从短期利差比如1年期央票利率和1年期美元LIBOR的差额来看，维持一定时期的美元对人民币正利差仍然可行，可以支持国内外汇市场的交易和运作。

从紧的货币政策:向左还是向右①

摘要:2007 年 4 季度中央银行的信贷行政控制和汇率市场化管理之间形成鲜明对比。从紧货币政策向左还是向右,行政化取向还是市场化取向,成为关注的焦点。2005 年以来的货币政策操作方式,是在信贷控制上偏左,在人民币汇率改革上偏右,允许人民币加速升值,放宽汇率浮动幅度,并放松资本账户管制。在此背景下,近期内做多中国市场,短期内进行波动性交易,中期谨慎,随时考虑退出。这种策略对市场投资者来说是现实选择,尽管未必符合货币政策制定者的愿望。

2007 年 12 月 5 日召开的中央经济工作会议提出将实施从紧的货币政策。这是近十年来首次将“稳健的货币政策”调整为“从紧的货币政策”,引起市场的广泛关注。目前中央银行从紧的货币政策操作,表现为对内信贷行政性加强控制和对外汇率适应市场预期加速升值,二者一左一右的调控方式取向形成鲜明对比。在此背景下,市场投资者很可能短期做多,中期谨慎,随时考虑退出。

---

① 本文写于 2007 年 12 月。

2007年第四季度,中国人民银行采取了自1998年以来最严厉的行政措施,直接控制商业银行的贷款业务,要求商业银行承诺将贷款增长控制在一定限额内。在11月和12月,央行要求商业银行基本维持贷款总量的零增长。对那些达不到要求的银行,将采取差别存款准备金、特别存款、定向央票等措施进行惩罚。显然行政手段已成为重要的货币政策工具,这可能被视为自央行1998年放弃对贷款限额管理以来市场化改革进程中的一次大的变化。

同样在第四季度,中国人民银行在人民币汇率管理上,特别是人民币兑美元的升值问题上却表现得更加市场化。第四季度,人民币兑美元汇率升值速度折年率升值11.3%,12月平均日浮动达到0.3%,比前三季度0.1%高出很多。在第三季度的货币政策报告中,央行指出升值有利于控制通货膨胀。[①] 在第四季度的货币政策委员会会议上,宣布人民币汇率将更多地由市场力量决定,并且将更具弹性。[②] 从以上情况不难看出,人民币汇率体制很明显地向市场化迈进。目前,市场期望升值加快。人民银行似乎满足于市场对于人民币升值的取向,而市场受到鼓励,期望更多。比如,市场人士相信,在2007年人民币兑美元升值6.8%以后,2008年将升值10%。[③] 在市场人士对下一年的从紧的货币政策的设想中,货币升值和贷款限额管理具有同样举足轻重的地位。

当前人民银行的信贷行政控制和汇率市场化管理之间形成了

---

① 中国人民银行:《2007年第3季度中国货币政策执行报告》,中国人民银行网站。

② 中国人民银行:"中国人民银行货币政策委员会召开2007年第4季度例会",中国人民银行网站。

③ 哈继铭、沈建光、邢自强:"美元贬值导致国际资本流向新兴市场",《中国经济周刊》2007年第46期。

一个鲜明的对比。从紧的货币政策调控方式到底是向左还是向右，到底是行政化取向还是市场化取向？这个问题是大家争论的热点。一些人认为贷款限额管理的根本原因在于人民币被低估，造成外汇储备大量增加，给金融体系注入了过多的流动性，只有人民币实现大幅升值（比如说一些投资者希望的对美元升值40%）才能使贸易顺差下降，减缓流动性泛滥的压力，才能给货币政策提供独立的空间。相反，一些专家则坚持认为是升值预期导致了资本的流入以及流动性泛滥，而非贸易顺差。在过去的五年中，贸易顺差对外汇储备增加的贡献不到50%。[①] 应执行强制性的资本流入控制而非强制性的信贷控制来支持独立的货币政策的实施；应该提高利率，使真实利率水平由负变为中性，以实现对宏观经济的调整和软着陆。

在中国，尤其是最近五年来，关于货币政策的讨论和论断非常流行，政府部门和经济学者的看法层出不穷。作为中国市场的投资者，很现实的做法是跟随经济当局的逻辑同时把握市场自身规律，这样才能发现机会获取利润，并及时逃离规避风险。

仔细回顾一下2005年以来中国货币政策的操作，很明显在国内金融管理上偏左，而在人民币汇率改革上偏右：在信贷控制上采取行政措施，但允许人民币升值，放宽汇率浮动幅度，并且放松了资本账户管制。[②] 目前，考虑到货币政策导向的正反两方面影响，投资者需要考虑以下几点：

---

① 根据《中国统计年鉴2008》，2003—2007年中国贸易顺差5 988亿美元，占外汇储备增加额1.24万亿美元的48%。

② 国家外汇管理局2007年2月1日实施《个人外汇管理办法实施细则》，将境内个人年度结汇和购汇额度都提高到5万美元。

第一,把资金转移到中国,越快越好。非常明确的是,2008 年人民银行将允许人民币兑美元升值更快。据统计,2005 年、2006 年和 2007 年人民币的升值速度分别为 2.3%、3.5%、6.8%。此外,人民银行表示在应对贸易顺差和通货膨胀问题上,升值是必要的。[①] 从中我们很清楚地看到其在人民币升值政策上将更激进的迹象。假设 2008 年人民币 10%的升值幅度是比较合适的,这意味着把美元转换成人民币会有将近 10%的无风险收益。

第二,中国经济很可能会快速增长,企业利润和资产价格在 2008 年会继续攀升。这也是近期内增加在中国投资的理由。在人民币升值的情况下,人民银行将可能的放慢加息的脚步。这在最近 12 月 20 日的加息中有所体现,在这次加息中,降低了活期存款利率,总体信贷利率增加不到 18 个基点。利率平价理论是货币政策当局的另一个基本原理,尽管很多经济学者对此逻辑都不赞同。如果利率水平像现在这么低(实际存款利率 -2%,实际贷款利率 1.5%),经济将很难实现着陆。

第三,通货膨胀问题是当前宏观经济最大的威胁,温和的利率政策不利于减轻通胀压力。然而,如果通胀远远超过居民的忍受限度,人民银行将不得不出台严厉紧缩措施。

第四,现今中国国内投资者对紧缩性货币政策最担心的是贷款限额管理。信贷限额是一种典型的计划经济货币调控手段,影响经济波动较大。

最后,还需警惕市场的潜在风险,其中之一就是过去 3 年中低

① 中国人民银行:《2007 年第 3 季度中国货币政策执行报告》,中国人民银行网站。

利率以及加速的人民币升值刺激了资产价格泡沫。未来资产价格泡沫脆弱性将增大，股票市场可能会更加动荡。另外一个风险是政策性风险，这不仅来自货币政策取向从稳健变为从紧，也来自货币政策实施在利率主导和汇率主导之间的骑墙，最糟的事情就是在这两者之间摇摆不定。2005 年下半年，人民银行放任市场流动性泛滥，引导市场利率走低以阻止资本流入，但是 2006 年和 2007 年人民银行又在通胀和经济过热的压力下持续加息。

近期内做多中国市场，短期内进行波动性交易，中期须保持谨慎并准备随时逃离。这可能不是货币政策制定者所希望看到的，但是这种策略对市场投资者来说仍是现实选择。

参考文献

哈继铭、沈建光、邢自强："美元贬值导致国际资本流向新兴市场"，《中国经济周刊》2007 年第 46 期。

中国人民银行：《2007 年第 3 季度中国货币政策执行报告》，中国人民银行网站。

中国人民银行："中国人民银行货币政策委员会召开 2007 年第 4 季度例会"，中国人民银行网站。

2009年房价飙升的直接原因是货币政策过度宽松①

摘要：中国2009年房价创纪录高涨，直接原因是10万亿贷款增量体现出来的货币政策过度宽松。评价当前宽松的货币政策，需要从短期和中期考虑中国经济的增长与波动，也需要从理论上和操作上理解货币政策对于资产价格和消费品价格的调控。2010年新兴市场经济体通胀上行风险和资产价格泡沫膨胀风险较大。其原因：一是美国货币政策可能宁松毋紧。二是各国当局在经济衰退压力下降息积极，希望别人紧自我松，结果是世界性的货币政策紧缩滞后。三是短期内新兴市场经济景气相比发达经济体高些，国外资金大量进入资产价格膨胀。中期来看，将来美国加息后致使国际资本回流，可能再次引发新兴市场资产价格和经济的大幅波动。

三月份的"人大"、"政协"两会是每年委员参政议政的集中时期，2009年房价的飙升高涨成了2010年两会代表的焦点议题。

① 本文部分发表在2010年3月15日《上海证券报》。

大家提到的政府拍地方式、政府公房分配不均、廉租房匮乏状况以及开发商操纵伎俩的确是中国住房制度方面数年以来存在的问题，如果真正代表广大人民群众利益解决住房困难就需要对以上制度进行根本改革，其本质是对权力和利益制度的改革，其难度自然不言而喻。但是，在同样的制度环境下，2003 年以来商品房价格并不一直都是快速飙升的，其涨幅存在巨大波动，2009 年房价创纪录高涨，其直接原因或者导火索是 10 万亿贷款增量体现出来的货币政策过度宽松。

一、 房价飙升背后的高信贷和低利率

2009 年商品房价格涨幅创造了纪录，统计局公布的 1.5%的涨幅有些像“掩耳盗铃”。[①] 其实测算房价涨幅有一个简单方法，就是用商品房交易金额增长率减去交易面积增长率。考虑到交易的新房会越建越远离市中心，这种测算一般来说只会低估而不是高估房价上涨幅度。据此测算 2003—2009 各年房价涨幅大概分别为 6.1%、17%、24.3%、7%、18.5%、-1.4%和 33.3%，与居民感受相对比较一致。[②]

在房价涨幅创纪录的同时，2009 年信贷增加也创纪录的达到 9.6 万亿元，同比增长 32%。其中与房价相关的主要是两类贷款，一是基建贷款，增加 2.5 万亿元，增加额是 2008 年的 2.3 倍；二是

① 中华人民共和国国家统计局:《2009 年国民经济和社会发展统计公报》，2010 年版。

② 根据《2009 年中国统计年鉴》中的历年商品房销售额和商品房销售面积数据计算而得。

居民户贷款，也增加2.5万亿元，同比增长43%，居民户贷款中90%以上是个人住房贷款。[①]

在信贷跳升的同时，存贷款利率大幅度下调，其中基建贷款利率多数下调10%至5.3%左右；个人住房贷款利率还下浮30%，按5年期以上贷款利率5.94%打7折计算，仅为4.16%。从实际情况来看，2009年上半年在全国绝大多数地区，无论第1套还是第2、3套住房贷款利率实际都是按照7折利率计收利息的。这个贷款利率水平，创造了中国改革开放三十多年以来最低的贷款利率纪录，同时也低于美国1970年以来任何时期住房按揭贷款利率。美国住房按揭贷款利率2000年以来平均约为6.4%，最低为4.9%[②]，而过去10年是该利率最低时期，次债危机的产生也与此利率偏低有关。即便在4.16%的房贷利率水平下，商业银行为了争取贷款客户，还竞相推出贷款返点即返还现金的手段，扣除返点因素实际贷款利率还不到4.1%。

在政府基建贷款和投资高涨的烘托下，基建征地推动地价上涨，地价上涨推动房价上涨，再加上43%的房贷增速和4.1%的房贷利率的刺激，2009年商品房交易金额也是创纪录增长，其中已经完全分不清投资需求和居住需求，土地价格和商品房价格竞相上涨，创出天价实属必然。

二、 房价飙升的金融与经济风险

历史在演进中伴有轮回。20世纪80年代后期，日本在与美

① 中国人民银行网站：www.pbc.gov.cn。

② 美国住房协会：www.hsh.com。

国广场协议谈判后5年间日元兑美元大幅度升值40%，为抵御外贸顺差萎缩对经济增长的抑制，迅速降低利率250个基点从5%降到2.5%，同期房地产价格大约上涨了120%。1991年房市、股市泡沫破灭，房地产价格下跌了60%，日本经济增长从此进入停滞状态，至今未能摆脱。2000年网络泡沫破灭和2001年9·11事件后，美联储大幅度降低利率，联邦基金利率保持负利率水平达2年半，房价从2002年至2006年上涨了50%。2008年房市崩盘，价格持续下跌了约33%，经济进入二战后最大的衰退。

2008年4季度以来，中国在外贸顺差快速下降的情况下，有关当局出台了冲锋式的刺激措施，伴随着2009年信贷10万亿的增加，在GDP增长8.7%的同时房价上涨了30%以上。从房价收入比来看，国际平均水平约为5倍左右，中国已经达到10倍；从租金收益率来看，国际水平约为4%—6%，中国目前约为2%，中国房价之高由此可见。

现在宣称房价在未来20年持续面临上涨压力，这可能是在面对高房价给自己开脱责任，同时也存在继续误导房价的嫌疑。①实际上未来20年，中国房价有持续上涨的压力，也有停滞甚至下跌的可能。如前所述，中国房价畸高首先是存在制度性缺陷。如果这些制度性问题不能解决，中国经济增长甚至社会稳定、现代化进程都会受到巨大威胁，经济陷入停顿房价也将出现低迷；而如果能够解决，当前过度高涨的房价就会得到纠正。其次从货币政策立场来看，如果货币政策持续过度宽松，中国房地产泡沫膨胀与破

① 在2010年3月8日举行的十一届全国人大三次会议记者会上，住建部部长姜伟新在答记者问时表示未来20年房价上涨压力仍大。

裂只是时间问题，将会出现中国版本的日本泡沫经济和美国房贷危机。也许根本不需要20年，中国房地产与经济就会出现崩盘与衰退，房价不是面临上涨压力，而是如何止住下跌之势。如果货币政策走向中性，1年期实际存款利率保持在3%—5%，房价高涨之势一定会得到全面抑制。

三、 货币政策智慧的真与伪

评价2009年宽松的货币政策，需要从短期和中期考虑中国经济的增长与波动，也需要从理论和操作理解货币政策对资产价格和消费品价格走势的辨识和调控。次债金融危机源于过度宽松的货币政策，似乎也止于零利率加数量宽松的货币政策。中国在应对外贸萎缩时出现10万亿信贷膨胀，与日本升值后实施低利率，在背景与后果上有相似之处，其中之一就是房地产价格的高涨。目前国际金融危机已经度过最艰难时期，多国经济也已经复苏，但是货币政策对过去的反思和当前的态度仍然存在巨大争议。

一是货币政策如何考虑资产价格。次债危机前以格林斯潘为代表主张货币政策关注但是不以资产价格为目标，而是选择“事后救助”，即在泡沫破裂后及时向金融体系注入流动性以缓解对经济的冲击。[①] 格林斯潘的观点已经被次贷危机的损失证明是危险和失败的，但是此前这一观点在中国也颇为流行。国际货币基金组织在2008年提出货币政策需要考虑资产价格，特别是存在大量按

---

① Alan Greenspan (2004), speech before the America's Community Bankers Annual Convention, Octomber.

揭信贷下的房地产价格，甚至可以将房地产价格以一定的权重加入到泰勒规则中指导货币政策和利率调控。[①]

然而2010年1月，美联储主席贝南克发表的“货币政策与住房泡沫”一文再次挑起了歧义，他指出房地产泡沫的主要原因不是货币政策低利率，而是房地产融资的方式发生了根本性的改变，特别在2003年后各种衍生产品的推出和发展；根据计量回归货币政策低利率与房价的相关性很小，反而经常项下赤字的恶化与房价上涨的相关性很大。[②]

二是货币政策如何从危机时的宽松状态中退出。这是一个令人瞩目且悬而未决的问题，这一问题关系到各个国家在政策安排上的博弈。2010年2月，IMF首席经济学家布兰查德发表了《反思宏观经济政策》的报告，建议主要经济体的中央银行在经济正常的情况下，把控制通货膨胀目标从原来的2%提高到4%。在4%的通胀水平上温和经济体的短期利率可能在6%—7%之间，在利率降至零位这一无可再降的水平之前，央行可获得更多的降息空间。[③]

贝南克和布兰查德的文章讲述的是货币政策的智慧还是糟粕令人踌躇，而其背后是否带有为美国低利率进行辩护并将矛盾转移到顺差国家的政治目的也令人怀疑。这两篇文章可能是个危险的信号，令人担心美国加息或货币政策紧缩将尽可能推后，全球流动性将维持宽松，而新兴经济体的通胀压力和所谓的货币升值压

---

① 国际货币基金组织：www.imf.org。

② Ben S. Bernankee (2010), “Monetary Policy and the Housing Bubble”, January.

③ Olivier Blanchard, Giovanni Dell’Ariccia, and Paolo Mauro (2010), “Rethinking Macroeconomic Policy”, IMF working paper, Feberary.

力则可能会加重。

四、货币政策在应对危机和促进经济增长中作用

在经济增长理论中，货币从长期看被视为中性因素，货币政策功能主要是熨平经济波动，其本身并不能推动经济增长。为应对次贷金融危机和经济衰退，全球多家中央银行一致行动，空前投放货币流动性[1]，为稳定金融市场和促使经济复苏提供巨大支持，但是经济复苏后走势如何经济学家争议纷纷。

一种认为，目前经济走势将是较低增长伴随较高通胀，过度宽松的货币政策使金融市场避免了更恶化的危机，但是也会有代价，即经济持续增速较低而通胀压力较大，使短期剧痛变成了中期煎熬，当前商品、资产价格上涨已经显现此问题苗头。另一种认为，当前宽松的货币政策有利于抑制经济下滑和稳定经济态势，这有利于促进企业继续研发和技术进步，货币是中性的，但是货币政策抑制了金融危机则有利于促进经济增长。下一步，货币政策需要准备不早又不晚地回收货币流动性，减小通胀对经济增长的破坏。

然而现实中，2010年通胀上行风险较大，新兴市场资产价格泡沫膨胀可能性很大。其原因：一是美国货币政策可能宁松毋紧。美国是金融危机的源头，其房地产市场、金融市场和金融机构的恢复最需要宽松货币政策支持。美国以服务业和消费为主体的经济模式也使其受商品、资源价格上涨的影响比制造业国家小。二是

---

① 路透社统计显示，世界各国央行在金融危机爆发后的48小时内的注资总额超过3 262亿美元。

各国当局在经济衰退压力下降息积极，甚至争先恐后，但是在经济复苏初期面临通胀压力时，多存在加息缓慢倾向，在经济国际化背景下，希望别人紧自我松，结果是世界性的货币政策紧缩滞后。三是短期内新兴市场经济景气可能比美国好，在美国金融危机过后，流动性泛滥下资金大量进入中国等新兴市场，进一步推动资产价格膨胀。中期来看，将来美国加息后致使国际资本回流，可能再次引发新兴市场资产价格和经济的大幅波动。

自第二次世界大战后美元成为国际储备货币以来，美国从来没有主动承担国际货币稳定的义务，而是一味追逐收益和转嫁风险。对此中国需要足够的自醒和自觉，我们也许不必将金融演变历史改编为货币战争历史而耸人听闻，但是也不该将他国利己说辞高抬为经典至理而全盘遵从，这对于目前把握货币政策以及相关的利率、汇率、利率平价、人民币可兑换、资本流动等问题可能都很重要。

参考文献

Alan Greenspan (2004), speech before the America's Community Bankers Annual Convention, Octomber.

Ben S. Bernankee (2010), "Monetary Policy and the Housing Bubble", January.

Olivier Blanchard, Giovanni Dell'Ariccia and Paolo Mauro (2010), "Rethinking Macroeconomic Policy", IMF working paper, Feberary.

未来五年货币政策趋向[①]

摘要:中国经济总量扩大的同时结构上出现退化问题,经济杠杆率也大幅上升。货币政策操作市场化与行政化取向并存,利率水平偏低刺激影子银行业务供需两旺,货币政策调控效果折损。未来五年,货币政策以利率市场化即存款利率市场化,还是以资本项目开放、减少外汇管制为主线,对于经济金融发展和货币政策调控效果影响重大。

2012年末2013岁首时值中国经济转型、政府换届、股市反弹。企业家规划生产销售活动,投资者安排中长线操作,都不得不尽力去预测中长期的形势与政策。预测的准确性一般都不高,知其不可为而为之,权作是一种思考吧。

一、 宏观经济总量与结构

以过去的5年、10年为阶段回顾,中国经济发生了巨大变化。

① 本文写于2013年3月。

可变价 GDP 从 2002 年的 12 万亿到 2007 年的 27 万亿再到 2012 年的 52 万亿，增长了 4 倍多，虽然不变价 GDP 增长要小些，但是折算成美元则从 2002 年的 1.5 万亿增加到 2012 年的 8.4 万亿，增长了 5 倍多（人民币汇率升值了 30%强），人均 GDP 也从 1 200美元跳升到 6 400 美元。

从 GDP 的产业构成来看，第一产业从 2002 年的 13.7%到 2007 年的 10.8%再到 2012 年的 10%，第二产业从 2002 年的 44.8%到 2007 年的 47.3%再到 2012 年的 45.4%，第三产业从 2002 年的 41.5%到 2007 年的 41.9%再到 2012 年的 44.6%。

从总需求构成看，消费支出从 2002 年的 7.18 万亿到 2007 年的 13.2 万亿再到 2012 年的 28 万亿，资本形成从 2002 年的 4.6 万亿到 2007 年的 11 万亿再到 2012 年的 27.6 万亿，外贸出口从 3 300亿美元到 1.2 万亿美元再到 2 万亿美元，出口从 3 000 亿美元到 1 万亿美元再到 1.8 万亿美元，外贸顺差从 300 亿美元到 2 600亿美元再到 2 300 亿美元。

从 GDP 收入构成看，国家财政收入从 2002 年的 1.9 万亿到 2007 年的 5.1 万亿再到 2012 年的 11.5 万亿，增长了 6 倍多；规模以上工业企业利润从 58 亿到 2.7 万亿再到 6.3 万亿，增长了 1 100倍。而同期居民收入占 GDP 比重从 48%下降到 40%再到 44%。居民收入占 GDP 比重下降的同时，收入差距也在扩大，统计局公布的基尼系数，从 2003 年的 0.479 到 2008 年的 0.491 再到 2012 年 0.474，数据的准确性还受到了较多的质疑，认为可能被低估。① 人口结构方面，15—64 岁人口比重从 2002 年的 70%

① 倪金节："中国统计局基尼系数为何不靠谱"，金融界网站，2013 年 1 月 23 日。

上升到2010年的74.5%再到2012年的74.1%。

过去十年中国经济总量大幅增长，人均收入明显上升，但是居民收入差距扩大，劳动人口比重达到高峰后趋于下降，对于未来经济增长速度形成抑制。

二、宏观金融环境

人民币广义货币供应量M2由2002年的18万亿增加到2007年的40万亿再到2012年的97万亿，增长了5倍多。货币化即广义货币供应量与GDP之比由2002年的1.5到2007年的1.48再跳升到2012年的1.87。

经济总杠杆率也经历了先小幅下降后大幅上升的过程。据测算，企业、个人、政府负债之和与GDP之比由2002年年底的160%下降到2008年年底的153%再到2012年年底的206%，其中企业、个人、政府负债与GDP之比分别由2008年年底的85%、10%和58%上升到2012年年底的128%、19%和59%。①

融资结构发生变化，银行信贷占社会融资总量比重由2002年的95%下降到2007年的69%再到2012年的60%。银行信贷之外融资比重上升，影子银行是一个很多人都使用但是所指含义却并不完全相同的概念。本文这里指所有不计入银行信贷总量中的、通过金融机构渠道进行债权融资，包括名义股权实际债权融资，大约相当于银行理财、信托委托产品之和，扣除其中重复计算

① 王志浩："中国总杠杆水平再度升高"，《渣打银行全球研究》2012年11月13日。

的部分，2012 年年底规模约有 12 万亿，相当于存款总量的 13%。①

就像美国次债危机不仅是监管而更主要是宏观金融问题一样，中国的影子银行活动实际上是在信贷管制和利率水平过低宏观背景下的金融创新。银行理财和信托产品的本质，简单来说就是贷款与大额存单。商业银行一直对其发售的理财产品有潜在的保本保收益安排，信托公司对于其发行的信托产品也潜在地刚性兑付，银行理财与信托产品对于个人购买者来说就是大额存款，对于企业融资方来说就是借来的资金，而且一些名义股权实际债权的信托融资还能从账面降低企业负债率。过低的利率水平既刺激了企业的融资需求，也促使个人提取存款积极追逐理财和信托产品。

货币化和经济杠杆率调升，对通货膨胀产生潜在压力。融资结构多元化，对货币政策调控有效性提出挑战。

三、 货币政策框架与主线

2002—2012 年，货币政策操作中基础货币投放的主渠道，多数年份为购买外汇，外汇占款曾经高达基础货币增量的 2—3 倍。2010 年后外汇占款占基础货币增量比重下降，2012 年为 64%。②

2013 年美国量化宽松额度增加，加上欧洲央行和日本银行的宽松操作，新兴经济体外汇流入增加，货币升值压力回升。美国经

---

① 数据来源：万得网站（www.wind.com）。

② 数据来源：中国人民银行网站（www.pbc.gov.cn）。

济形势以及货币政策变化是全球资金流动的主要原动力，2014 年或 2015 年如果美国 GDP 增速达到 3%左右或者失业率降到 6%左右，那么美联储量化宽松政策趋于退出甚至出现加息，新兴经济体外汇流动和货币汇率走势将发生变化，基础货币投放渠道也会变化。

从中国过去 10 年的历史看，当资本流入较多外汇占款情况下，货币当局一般会允许人民币汇率中间价中小幅度升值，发行央行票据、做正回购、提高存款准备金率回收流动性，控制信贷额度，货币市场和存款利率水平相对较低，只有当通货膨胀明显加剧时再加息提高利率。当资本流入较少甚至净流出情况下，货币当局一般会允许人民币汇率中间价微小幅度贬值，通过逆回购增加流动性，下调存款准备金率较缓慢。

未来五年货币政策调控的主线条，情景之一是历史操作的大致重演。粗糙地猜测，大略为 2013 年人民币汇率中间价小幅升值 2%—3%，存款准备金率不变甚至上调，货币市场利率低位上升，上升也相对较低，存贷款利率不变；2014 年人民币汇率中间价小幅升值 1%—2%，存款准备金率不变甚至上调，货币市场利率上升，存贷款基准利率可能提高；2015 年之后，人民币汇率中间价小幅贬值 1%—2%，存款准备金率缓慢下调。

情景之二是一个与过去 10 年有所不同的逻辑。货币政策坚持以货币总量和利率水平为调控主线，推出大额存单等金融产品，推进利率市场化。摒弃所谓为缓解汇率升值压力而维持利率低水平的做法。在美、欧、日货币政策加大数量宽松环境下，加强而不是放松外汇流入管制。维持人民币汇率基本稳定，可以是兑美元也可以是兑一篮子货币汇率稳定。如果以美元为锚，2013—2014

年人民币汇率中间价每年升值1%—2%，2015年之后每年贬值1%—5%。

政策操作存在路径依赖，情景之一的现实可能性大于情景之二。

四、货币政策工具与措施

1. 信贷控制

1998年人民银行取消商业银行信贷限额管制，在2003年经济过热信贷过快增长时又予以恢复，至今一直存在，只是力度时强时弱，其中2008年4季度和2009年管制基本放弃，期间信贷飙升倍增。信贷限额控制发挥着货币融资控制的作用。随着新增贷款在社会融资总量中的比重下降，信贷限额的局限性也越来越突出。

简单预测，2013—2014年贷款限额手段还会存在，额度在8.5—9.5万亿左右，2015年之后预测更难，原因是难以判断商业银行资产质量变化以及商业银行自身控制贷款意愿强烈程度。同时，宏观经济形势和贷款需求也不好判断。简单预期是贷款10%—14%的速度增长，新增贷款大概每年是9—11万亿。

2. 存款准备金率

2003—2011年，中国存款准备金率水平从6%上升到21.5%。2011年11月到2012年3次下调存款准备金率，目前存款准备金率水平为20%。2012年下半年，在市场预期存款准备金率继续下调情况下，人民银行采取加大逆回购数量手段吐出基础货币，将准备金率保持在较高水平。

对于人民银行来说，保持较高准备金率可能使其易于调控存款货币银行流动性，但对市场效率的损害非常突出。存款准备金本质上可以视作中央银行税，是对社会资金进行行政收缴和行政定价。

在对冲流动性情况下，提高准备金率至较高水平是一种不得已的现实操作。但是将其尽可能保持高水平，并以此作为对商业银行流动性进行边际调控的基础，恐怕就难以称作是市场导向了。加拿大、英国在20世纪就已经取消法定存款准备金率，目前美联储、欧央行、日本银行的存款准备金率，大都依据存款种类而定，一般不超过3%。

在2013—2014年，由于经济景气和货币信贷上行可能性偏大，存款准备金率大概率保持不动甚至上调，2015年后可能下调。

3. 利率

利率水平偏低是过去10年货币政策的系统性失误。

未来五年利率水平和利率走势，一是取决于政策性利率调整，如存贷款基准利率调整。考虑到政府企业势力大而民众势力小，利率水平可能继续偏低。基于宏观形势，2013年利率不调可能性偏大，2014年加息可能性偏大，2015年之后降息可能性偏大。

二是利率市场化的推进，这里既受存款利率上浮幅度的影响，也受大额存单创新、银行理财创新的影响。简单地发展直接融资市场如扩大中期票据、企业债市场并不是利率市场化的关键，只有民众易于选择的资产如存单、存款利率的市场化，才能从资金源头上促进定价市场化。由于过去10年利率水平压制过低，未来利率市场化初期利率水平将会上升。

4. 汇率

在货币当局还是基本以美元为名义锚的情况下，未来5年人民币汇率大体处在爬行升值、爬行贬值和爬行浮动三种形态之间。从操作上看，经过了严重的贬值压力时期（1997—1998年）和升值压力时期（2007—2008年上半年），继续调控人民币汇率的操作难度并不很大。有管理的浮动制度安排将浮动放宽到多大程度，取决于经济结构调整、债券和外汇市场发展以及政治政策效率提高等，所以这些方面的进步远比汇率本身要值得关注。

5. 人民币跨境业务

人民币跨境业务正式始于2010年9月《跨境贸易人民币结算试点管理办法》，2011年1月出台《境外直接投资人民币结算试点管理办法》、2011年7月出台《外商直接投资人民币结算业务管理办法》、2012年3月出台《境外人民币清算行等三类机构运用人民币投资银行间债券市场试点有关事宜的通知》、《境内银行业金融机构境外项目人民币贷款的指导意见》、《基金管理公司、证券公司人民币合格境外机构投资者境内证券投资试点办法》，业务种类正如这些规定名称所界定。2013年年初深圳前海企业开始接受香港金融机构人民币贷款。

跨境贸易结算中，人民币结算比重在2010年1季度为0.4%，到2011年2季度就已达10%，之后下降至4季度的8%，2012年以来再次恢复上升，到2012年4季度已经高达13%。[①] 2010—

① 根据中国人民银行公布的人民币跨境贸易金额计算，如果贸易总量中不仅考虑货物贸易还加上服务贸易，比重会有所降低。

2011年跨境贸易中人民币计算比重上升，很多人将其归因于人民币升值预期引致的持有人民币替代美元的需求，但是2012年上半年人民币经受贬值市场压力时，结算比重也在上升，显示贸易中对人民结算的实际需求强劲。如果忽略人民币汇率预期的因素，人民币结算比例的上升，对于交易商降低汇兑风险、减少交易成本等服务实体经济方面积极意义非常明显，未来仍然会得到鼓励支持。

如果考虑汇率预期因素，境外人民币存款变动与人民币汇率预期更相关，因为境外市场上的人民币来源，大多是对中国内地的贸易商出口接受人民币但是进口支付外币而结存的。以香港数据分析为例，人民币存款由2010年初的640亿迅速上升到2011年11月的6 270亿，之后下降到2012年9月的5 450亿，随着人民币升值预期增强在2013年1月底上升到6 240亿。[①] 离岸市场上的人民币规模，也同跨境人民币业务种类的增加，如境外人民币直接投资、外商人民币直接投资、境内金融机构境外项目人民币贷款以及合格境外机构投资者人民币投资境内证券等相关，继续增加新的跨境人民币业务则与人民币资本项目开放密切联系。

6. 资本项目开放与外汇管制

在人民币跨境业务推出之前，2005—2010年人民币资本项下开放与外汇管制时有放松时有收紧。随着人民币跨境业务增长和离岸市场扩大，关于资本项目开放的呼声增大，并以增加QFII和QDII额度以及境内、外金融机构境外、内企业发放人民币贷款等方式推进。

---

① 数据来源：彭博（www.bloomberg.com）。

资本项目开放与外汇管制是两个相联系又相区别的概念。先以经常项目为例，1994年中国开放国际收支经常项目，贸易项下的支付需求中人民币与外币自由兑换。但是外汇管制还可以细分，存在出口商强制结汇与非强制结汇的管理区别。2010年以来，人民币跨境贸易结算业务推出，从经常项目开放看没有变化，但是从外汇管制看，是由进口商强制买汇制度变成了非强制买汇制度。在经常项目开放没有变化情况下，外汇管制的不同会影响到外汇收支数量以及外汇储备金额的很大变化，人民币跨境结算业务本身就是外汇管制的重大放松。开展人民币跨境业务并不代表推进资本项目开放，后者主要是指境外机构对境内市场以及境内机构对境外市场投资、借贷的业务种类增多和额度增加，审批管理简易化，而这些投资、借贷活动是以外币还是人民币进行，则更多是外汇管制的范畴。

资本项目开放可以给减少外汇管制和开展人民币跨境业务创造空间。目前货币当局专家设计的资本项目开放路线图[①]，本身并不是一个激进的方案，的确也有便利投资之处。但是以推动资本项目开放和人民币国际化为途径来倒逼利率市场化[②]，这个逻辑不成立，因为货币当局本可以更快推进利率市场化但是却认为条件还不成熟[③]。其实还是侧重角度问题。2012—2013年在美、欧、日发达经济体竞相放松货币政策释放流动性的国际背景下，放

① 中国人民银行调查统计司课题组："我国加快资本账户开放的条件基本成熟"，中国人民银行网站，2012年2月23日。

② 马骏等：《人民币走出国门之路：离岸市场发展与资本项目开放》，中国经济出版社2012年版，第5页。

③ 周小川："关于推进利率市场化改革的若干思考"，中国人民银行网站，2012年1月12日。

松外汇管制的确便利了外资流入，增加了人民币投放压力（离岸市场人民币也以RQFII等渠道回流），增大了货币信贷总量调控的难度。未来五年，如何协调货币总量调控、利率市场化与资本项目开放以及外汇管制放松之间的关系，是货币政策的主线问题。对此国内外专家、官员意见分歧较大①，现实中货币政策具体取向将影响巨大。

五、金融市场投资

金融市场最关注利率、股票、外汇等资产价格。

利率水平趋势主要取决于经济增长和通货膨胀走势。未来3—5年的中期时段，中国GDP增长速度在政府的强力干预下，大体能够保持在7%—8.5%的水平，通货膨胀的走势更难预测。如前所述，中国收入结构变化和劳动力结构变化致使经济增长潜力下降，货币化和杠杆率上升致使通货膨胀压力增加，中国经济进入相对较低增长和较高通胀阶段，政策利率水平变化区间不大。如果经济转型缓慢，在高投资增长模式下扩张，2013—2014年GDP增速较高，通胀上行，利率趋升，而出于维稳需要而不得不进行的紧缩调控将使2015年后的GDP增速、通胀下降，利率水平下降。

利率市场化的进展速度是影响利率水平及其走势的另一重要因素。即使存款利率市场化进展依然如过去10年一样的缓慢，银

① 周小川："人民币资本项目可兑换的前景和路径"，《金融研究》2012年第1期。〔美〕尼古拉斯·拉迪："中国利率改革力度还不够"，2012年6月29日在上海陆家嘴金融论坛上的讲话；〔美〕尼古拉斯·拉迪：《中国经济增长靠什么》，中信出版社2012年版。

行理财、信托产品以及其他创新将扮演着自发的利率市场化作用，仍然会促使利率水平趋升。

未来五年中国股票市场价格没有明确方向而区间波动的可能性较大。如果股价主要受到盈利以及盈利预期的影响，继而受到经济增速以及增长预期的影响，那么2013—2014年的经济上行促使盈利上升和股价上涨，而2014年前后的宏观紧缩又会使增长和盈利预期走低。从中期看，人口抚养比上行、收入差距扩大与中等收入陷阱、增长模式转型困难将会是压抑经济增长和企业盈利的难题。政府通过改革应对难题，时而决心满满时而束手停滞，将是股票市场价格波动无方向的基本原因。

外汇市场上的人民币汇率波动可能并不显著，相对稳定汇率水平下的外汇流入流出可能更加起伏不定。

未来五年金融改革，有两条主线之间的关系将对金融市场有重要影响：即利率市场化与资本项目可兑换之间的协调。经济学不是科学，宏观经济学有很多学派。根据形势设计宏观金融政策也不存在唯一解，条条道路通罗马，关键要看政策的大方向以及主线政策和配合政策的执行力和有效性。过去近10年来的货币政策大方向虽然可以说是市场化取向，然而汇率升值、放松外汇管制的主线政策与信贷管制、上调存款准备金率的配和政策，本身就存在市场性与行政性的矛盾，其有效性更难以令人满意。影子银行业务的暴涨冲垮了信贷管制，利率水平过低则刺激了影子银行业务供需两旺。

未来货币政策可能更应该考虑以利率市场化而不是以资本项目开放、放松外汇管制为主线，尽管前者并不完全排斥后者。虽然货币政策的思维惯性并不容易改变，货币政策操作的路径依赖也并不容易调整，但是规划总是赶不上变化，现实总是超出人们的预想，形势比政策强，拭目以待吧。

参考文献

马骏等：《人民币走出国门之路：离岸市场发展与资本项目开放》，中国经济出版社 2012 年版。

倪金节："中国统计局基尼系数为何不靠谱"，金融界网站，2013 年 1 月 23 日。

〔美〕尼古拉斯·拉迪："中国利率改革力度还不够"，2012 年 6 月 29 日在上海陆家嘴金融论坛上的讲话。

〔美〕尼古拉斯·拉迪：《中国经济增长靠什么》，中信出版社 2012 年版。

王志浩："中国总杠杆水平再度升高"，《渣打银行全球研究》2012 年 11 月 13 日。

张健华等：《利率市场化的全球经验》，机械工业出版社 2012 年版。

中国人民银行调查统计司课题组："我国加快资本账户开放的条件基本成熟"，中国人民银行网站，2012 年 2 月 23 日。

周小川："关于推进利率市场化改革的若干思考"，中国人民银行网站，2012 年 1 月 12 日。

周小川："人民币资本项目可兑换的前景和路径"，《金融研究》2012 年第 1 期。

中国金融业综合经营趋势和监管思考[①]

摘要:近年中国出现多种金融业合作形式,加入 WTO 后在逐步全面开放金融市场的大背景下,金融业综合经营趋势进一步显现,但是分业监管格局仍将会维持。在金融业综合经营趋势下,保险业面临挑战。积极推动和鼓励保险业的综合经营,加快拓宽保险资金运用范围,提高保险资金运用回报率,使保险业在各类金融机构的综合理财类业务的竞争中处于主动地位,将保险资产管理公司发展成为全能型、综合业务型的资产管理机构,有利于保险业在金融综合经营的趋势中做大做强。

"十五"期间,我国金融业三大领域——银行、证券、保险行业的发展、改革、监管取得重大成果。十六届五中全会通过的《中共中央关于制定国民经济和社会发展第十一个五年规划的建议》提出,在下一个五年中,要加快金融体制改革,积极发展股票、债券等资本市场,加强基础性制度建设,建立多层次市场体系,完善市场

① 本文写于 2006 年,文章经黄新平、刘渠、张敬国讨论,张敬国执笔完成。

功能，提高直接融资比重。同时，稳步推进金融业综合经营试点。

20世纪90年代以来，综合（混业）经营成为主要工业国家金融业发展潮流。近年来，我国也出现多种金融业合作形式，加入WTO后在逐步全面开放金融市场的大背景下，金融业综合经营趋势将会进一步显现，对金融业三大领域的监管也需要进一步协调和统一。本文尝试对我国金融业三大领域现状、趋势进行分析，并对监管体制的发展趋势作初步思考。

一、 金融业发展现状与趋势

（一）银行业

长期以来，银行业在我国金融市场上居于主导地位。2005年年末，银行业金融机构境内本外币资产总额达到37.47万亿元，同比增长18.6%。为改进商业银行机构经营机制，提高经营效率，应对加入WTO对银行业的竞争，近年来我国银行业出现重大变化：

一是商业银行改制取得实质进展，建设银行已经成功改制上市，中国银行、工商银行已成立股份制公司，并将在2006年上市，农业银行改革方案也已制定。

二是银行业务发展、提高迅速。中间业务快速增长，平均占比在10%左右；零售金融业务不断深化，大量的理财产品不断增加，满足中高端个人客户的理财服务需求。

三是银行竞争加剧，外资银行市场份额扩大。2002年以来，外资银行贷款增速相当于中资银行约2倍[①]，结算、理财等中间业

① 2002—2006年，外资银行贷款年均增长，中资银行贷款年均增长

务增速也大大高于中资银行。2007 年起外资银行人民币业务将全面放开，市场竞争更趋激烈。

“十一五”期间，国有商业银行改制工作将继续深化，已上市的银行将继续优化经营管理机制和运作模式；银行业务品种不断发展，中间业务、零售金融业务、个人理财服务不断丰富和完善。

（二）证券业

2000 年以来我国证券业在调整改革中发展，2004 年年末证券业经营机构共 465 家，总资产 4 578.08 亿元，同比减少 18.9%。① 目前我国证券业仍存在较多问题：一是证券市场结构还不完善，股票主板市场容量小，创业板和场外交易市场尚未建立起来，企业债券市场发展滞后；二是证券机构亏损普遍，资不抵债现象严重，治理结构、风险管理能力落后，盈利模式单一；三是上市公司治理结构很不完善，信息披露和内控机制不健全。

未来 3—5 年间，我国证券业的改革发展同时推进：

一是证券公司改造重组，一大批风险较高的证券公司将被处置，证券公司制度建设将会建立和完善。快速引进外国战略投资者、中央汇金公司注资、国内券商相互并购重组将成为重点。

二是证券市场特别是债券市场将有较大发展。金融当局大力发展公司债市场，积极推进股票市场建设，不断推出证券市场衍生交易方式，金融机构证券业务发展机会增加。

三是证券业务创新与转型加快。多样化的承销业务、代理理

---

①　中国证监会第一次证券业经济普查领导小组办公室：“第一次证券业经济普查主要数据公报”，2005 年 12 月 29 日。

财、资产证券化、项目融资、咨询顾问业务将快速发展。

（三）保险业

“十五”期间，我国保险业取得长足发展。保费收入和总资产的增幅分别达到了2.04倍和3.45倍。2005年年底，我国保险业总资产超过1.5万亿元，资本金总量达到1 097亿元。

未来5—10年，保险业务仍将稳步增长。低水平的社会保障、人均可支配收入的增加、投资理财类产品的巨大需求、企业年金政策的调整等将促进保险业快速增长。保险市场更加细分，保险公司专业化经营更加突出。保险产品更加丰富：养老、健康、责任和农村保险市场的发展将进一步推动产品创新，逐步形成以客户和市场为导向的产品体系。外资进入加快保险市场国际化的速度。

从2007年起，外资银行将全面与中资金融机构展开竞争。由于具备母公司或总公司金融集团、综合经营的背景，很多外资金融机构将在中国市场提供综合金融服务，抢占市场和客户，促使中资金融机构加快综合经营的步伐。

中资商业银行在改制上市成功、资本充足大大提高后，将加快向基金、证券、保险等非银行金融领域的扩张。目前，工行成立了工银瑞信基金管理公司，工行亚洲入股太平人寿，交行成立了交银施罗德基金管理公司，建行成立了建信基金管理公司，中行成立了中银证券、中银保险。交行、中行、建行也在酝酿成立新的保险公司。

从国际国内金融发展形势来看，综合经营势在必行。从金融业历史和现状来看，我国金融业综合经营将主要采取金融控股公司集团形式，全能金融机构难以成为主体。由于银行业具有强大的资本、网络、经验、技术优势，我国很可能逐步形成以商业银行为主体的金融控股公司，促进银行、证券、保险业合作经营，三大领域共同设计、开发产品，共享客户资源和销售渠道。

二、金融业综合经营趋势下的监管体制

2003年以来，我国逐步形成了以银监会、证监会、保监会为行业主管，分别监管银行业、证券业、保险业的监管体制。人民银行从宏观上评估金融业风险，维护金融运行稳定，同时以金融市场最后贷款人、银行间市场监管当局等身份对金融机构有关活动进行监管，即将成立的存款保险公司也将对银行业机构实施一定的监管职能。在金融国际化程度快速提高，金融业三大领域综合经营趋势不可避免的情况下，如何完善金融监管体制，如何对综合金融机构实施全面监管，将成为未来5—10年我国金融监管探讨课题。

从国际经验来看，在金融业综合经营趋势下，金融监管当局之间将加强合作，全方位对综合经营金融机构进行监管，有的国家还设立了统一的监管当局。从控制风险、维护金融稳定角度出发，金融业综合经营需要对金融机构进行全面监管，但是如何改进监管体制，如何实施监管，各国实践并不相同。从当前各国监管体制的现状来看，多数国家还保持着分业监管的体制，如美国、德国、意大利、西班牙、葡萄牙、希腊、芬兰、荷兰等，也有较少数国家如英国、日本、韩国、澳大利亚成立金融业统一监管机构。①

---

① 杨明辉："国际金融监管体制的比较和我们的选择"，《公司金融》2005年第6期。

从中国现实状况分析，未来5—10年仍将会维持目前的监管机构格局。主要原因如下：一是中国金融业三大领域专业性都不充分，行业发展都不成熟，分业监管体制有利于促进金融业专业化、技术化发展，提高金融业的质量与内涵；二是金融业三大领域发展很不平衡，银行业庞大，而证券、保险业弱小，但是市场对证券、保险潜在需求很大，分业监管有利于促进证券、保险业更快发展；三是我国金融业综合经营将主要采取金融控股模式，在分业监管背景下，加强监管当局合作也能够实现对金融集团的全面监管；四是金融监管建设还不完善，机构型监管还不成熟，有的监管机构如存款保险公司还没有建立，大批问题金融机构如城市商业银行、证券公司处置远未完成，需要专业监管当局集中精力研究、处理。

特别指出，由于保险业具有较强专业特征，即使在统一监管的国家，其监管当局独立性也较强。如英国1998年成立金融服务局，但直到2004年才将保险监管纳入该机构，并与其他金融业监管相对独立。

在总体监管格局基本不变的背景下，我国将加强对金融控股公司的监管，目前人民银行已经在金融稳定局设立金融控股处，将研究、设计并可能主导对金融控股公司的发展和监管。分业监管当局的协调、合作机制将得到完善。

从较长远如10—15年来看，我国是像英国一样组建统一的监管当局，还是像美国一样由不同监管当局实行功能式监管并加强合作，或者是在目前三大监管会基础上，在国务院设立金融监管委员会，这将取决于我国金融业与国家行政管理体制的演变，其中，前两种可能性更大。

三、关于保险业发展、监管的建议

在金融业综合经营趋势下，保险业的机遇与挑战并存。

从机遇看，首先，银行业务转型将促进银行保险业务的发展，银行发展中间业务对代理保险业务产生强大需求，发展金融理财业务对保险产品尤其是保障性保险产品产生配套需求；并且，保险公司本身借助银行的品牌、信用、网点和客户群来销售保险产品；还有，银行资本扩张有利于保险业资本结构的优化，壮大了保险业的资本实力。

从挑战看，一方面，银行资本向保险业扩张，对现存非银行资本的保险公司构成强大压力，具有银行资本背景的保险公司依靠与银行的资本纽带关系，将在银行保险业务方面取得较大发展优势，而非银行资本保险公司会遭受排挤，业务发展受到制约。另一方面，银行、证券机构投资理财产品开发，大大加剧了和保险资产管理公司的业务竞争，市场收益水平趋于降低。

针对金融业综合经营趋势，对保险行业提出以下建议。

1. 做好对保险行业相对独立、专业、较长远的监管规划，在专业化监管的基础上，加强与其他监管当局合作。

2. 管理、协调银行资本进入保险业的规划和实施，引导支持民族保险企业的发展壮大，形成有利于合理竞争的市场布局。建议积极支持有潜力的中小保险公司，为其牵手有实力的战略合作伙伴创造条件。

3. 积极推动和鼓励保险业的综合经营，为保险业在未来的金融市场中的地位奠定基础。一方面加快拓宽保险资金运用范围，提高保险资金运用回报率，使保险业在各类金融机构的综合理财类业务的竞争中处于主动地位；另一方面在风险可控的前提下，将保险资产管理公司发展成为全能型、综合业务型的资产管理机构，以有利于保险业在金融综合（混业）经营的趋势中做大做强。

参考文献

杨明辉："国际金融监管体制的比较和我们的选择"，《公司金融》2005 年第 6 期。

中美财政刺激经济政策比较[①]

摘要：财政政策能否产生以及产生何种效果，与一国财政实力、财政政策具体内容、政治经济体制、货币信贷政策配合程度、财政政策效率等密切相关。中美两国具体财政方案、刺激经济计划着力点差别很大，由于居民边际消费倾向不同，财政政策乘数差别也大。两国政策出台的背景不同，美国是金融危机、经济萎缩、信贷紧缩并存，在政府大量出资就市、刺激经济的同时，货币政策积极放松，尽可能增加金融体系流动性，维护经济金融的运转。中国的实体经济增速下降较快，政府增加投资支出主要是弥补私人投资、消费、出口增速过快下降，但是金融体系流动性充足，对于货币政策配合财政政策需要放松的程度存在争议。

2008年以来，世界主要经济体走入或者接近衰退，相机抉择采取扩张性财政政策刺激经济增长成为宏观调控的重要手段。多国政府采取财政刺激政策反应比较及时，力度实属罕见。现实经

① 本文写于2009年3月。

济运行中，财政政策能否产生以及产生何种效果，与一国政策出台的背景、财政实力、财政政策具体内容、政治经济体制、货币信贷政策配合程度、财政政策效率等密切相关。本文通过比较中美两国当前的财政刺激经济计划对此问题进行分析。

一、 财政政策出台背景

中美两国财政政策背景有所区别。美国自2006年下半年房价下跌，房地产投资萎缩，经济进入下行空间；2007年8月次债危机爆发，之后演变成严重金融危机，经济大幅衰退。美国政府一方面出巨资挽救金融体系，如2008年10月出台的金额达7 000亿美元的（TARF）计划，另一方面大幅增支减收刺激经济，如2009年2月国会通过的金额达到7 870亿美元的奥巴马政府刺激经济计划。[①] 中国受美国次债危机和自身经济周期性回落影响，2008年下半年工业生产和房地产投资增速急速下滑，出口增速急剧下降，城镇职工、农民工和新增大学生就业压力剧增。相比于美国，中国银行体系运行正常，政府2008年11月公布总额达到4万亿人民币的刺激方案，以及之后公布的可能减少政府收入约5 000亿元的税费制度改革，主要是刺激投资，促进实体经济增长。

二、 财政实力和可持续性

财政政策刺激经济主要渠道是扩大支出和减少税收，而决定财政扩张空间的重要因素之一是财政实力，单单从数据显示，目前

① 美国财政部：www.treasury.gov。

中国在赤字率、债务负担率等指标上均优于美国(表1)。

表1　中美两国财政负担比较　　单位:%

	时间	2005	2006	2007	2008	2009
赤字/GDP	中国	-1.24	-0.78	0.7	0.37	-3
	美国	-2.51	-1.85	-1.15	-3.25	-10
债务余额/GDP	中国	12.6	12.3	11.5	10.64	12.3
	美国	64.35	64.57	65.78	75.35	85
赤字/财政收入	中国	-7.21	-4.29	3.39	1.81	14.5
	美国	-14.79	-10.3	-6.29	-18.19	-63.6

数据来源:中国国家统计局、美国财政部。

但是一国财政实力取决于国家综合实力、经济活力、经济政治制度等多种因素,从国际市场信用评级看,目前美国政府信用评级为AAA,中国为A+,美国高于中国。[①]

美国当前财政扩张资金来源主要靠发行美国国债。目前美国国债余额已达到11万亿美元,此次经济刺激计划可能使得2009财年美国财政赤字激增到1.75万亿美元,2009年国债发行额将高达约4万亿美元,相当于GDP的27%。[②] 但美国仍是世界最强大的国家,美元作为国际储备货币的地位难以撼动,投资者对美国国债的需求依然热切,美务融资具备可持续性。

中国资金来源主要分三块:中央财政通过发债和动用国库盈余拿出1.18万亿元,其余由地方政府和企业项目融资。2009财年中国财政预算赤字为9 500亿元,财政赤字占GDP的比重预计为3%,为近20年历史最高。2009年国债发行额将达到1.5万亿

① 穆迪:www.moodys.com。

② 美联储:www.federalreserve.gov。

元，相当于 GDP 的 4.6%。[①] 2009 财年中国财政实力仍然较强，但是之后中国经济增长、财政收支变化情况及其对中国财政实力的影响，需要持续关注。

三、 财政刺激经济计划内容

财政政策主要通过增加公共支出和减少税收两大手段刺激投资，拉动消费，进而促进就业和经济增长。

中国 2008 年年底公布总额 4 万亿元投资计划，将在 2009、2010 两年时间里投向保障性住房、农村基础设施、铁路、公路和机场基础设施建设等十项关系国计民生的重大经济领域。

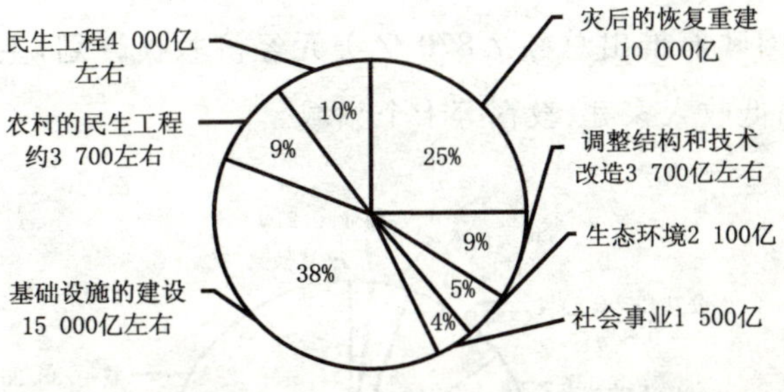

民生工程，主要是保障性住房，包括廉租房、林区、垦区、煤矿棚户区改造。
农村的民生工程，包括水、电、路、气、房，即农村安全饮水、农村电网改造、农村道路建设、农村沼气建设、农村危房改造和游牧民定居。
基础设施的建设，包括铁路、公路、机场、水利等。
社会事业包括教育、卫生、文化、计划生育的方面。
灾后恢复重建包括汶川大地震重点灾区的灾区重建。

图 1　中国 4 万亿刺激经济支出构成

资料来源：国家发改委主任张平在 **2009** 年 **3** 月新闻发布会上公布。

① 中华人民共和国财政部：www.mof.gov.cn。

此外，中国在2008年年底和2009年年初进行增值税制和行政收费等改革，据测算改革措施落实将使2009年财政收入少收入约5 000亿元(表2)。

表2　2009年中国财政减退税计划　　单位：亿元

增值税改革减收	1 030
成品油价格和税费改革税费返还	1 530
出口货物退增值税、消费税	840
印花税	70
取消和停征100项行政事业性收费、车辆购置税等	930
总计	5 000

数据来源：国家统计局。

美国政府推出总额7 870亿美元经济救援计划，主要用于减税、补贴低收入家庭、教育等十个领域。

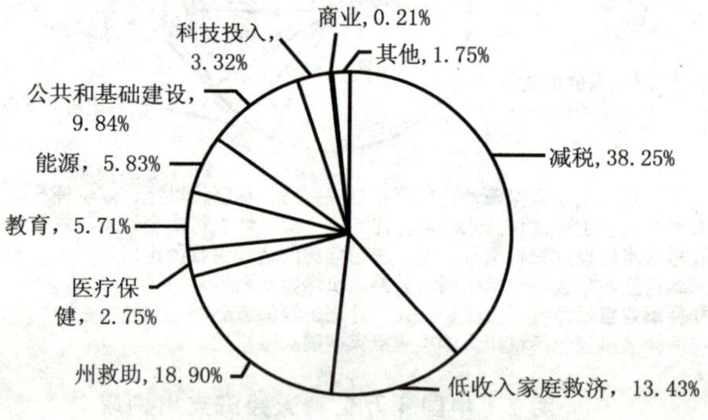

图2　美国7 870亿美元计划构成

数据来源：美国财政部。

美国7 870亿美元财政刺激方案全部由联邦预算出资，中国政府提出的4万亿刺激计划,中央财政1.18万亿,其余2.82万亿中预计80%以上来自银行信贷,中国政府方案不仅包括预算方案,更包括了通过影响银行贷款行为而获得的社会融资。中美政府干预经济的角度和范围差别很大。

中美两国具体财政方案差异较大:中国的道路、电网基础设施建设和四川地震灾后重建分配资金占到70%,而美国公共和基建只占不到10%;美国侧重于减税和低收入家庭救济和州救助,其中减税占到38%,低收入家庭和州救助占到32%,如个人收入在7.5万美以下或家庭收入在15万美金的个人给予400或800美元的减税,每名儿童对家庭收入有300美元的抵税,对退休残疾人事一次性支付250美元,教育减税(对不超过2 500美元的学费免税)等。[①] 中国虽然也有相当于5 000亿元的税费改革,但是其中80%是对企业减免,主要目的是促进企业投资和出口,对个人减税的部分很少。

中美两国财政刺激经济计划着力点差别很大,原因有以下几点:1.美国是消费主导的国家,目前居民边际消费倾向也高达95%,消费(占GDP比重达到70%)对GDP的贡献要大于投资,刺激消费对拉动投资增长显著,而且美国以服务业为主的产业模式也适合通过刺激消费来拉动产业发展;2.中国是投资主导型国家,长期以来投资对GDP的贡献要高于40%,在医疗、教育和社保体系尚不完善条件下,个人减税对刺激经济扩张的效果不如扩大投资明显。3.中国是公有制为主的经济体,2006年国有企业投资总额占企业总投资的比重达44%,国有企业资产占企业总资产

① 美国财政部:www.treasury.gov。

比重达到46%，而美国分别仅为1%和19%。[①] 目前中国国有商业银行、国有大中型企业主要负责人由中央政府任命。政府对国有企业、国有银行有切实有效的干预措施，可以比较直接的促使企业、银行扩张投资和信贷，在预算约束、业绩考核不完全明晰的背景下，国有经济体也有扩张经营、支配更多资源的积极性。相对地，政府促使居民增加消费的渠道间接、效果不确定。

四、财政政策效力与货币政策协调

影响财政政策效力的因素有投资乘数和货币政策协调等。

（一）乘数效应分析

财政政策乘数是指政府支出和税收在多大程度上影响国民产出，包括政府支出乘数和税收乘数。其中，投资或公共支出乘数效应是指投资或政府公共支出增减对国民收入增加或减少的影响程度，税收乘数效应是指税收的增加或减少对国民收入减少或增加的程度。[②]

$Kf = \triangle Y / \triangle I = 1/(1-b)$，

$K_t = \triangle Y / \triangle T = -b/(1-b)$，其中 $b = \triangle C / \triangle Y$

无论是投资乘数还是财政政策乘数，发挥效应的核心是居民边际消费倾向的大小。消费倾向越大，投资或减税政策对GDP增长的拉动效应就越大。目前中国城市的边际消费倾向大概为

① 中国国资委：www.sasac.gov.cn。

② 郭庆旺：《公共经济学》，中国人民大学出版社2006年版，第45页。

0.66(其中城市为0.64,农村为0.71),而美国居民边际消费倾向约为0.95。[①] 从这一点看,美国财政投资和减税政策对国民收入的拉动效果要相对好于中国。

此外,财政刺激经济效果取决于对民间投资的拉动。中国财政政策对民间投资带动效应不显著,1997—2000年实行积极财政政策时期,民间投资增速一直大大低于政府投资支出(表3)。

表3 中国1996—2000年投资增长分布结构 单位:%

年份	A	B	C	分布序列
1996	14.5	0.8	14.9	C>A>B
1997	8.85	11.3	8.78	B>A>C
1998	13.9	71.9	12.2	B>A>C
1999	5.1	54.7	2.9	B>A>C
2000	10.3	13.9	10	B>A>C

注:A=总投资增长,B=预算投资增长,C=民间投资(总投资-预算内资金投资)增长

资料来源:《中国统计年鉴2001》。

中国本次4万亿投资计划所投领域基本集中在基础设施建设等收益率较低的行业,而对民间资金吸引力较大的邮电通讯、金融保险、医疗教育等服务业仍未有放开,加上商业性银行和政策银行均偏好于有政府背景的国有大中型企业,中小企业贷款难问题仍很突出,政府投资对民间投资带动效应较低的现实仍然存在。

① 美国经济分析局:www.bea.gov。

(二)货币政策政策协调

财政政策能否有效发挥作用,还取决于货币供应能否相互协调予以配合,即货币政策操作增加货币供应并下调利率。如果货币供应量不足以适应财政支出增大时,货币需求会促使利率提高。利率的提高又会对以后的投资消费意愿产生抑制,抵消财政扩张刺激经济的效果。

与财政刺激相配套,中美两国均采取了宽松的货币政策。美国连续多次大幅度下调联储基准利率目标水平,从5.25%降到至0附近,同时实行量化宽松的货币政策操作。

中国多次下调存贷款基准利率和法定存款准备金率,1年期存款利率由4.14%下调到2.25%,法定存款准备金率由17.5%下降到15%左右。公开市场操作转向放松流动性,商业银行超额准备金率由2%左右上升至5%左右。货币市场7天回购利率由最高的5.2%下降到0.95%。

中国商业银行对政府刺激经济政策和宽松货币政策的反应非常明显,贷款增速由14%上升到20%,广义货币供应增速由14.8%上升到19%。货币信贷总量大幅快速增长的状况远远超出人们预期。

如前所述中美两国政策出台的背景不同,美国目前是金融危机、经济萎缩、信贷紧缩并存,在政府大量出资就市、刺激经济的同时,货币政策积极放松,尽可能增加金融体系流动性,维护经济金融的运转。中国目前是实体经济增速下降较快,政府增加投资支出主要是弥补私人投资、消费、出口增速过快下降,但是金融体系流动性充足,对于货币政策配合财政政策需要放松的程度存在争议。

从中长期看，目前美国需要在信息技术、房地产业过度扩张后寻找新的经济增长点。中国需要转变重工业、出口导向的经济方式并寻找新的增长模式。促进内需增长，促进居民消费，扩大民营企业的投资空间，支持中小企业发展，是政府多年来宣传的政策导向，但是政府的财政政策以及货币、产业政策如何为此创造实实在在的条件，目前还不明确。

参考文献

郭庆旺：《公共经济学》，中国人民大学出版社 2006 年版。

第二部分

金融市场

货币市场运行特征及其与资本市场的协调[①]

摘要：货币市场和资本市场有着紧密的关系。货币市场交易对股票市场价格有一定影响，证券及基金拆借和回购交易量的变化与股票市场价格的变动呈现明显的正相关关系，股票市场的活动如新股发行对货币市场交易也有较大的影响。加强货币市场和资本市场之间的联系，要加快商业票据市场和企业债券市场的发展，以促进企业在货币市场和债券市场的活动为沟通货币市场和资本市场联系的基础，允许证券公司通过发行金融票据等进行流动性融资，增加货币市场和股票市场之间的沟通方式。促进我国货币市场以及资本市场的发展，提高金融市场运行的效率，需要在扩张市场规模的同时，协调各种市场的均衡发展，并推进存贷款利率市场化。

一、货币市场发展现状及前景

中国货币市场主要包括银行间同业拆借市场、债券回购市

① 本文部分发表于《金融与经济》2003年第9期。

场和票据市场。1998年以来，货币市场进入了规范和迅速发展的时期，市场交易主体不断增加，市场交易量持续增长。1997年，货币市场交易量对国内生产总值的比率不足23%，而到2000年，这一比例已经达到42%，2002年更是跳跃到135%（见表1）。

表1　货币市场交易量增长情况表　　单位：亿元

年份	1997	1998	1999	2000	2001	2002
同业拆借	4 149	989	3 291	6 728	5 636	12 107
债券回购	12 876	16 562	16 745	30 515	55 620	126 304
MM	17 025	17 551	20 036	37 243	61 257	138 412
同业拆借/债券回购	0.3222	0.0597	0.1966	0.2205	0.1013	0.0959
GDP	74 462	78 345	82 067	89 403	95 933	102 398
同业拆借/GDP	0.0557	0.0126	0.0401	0.0753	0.0588	0.1182
债券回购/GDP	0.1729	0.2114	0.2040	0.3413	0.5798	1.2335
MM/GDP	0.2286	0.2240	0.2441	0.4166	0.6385	1.3517

MM＝同业拆借＋债券回购，其中，债券回购包括交易所债券回购和银行间市场债券回购。

资料来源：《中国人民银行统计季报》和《金融市场统计月报》。

货币市场的迅速发展还表现在货币市场规模对资本市场规模的比例持续上升。1997年，货币市场交易量是资本市场交易量的50%，2001年达到了157%，而在2002年则超过了343%（见表2）。

近年来我国货币市场交易、运行具有以下几个明显的特点：

表 2　我国货币市场和资本市场交易量比较　　单位:亿元

年份	1997	1998	1999	2000	2001	2002
货币市场交易量	17 025	17 551	20 036	37 243	61 257	138 412
国债现券交易	3 582	6 093	5 376	4 840	5 655	13 120
股票交易	30 295	23 417	31 049	60 278	33 242	27 142
资本市场交易量	33 877	29 510	36 425	65 118	38 897	40 262
MM/CM	0.503	0.595	0.550	0.572	1.575	3.438

货币市场交易量=同业拆借+债券回购,资本市场交易量=国债现券交易+股票交易

MM/CM=货币市场交易量/资本市场交易量

资料来源:《中国人民银行统计季报》和《金融市场统计月报》。

1.从货币市场交易主体结构来看,在同业拆借市场上,国有商业银行和其他商业银行是主要的资金净融出方,其他金融机构、证券公司、基金以及外资金融机构为资金净融入方。这主要是因为,在金融业分业经营和商业银行在资金市场依然处于垄断地位的格局下,全社会储蓄资金集中于商业银行。商业银行体系资金相对宽松,除贷款外,还有剩余头寸可供融出。债券回购市场与同业拆借市场的情况有所不同,1998 年以来其他商业银行在银行间债券回购市场上成为资金的净融入方。这说明其他商业银行在回购市场上融入资金,在拆借市场上融出资金,即其他商业银行在两个市场上可能有套利行为(见表 3)。

表 3　货币市场金融机构净融入资金情况　　单位:亿元

	国有商业银行		其他商业银行		其他金融机构		证券及基金		外资金融机构	
	拆借市场	回购市场	拆借市场	回购市场	拆借市场	回购市场	拆借市场	回购市场	拆借市场	回购市场
2000	－986	－4094	－2241	3252	164	－325	2975	1016	88	2.7
2001	－1915	－12132	－2580	8096	876	1147.4	3459	1897	161	12.5

资料来源:《中国人民银行统计季报》和《金融市场统计月报》。

2.从交易的期限结构来看,1999年以前,银行间同业拆借市场的期限时间较长,大部分集中在20天至3个月之间,而到2000年,7天以内的短期拆借成了主导,占市场拆借总量的70%强,在2001年超过了80%。1998年以前,回购市场的交易大部分在21天以上,1998年以来,7天内的短期回购交易比重上升,2000年达到67%。

3.从1997—2002年的货币市场利率走势上来看,银行间债券回购市场不同期限的利率水平变动有很高的同步性。尽管三个月期的回购利率偶尔会出现一些跳跃性上升,但不同期限的利率水平的变动步调比较一致。回购利率相对稳定,比较充分地反映了金融市场流动性的变化。

相比之下,同业拆借市场的利率则显得比较凌乱,特别在1997年10月之后,不同期限的同业拆借利率水平月度变化相差很大。说明不同期限的同业拆借市场关系并不紧密,某个期限拆借利率由该期限的拆借市场供求决定,市场预期的作用不大。

从两个市场的加权平均利率走势来看,1999年7月后,同业拆借市场利率和债券回购市场利率出现很强的重合性,表明货币市场的竞争性和流动性提高,市场之间存在套利行为,使原来相对分割的市场逐步统一起来,资金流动的效率提高(见图1、2、3)。

虽然我国货币市场近年来增长很快,但其发展空间仍很大,发展前景向好。

首先,从交易量来看,相比于货币市场较发达的国家,我国货币市场的规模相对还比较小。例如,以同业拆借市场的交易量对GDP的比值来衡量货币市场的发展程度,2000年至2002年,我国的这一比值分别为7.53%、5.88%和11.8%,而1988年新加坡

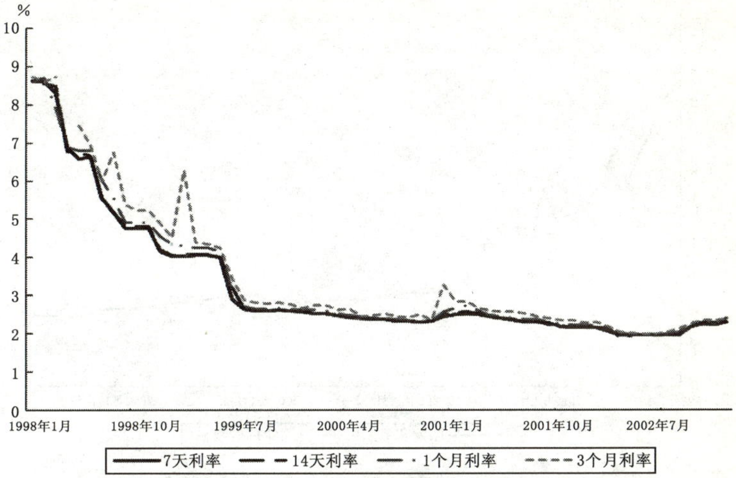

图 1　银行间回购市场利率走势

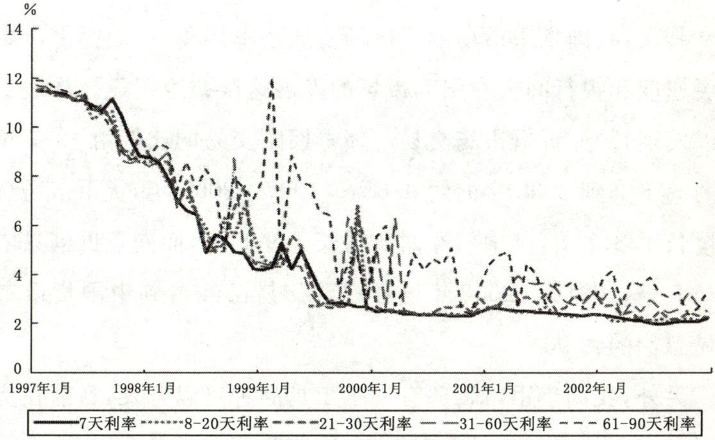

图 2　同业拆借市场利率走势

的这一比值已经达到95%，马来西亚为108%。①

① 戴国强："论我国货币市场发展的目标及路径"，《经济研究》2001年第5期。

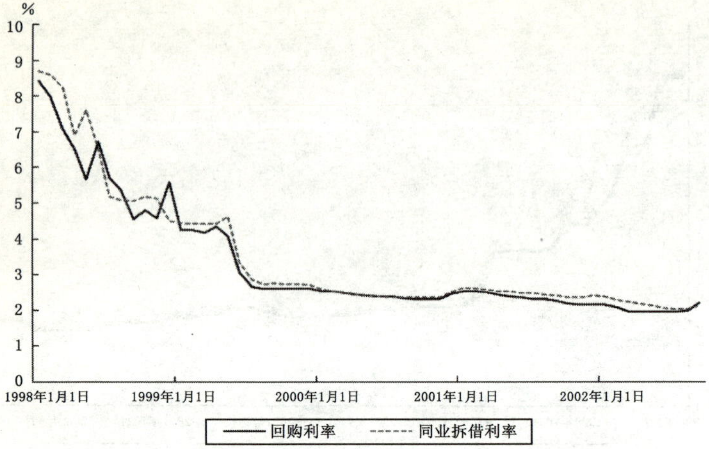

图 3　同业市场加权平均利率、回购市场加权平均利率走势

资料来源：中国人民银行《金融市场统计月报》。

其次，我国货币市场的子市场发展还不均衡，同业拆借市场的发展速度和银行间债券回购市场的发展速度差距明显。从表 1 中可以发现，同业拆借市场交易与债券回购交易的比例由 1997 年的 32.2%下降到 2002 年的约 9.6%。1997—2002 年，货币市场交易量增长了 8.1 倍，其中债券回购增长了 9.8 倍，而同业拆借只增长了 2.9 倍，2001 年、2002 年债券回购交易已经占到中国货币市场交易总额的约 90%。

另外，我国货币市场还有很多工具品种可以开发，目前在货币市场上采用的交易工具只有拆借、回购和商业承兑汇票，成熟的货币市场经常使用的可转让大额定期存单(CD)、商业票据(CP)、证券化的资产工具(ABS)在我国还没有产生或普及。另外，我国回购协议的市场交易的标的物主要是国债，辅之以金融债券，而西方发达国家回购交易的标的物包括国债、商业票据、银行承兑汇票、大额可转让存单、抵押担保证券等。相比之下,我国货币市场可开发的工具很多,市场发展空间很大。

二、货币市场与资本市场之间的联系趋于密切

在金融市场发达的国家,货币市场和资本市场的区分是相对的,两个市场有着非常紧密的关系,表现在以下几个方面。(1)货币市场和资本市场有大量相同的金融工具。货币市场大量使用的工具,如债券,同时也是资本市场筹资和投资使用的主要工具。尽管资本市场上债券的发行期限比货币市场上债券的发行期限长,但是在二级市场流动性很高的情况下,两类市场的债券在一定条件下可互相转化。(2)货币市场和资本市场有大量相同的市场参与者。相同的市场参与者在两个市场上的投融资行为,也将货币市场和资本市场紧密联系在一起。(3)货币市场和资本市场上的资金经常互相流动。由于货币市场和资本市场有众多相同的市场参与者,市场主体可以根据自己的实际情况利用货币市场工具资金滚动来筹措长期资金,或利用资本市场进行短期融资。货币市场和资本市场上的资金存量相互影响。(4)利率是货币市场和资本市场之间资金流动的纽带,利率的变动同时影响着两类市场的资金供求。在一个资金充分流动的均衡的市场上,投资与货币市场工具和投资于资本市场工具的资金的风险回报是相等的。正是由于货币市场和资本市场之间存在紧密的联系,货币市场的利率和资本市场的收益率才形成了金融市场的收益率的风险结构和期限结构(即收益曲线),成为指导金融市场资金配置、调节金融市场有效率地运作的极其有价值的市场信息。

近年来，随着证券公司和基金进入银行间同业拆借市场和债券回购市场，货币市场和资本市场之间的沟通渠道逐渐建立和拓宽。我国货币市场和资本市场的关系，主要表现在货币市场和债券市场的关系以及货币市场和股票市场的关系两方面。

货币市场和债券市场的关系。从价格的角度来看，主要表现在债券回购市场利率和债券发行利率及现券交易利率的关系上。由于债券回购交易都是短期交易，并且我国基本没有短期债券，所以债券回购利率代表了债券市场上的短期利率，债券发行利率和现券（到期日超过1年的现券）交易利率代表了债券市场的中长期利率，从而形成债券市场的收益曲线。由于我国利率管制和债券市场发展不充分，债券市场的流动性不高，市场预期在债券收益率形成中所起的作用还有限，所以目前的债券市场的收益曲线还不能反映市场对将来利率走势、通货膨胀趋势以及利率风险的判断。

从数量上看，近年来我国债券的回购市场交易量和债券余额、现券市场交易量总体上都保持增长态势，从增长的速度看，债券市场回购交易的增长速度超过债券余额和债券现券交易的增长速度（见表4）。

表4　债券市场发展情况　　单位：亿元

年份	债券余额	增长率	现券交易	增长率	回购交易	增长率
1999	17 750	30.9%	5 376	−11.8%	16 745	1.1%
2000	21 918	23.5%	4 840	−10.0%	30 515	82.2%
2001	25 161	14.8%	5 655	16.8%	55 620	82.3%
2002	30 723	22.1%	13 120	132.0%	126 304	127.1%

资料来源：《中国人民银行统计季报》和《金融市场统计月报》。

从流动性的角度来看,债券回购交易对债券余额的比值也大大超过债券现券交易对债券余额的比值,说明债券短期交易的数量远远高于债券中长期交易的数量(见表5)。

表5 债券市场交易情况

年份	1999	2000	2001	2002
现券交易/债券余额	0.303	0.221	0.225	0.427
回购交易/债券余额	0.943	1.392	2.211	4.111

资料来源:《中国人民银行统计季报》和《金融市场统计月报》。

我国货币市场和股票市场之间的资金相互沟通的正式渠道,在证券经营机构进入货币市场后已经建立起来。通过证券经营机构的活动,货币市场与资本市场产生了较强的关联。一方面,货币市场的交易对股票市场的价格有一定影响,证券及基金拆借和回购交易量的变化与股票市场价格的变动呈现明显的正相关关系。证券及基金拆借量的变化先于股票市场指数的变化,在证券及基金的拆借及回购交易增长后的一定时期后,股市价格有上升的趋势,而在证券及基金从货币市场的融入资金减少后的一定时期后,股市价格有下跌的趋势。另一方面,股票市场的活动对货币市场交易也有较大的影响,每次新股发行冻结资金,都会对货币市场的交易量造成波动。

近年来我国货币市场和资本市场的沟通渠道增多,运行关系加强。随着我国货币市场和资本市场的发展,两个市场的联系将会更加密切。目前我国货币市场参与者以金融机构为主,其他企业在货币市场上的融资活动很有限。加强货币市场和资本市场之间的联系，首先要以货币市场和资本市场的均衡发展为基础，即加快商业票据市场和企业债券市场的发展，以促进企业在货币市场和债券市场的活动为沟通货币市场和资本市场联系的基础。其次，随着金融管制的放松，将来证券公司可以通过发行金融票据等进行流动性融资，增加货币市场和股票市场之间的沟通方式。

三、均衡发展货币市场、资本市场及其子市场，促进我国金融市场的高效率运行

目前我国货币市场和资本市场都存在市场发展不均衡的现象。2002 年年末我国股票总市值为 37 526 亿元，占 GDP 的比重为 36.6%。国债(包括凭证式国债)、政策性金融债和企业债的未到期余额为 34 910 亿元，占 GDP 的比重为 34.1%，该比值在主要市场经济国家是 106%，在亚洲市场经济国家是 86%，相比之下我国债券市场规模还很小。①

表 6　债券市场规模和结构　　单位：亿元

年份	国债余额	国债比重	金融债余额	金融债比重	企业债券余额	企业债券比重
1997	5 547	0.574	3 491	0.361	633	0.065
1998	7 765	0.573	5 121	0.378	676	0.050
1999	10 524	0.593	6 447	0.363	778	0.044
2000	13 674	0.624	7 383	0.337	861	0.039
2001	15 618	0.621	8 534	0.339	1 008	0.040
2002	19 336	0.629	10 054	0.327	1 333	0.043

资料来源：《中国人民银行统计季报》和《金融市场统计月报》。

① 戴根有："关于中国债券市场发展的一些问题"，《中国货币市场》2002 年第 3 期。

从债券市场的结构来看，企业债券市场的规模太小，占比太低。在我国企业筹资渠道中，银行贷款是最主要的融资方式，其次是股票融资，企业发行债券筹资的相对规模最小（见表6）。在我国的债券市场总量中，国债规模一直占50%—60%，政策性金融债的比重为30%强，而企业债却只有5%左右。在成熟的资本市场，企业债券的融资往往是股票融资的3—10倍①，而我国企业债券在整个债券市场中所占的比重一直很小。

表7　中国国债发行情况　　单位：亿元

	实际发行数	期限	余额	国债余额/GDP(%)
1997	2 412	2－10年	5 547	7.5
1998	3 808	3－10年	7 765	9.9
1999	4 015	3－10年	10 524	12.8
2000	4 657	1－10年	13 674	15.3
2001	4 884	3－20年	15 618	16.3
2002	5 934	3－30年	19 336	18.9

注：2000年发行了200亿1年期国债。
资料来源：《中国人民银行统计季报》和《金融市场统计月报》。

1992—2001年，企业从资本市场累计筹资不到1万亿元，而向金融机构借款却增加了8.6万亿元，企业高度依赖银行贷款的状况没有根本改变。

国债市场上短期国债的比重太低。近年来我国国债发行规模逐年扩大，国债余额占GDP的比重已经由1997年的7.5%上升

① 例如，2002年美国企业债券市值和股票市值。

到2002年的18.9%。但是我国发行的国债基本都是中长期的，1997年以来累计发行的25711亿国债中，只有在2000年发行了200亿元1年期的短期国债，所占比例不到1%(见表7)，而西方发达国家短期国债一般占全部国债的40%—50%。[①]

促进我国货币市场和资本市场的发展，进一步发挥两个市场的功能，需要均衡地促进货币市场和资本市场的各子市场以及货币市场和资本市场的协调发展，推进利率市场化，促进两个市场高效率地运行。

一般地，金融市场效率分为运行效率、配置效率和信息效率三种。[②] 运行效率是指金融市场参与者之间的资金交易可以低成本地进行。配置效率是指所有金融资产的价格应该建立在经过风险调整后的收益的基础上，金融资产的价格应该使相同风险的资产具有相同的预期收益。信息效率是指从信息反映的角度来看，如果当前的金融资产的市场价格及时、充分地反映了市场所有的相关信息，那么市场是信息有效率的。这些不同种类的市场效率之间是密切联系、相互影响的。金融市场运行效率的高低影响金融市场是否是信息有效率的。运行效率决定金融市场交易成本的大小，在交易成本较大的市场上，投资者不能方便地将金融资产买进卖出，金融资产的价格不可能及时充分地反映市场的信息。市场是否是信息有效率的，直接关系到金融市场资金配置效率的高低。如果金融资产的价格不能及时、充分地反映市场的相关信息，那么

---

① 戴根有："关于中国债券市场发展的一些问题"，《中国货币市场》2002年第3期。

② Dixon, R. and Holmes, P. (1995), *Financial Market: An Introduction*, London: Champman and Hall, 1995.

金融资产的价格就不能充分反映其风险和收益状况，资产价格就不能充分发挥引导投资者进行投资的市场信号的功能，金融市场也就不能实现资金配置的高效率。

影响金融市场效率高低的因素主要包括：市场的自由程度，市场交易成本的大小，市场信息披露是否真实、充分、及时，以及市场的竞争程度等。市场的自由程度决定市场的交易工具是否丰富多样，从而能否满足投融资者的各种需求。市场的自由程度还决定市场工具的价格、收益率是否完全由市场供求来决定。市场信息披露的真实、及时、充分程度影响金融市场的资产价格是否能够及时、准确反映该资产的风险状况，而市场的竞争程度则反映市场参与者是否是市场价格的接受者，也反映融投资者是否能够充分利用市场信息以实现其风险和收益的匹配，还反映市场的流动性是否充分。

促进我国货币市场以及资本市场的发展，提高金融市场运行的效率，需要在扩张市场规模的同时，协调各种市场的均衡发展，推进利率市场化，规范市场在信息披露等方面的管理。

开发货币市场的子市场，丰富货币市场工具，如可转让大额存单、融资性商业票据、短期国债以及资产证券化等，会有利于将货币市场的层次分开，促进资金在不同市场工具之间的相互转换，提高货币市场运行的整体功能。货币市场工具数量和品种的增加，有利于增加金融机构短期投融资的渠道和提高流动性管理的效率，从而有利于资金的充分配置和金融市场效率的提高。

加快发展短期国债市场，增加 1 年期以下短期国债的发行，逐步形成长、中、短期限结构合理的国债结构。在债券发行市场上，实行更加充分的竞争机制，通过定期、均衡、滚动地发行短期、中期和长期国债，可以确立并不断强化国债利率作为市场基准利率的地位，促使基准化的国债利率尽可能地体现市场利率，形成完整的国债收益率曲线，从而起到引导市场利率的作用。

大力发展企业债券市场，有利于改善企业的融资结构，增强企业对市场利率的敏感性，从而增强货币市场对经济主体的资金头寸、流动性管理中的作用，促进投融资渠道的广阔和畅通。发展企业债券市场，有利于市场形成完整的利率结构，提高金融市场在形成资金价格、配置资金运用方面的影响和效率。

货币市场及债券市场的发展与利率市场化是互为条件的。金融市场的基准利率一般是货币市场利率的一种，基准利率变动对利率体系中其他利率的影响以货币市场和债券市场为依托，在此基础上形成相对合理的利率风险结构和期限结构。而利率市场化的及时推进，也是货币市场利率能够传导到其他金融市场上的条件，否则市场利率结构就会出现扭曲，债券市场的发展也会受到限制。

我国目前的利率管制主要是对存贷款利率的管制，但是由于金融机构存款占社会金融资产的约 90%，所以存贷款利率管制的影响还是根本性的。在目前货币市场利率和国债、金融债利率以及长期企业债券利率已经市场化的基础上，可以考虑进一步加快存贷款利率市场化，使市场供求和市场预期在利率的形成中发挥更大的作用。

促进货币市场和债券市场的均衡发展，将有利于提高我国金融市场运行的效率，形成有代表意义的利率风险结构和期限结构，而合理的利率结构将成为市场参与者进行投融资活动和金融市场配置资金的重要依据。

参考文献

戴根有:“关于中国债券市场发展的一些问题”,《中国货币市场》2002 年第 3 期。

戴国强:“论我国货币市场发展的目标及路径”,《经济研究》2001 年第 5 期。

Dixon,R. and Holmes,P.（1995）,*Financial Market*：*An Introduction*, London：Champman and Hall.

金融市场利率期限结构与利率市场化[①]

摘要：本文介绍了有关利率期限结构的流动性溢价理论及其在成熟货币市场上的有效性和经济学含义，并对我国货币市场利率期限结构进行了计量检验，指出我国货币市场不同期限利率之间还没有形成稳定的均衡关系。在分析我国货币市场利率期限结构现状成因的基础上，提出了发展货币市场多层次的子市场、增强货币市场竞争和流动性、在推进利率市场化中完善利率结构的政策建议。

一、 利率期限结构的理论及其有效性

利率期限结构是指同种的、但是具有不同期限的金融资产的收益率之间的关系，描述这种不同期限的金融资产对应着不同收益率的曲线称为收益曲线。理论上关于利率期限结构特征的解释主要有三种：一是完全预期理论，认为不同期限的证券可以相互替代，长期证券利率等于在该长期证券期限内预期的短期利率的加

① 本文部分发表于《金融与经济》2003年第5期。

权平均值；二是流动性溢价理论，认为由于长期债券的流动性低于短期债券，长期金融资产的利率应该等于短期金融资产利率的平均值再加上流动性溢价；三是市场分割理论，认为不同期限金融市场上的资金供求因素是相互独立的，在分割的市场上，不同借贷双方的独立的行为决定了不同期限利率的水平，与预期没有关系。①

至于哪种理论能有效地解释金融市场的实际情况，经济学家们进行了大量的计量检验。检验的结果显示，对于整个金融市场（包括货币市场和资本市场）来说，流动性溢价理论和市场分割理论各有一定的解释能力，又各有局限。在金融市场上，长期利率水平的确定受到对将来短期利率水平预期的影响；相对于短期资产利率，长期资产利率存在流动性溢价；同时，长短期金融资产的利率一定程度上又受到各自市场独立的供求因素的影响，不同期限的证券不是完全可以替换的。②

但是对于某些货币市场（即市场工具的原始期限在1年以内的短期资金融通市场），经济学家们研究发现，关于利率期限结构的流动性溢价理论是充分有效的。英国经济学家汉思（Hurn）和默里（Moody）等（1995）针对伦敦同业拆借市场的利率，古本斯坦（Cuthbertson）和海耶斯（Hayes）等（1996）针对英国大额存单市场的利率进行了计量检验，发现在这两个市场上流动性溢价理论是有效的。这些市场上的收益曲线所表现出来的特征，也与流动性溢价理论的解释相吻合，主要表现在以下几方面：1.货币市场收益

① Frederic S. Mishkin (2000), *The Economics of Money, Banking, and Financial Markets*, Boston: Sixth Edition, Addison Wesley.

② MacDonald, R. and McMillan, P. (1991), "The Term Structure of Interest Rates under Rational Expectations", *Applied Financial Economics* 1:211 - 221.

曲线多数时期有向上倾斜的趋势，因为长短期利率之间存在流动性溢价，并且长期资产的流动性溢价随着期限的延长而增加。2. 收益率曲线多数时间是整体上下移动，而不是反向移动。即短期利率上升时，长期利率也上升，短期利率下降时，长期利率也下降，很少会出现长短期利率反向运动的情况。这是因为长期金融资产的利率等于短期金融资产利率的平均值（加上流动性溢价），短期利率的上升或下降会带来短期利率平均值的上升或下降，即长期利率也会上升或下降。3. 当市场利率上升的时候，收益曲线趋于向上倾斜，当市场利率下降的时候，收益曲线趋于平缓甚至向下倾斜。因为，市场利率上升时，预期未来短期利率会上升，再加上流动性溢价，长期利率更要高于短期利率；而市场利率下降时，预期未来短期利率会下降，当期长期利率高于当期短期利率的差额减少，收益曲线趋于平缓甚至向下倾斜。①

流动性溢价理论在某些货币市场上的有效，说明该理论的假设条件，如市场交易者追求投资期间回报的最大化；市场上买卖工具的交易成本很小，投资者买进一份较长期工具的收益率相当于买进一系列较短期工具的收益率（加上流动性溢价）；各种不同期限的投资可以互相替代；市场参与者形成对将来利率走势的理性预期，并且按照这些预期进行投资等，在这些货币市场上是可以满足的。在发达、成熟的货币市场如伦敦同业拆借市场上，市场参与者流动性管理效率很高，努力实现管理收益的最大化；市场交易成本也很小，在1年期以内的期限内，市场工具之间的可替代性较

① Frederic S. Mishkin (2000), *The Economics of Money, Banking, and Financial Markets*, Boston: Sixth Edition, Addison Wesley.

高;市场上存在大量的交易中介机构,市场竞争强,流动性高,市场工具价格能够及时反映市场相关信息,市场参与者能够有效地形成关于将来市场利率的预期。

成熟货币市场上利率期限结构所表现出来的特征,一方面反映了市场不同期限利率之间的稳定的均衡关系,市场参与者关于不同期限的投融资安排是理性的、有效率的;一方面对中央银行的货币政策传导也有重要意义,在这样的货币市场上,中央银行只需要对货币市场较短期利率(如7天的拆借利率)进行调控,就会对货币市场的较长期利率产生影响,以致影响到债券市场长期利率,从而影响到社会投资和消费的扩张或收缩。

从发达国家的货币政策实践来看,中央银行实施货币政策操作,一般是通过在公开市场上买卖短期债券,比较直接地对短期利率的进行调控。而中央银行货币政策对金融市场长期利率的影响,一般都是在调控短期利率的基础上,借助利率结构的内在联系,包括市场预期和市场供求等因素的影响,比较间接地实现的。

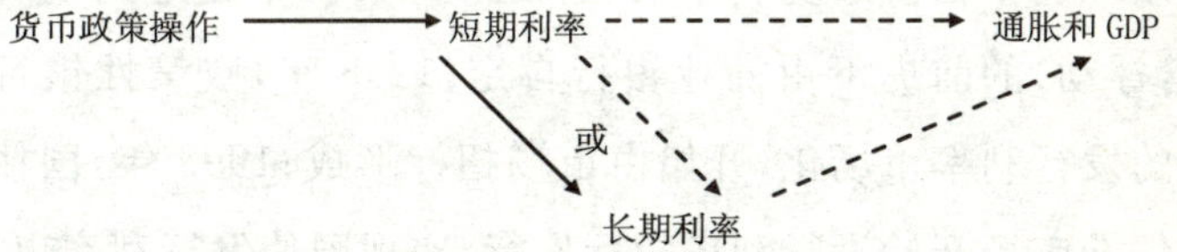

上图描绘了中央银行货币政策在金融市场上的传导过程。实线条表示变量之间即时的联动关系,虚线条表示变量之间的变动存在滞后关系。中央银行货币政策操作对短期利率的影响是即时的,基本没有时滞。短期利率变动与长期利率变动之间,会由于长短期市场分割程度的不同而时滞不同。在市场分割不明显,即货币市场和资本市场之间沟通畅通的情况下,短期利率的变动,会很

快影响到长期利率的变动；反之，短期利率变动与长期利率的变动之间可能会有比较长的时滞。

一国利率市场化的推进，需要综合考虑有关货币市场、资本市场和利率结构方面的有关问题，如中央银行基准利率的选择，基准利率变动在货币市场上的传导，金融市场合理的利率风险结构和期限结构的形成，金融机构存贷款利率的确定机制等。推进利率市场化的过程，也是建立和完善金融市场利率结构的过程。

二、利率市场化进程和目标

近年来我国货币市场和债券市场发展迅速，与此同时，利率的市场化过程也不断推进：1996 年，中央银行取消了同业拆借市场利率的上限，放开拆借市场利率；1997 年放开银行间债券市场债券回购及现券买卖利率；1998 年，中央银行改革贴现利率形成机制，再贴现利率由中央银行根据货币政策需要独立决定，贴现利率和转贴现利率在再贴现利率的基础上形成，在不超过同期贷款利率（含浮动）的前提下由商业银行自定；1998 年，政策性银行金融债券的发行利率市场化，开始由市场招标形成；1999 年，国债在银行间债券市场开始进行利率招标发行，实现国债发行利率市场化；1999 年，对保险公司 5000 万元以上、三年以上定期存款利率由保险公司与商业银行双方协议商定；1998 年、1999 年连续扩大金融机构贷款利率浮动幅度，将对中小企业贷款利率最高上浮扩大到 30%，大企业贷款利率最高上浮幅度为 10%，所有贷款利率的下浮幅度为 10%。可以看出，近年来我国在货币市场利率和债券市场利率的市场化方面进展较快，存贷款利率的市场化也逐步推进。

利率市场化的含义，是指金融当局不再对利率进行管制，金融资产利率由资金市场的供求自行决定，金融产品的定价权由金融机构自己掌握。利率市场化的目的是使利率充分反映金融市场资金的供求状况，充分发挥市场对资金的配置作用，从而提高金融市场的运行效率。所谓金融市场效率，至少包括市场信息效率和市场配置效率两方面，前者指金融资产的市场价格及时、充分地反映了市场所有的相关信息，后者指金融资产的价格应该建立在经过风险调整后的收益的基础上，从而使相同风险的资产具有相同的预期收益。[①] 影响金融市场效率高低的因素主要包括：市场的自由程度，市场交易成本的大小，市场信息披露是否真实、充分、及时，以及市场的竞争程度等，其中首要因素——市场的自由程度，就包括利率是不是由市场供求自由决定这一重要方面。

但是需要指出，利率实现了市场化，并不是说中央银行就不再干预利率。恰恰相反，利率市场化之后，利率在中央银行货币政策操作中的地位可能会进一步提高，中央银行可能会将利率作为货币政策中介目标，通过调控货币市场的基准利率间接影响商业银行和金融机构的利率水平，进而调节总需求，影响通货膨胀幅度和经济增长速度。

三、 中国利率结构的特征及其市场基础

从利率的种类来看，我国当前的利率体系包括：中央银行的再

---

① MacDonald, R. and McMillan, P. (1991), "The Term Structure of Interest Rates under Rational Expectations", *Applied Financial Economics* 1:211 - 221.

贷款利率、再贴现率、准备金存款利率，商业银行经营中的存贷款利率，银行间拆借市场利率和回购利率等，这些利率的特征如下。

1.中央银行利率，主要指中央银行与金融机构资金往来所使用的利率，其利率种类及相互关系是：准备金存款利率＜再贴现率＜再贷款利率。

2.商业银行存贷款利率。我国存款利率水平由中央银行规定，存款利率的期限结构也呈利率水平随期限延长而增加的特征，但是由于我国的定期存款以单利计息，实际存款利率的期限结构与名义的期限结构出现一定程度的偏离(实际存款利率＜名义存款利率)，期限越长，偏离越大。贷款利率由中央银行参照存款利率水平规定，估算出相对合适的存贷款利差，以保证商业银行正常经营，中央银行规定贷款利率在一定的上下空间内浮动。

3.货币市场利率，主要包括同业拆借利率、债券回购利率、票据贴现率，基本实现了市场化。

4.长期国债利率、金融债利率与企业债券利率。长期国债利率和金融债利率一般由招标竞价形成，基本实现了市场化。企业债券利率，按照人民银行的规定，不得超过同期存款的40%。① 由于存款最长期限的利率为5年期，所以5年期以上的企业债券利率也基本实现了市场化。

目前我国的利率管制主要是对存贷款利率的管制，由于金融机构存款占社会金融资产的约90%，所以存贷款利率管制的影响还是根本性的。其他金融市场上的资产利率，尽管是由买卖双方自由竞价形成的，但是存款占社会金融资产的比重极高，其他金融

① 《企业债券管理条例》(中华人民共和国国务院令第121号)，1993年版。

资产利率的定价空间在很大程度上受存贷款利率水平的限制。

我国的利率体系现状是我国的金融体系现状的反映。由于我国目前的企业融资渠道还比较单一，金融机构的结构还不够丰富，商业银行经营机制比较落后，金融市场特别是债券市场发展滞后，国有企业在信贷市场、资本市场上不规范的行为还比较严重，以及存在存贷款利率的管制，这些都造成我国的利率体系还很不合理，主要表现为：(1)金融机构在中央银行的超额准备金存款和法定准备金存款享有相同的利率，使金融机构流动性管理效率较低，超额准备水平较高，且波动很大；(2)相比于短期存款利率，长期存款利率水平较低，不能反映市场对通货膨胀的预期以及长期存款的流动性溢价；(3)尽管货币市场利率和长期债券利率基本实现了市场化，但是由于存款利率的制约和金融市场发展的不充分、不均衡以及子市场之间资金流动的不通畅，债券的收益曲线也存在扭曲，且经济含义有限。

相比于金融市场发达的国家，目前我国货币市场和资本市场都存在发展不充分和不均衡的现象。我国货币市场还处于起步阶段，从交易量来看，我国的货币市场的规模还比较小。例如，以同业拆借市场的交易量对 GDP 的比值来衡量货币市场的发展程度，2000 年至 2002 年，我国的这一比值分别为 7.53%、5.88% 和 11.8%，而 1988 年新加坡的这一比值已经达到 95%，马来西亚为 108%。[①] 从市场工具来看，目前在我国货币市场上采用的交易工具只有拆借、回购和商业承兑汇票，成熟的货币市场经常使用的可转让大额定期存单、商业票据、证券化的资产工具在我国还没有产

① 戴国强："论我国货币市场发展的目标及路径"，《经济研究》2001 年第 5 期。

生或普及。还有，我国的国债市场上短期国债的比重太低。近年来我国国债发行规模逐年扩大，国债余额占 GDP 的比重已经由 1997 年的 7.5%上升到 2002 年的 18.9%。但是我国发行的国债基本都是中长期的，1997 年以来发行的 25 711 亿国债中，只有在 2000 年发行了 200 亿元 1 年期的短期国债，所占比例不到 1%，而西方发达国家短期国债一般占全部国债的 40%—50%。①

我国资本市场的发展也比较滞后。1992—2001 年，企业从资本市场累计筹资不到 1 万亿元，而向金融机构借款却增加了 8.6 万亿元，企业高度依赖银行贷款的状况没有根本改变。

从资本市场规模来看，我国债券市场规模太小。2002 年年末国债（包括凭证式国债）、政策性金融债和企业债的未到期余额为 34 910 亿元，占 GDP 的比重为 34.1%。该比值在主要市场经济国家是 106%，在亚洲市场经济国家是 86%②，相比之下我国债券市场规模还很小。

从债券市场的结构来看，企业债券市场的规模太小，占比太低。在我国企业筹资渠道中，银行贷款是最主要的融资方式，其次是股票融资，企业发行债券筹资的相对规模最小。成熟的资本市场，企业债券的融资往往是股票融资的 3—10 倍，2002 年末我国企业债券余额只占股票总市值的约 3.5%。在我国的债券市场总量中，国债规模一直占 50—60%，政策性金融债的比重为 30%强，而企业债却只有 5%左右。

我国货币市场和资本市场发展不充分、不均衡的状况使我国

---

① 戴根有："关于中国债券市场发展的一些问题"，《中国货币市场》2002 年第 3 期。

② 同上。

企业的筹资渠道单一,金融市场层次有限,市场工具种类贫乏且数量失衡,市场难以形成风险分散、转移、补偿机制,致使我国金融市场效率较低,难以形成合理的利率风险结构和期限结构。

四、 货币市场利率期限结构检验

我国货币市场主要包括同业拆借市场、债券回购市场和票据市场。1997 年以来,我国货币市场发展迅速,货币市场交易量持续增长,同业拆借市场与债券回购市场交易量之和对国内生产总值的比率由 1997 年的 23%上升到 2002 年的 135%;与此同时,货币市场参与主体数量也大幅度增加。分析我国货币市场利率期限结构的特征,需要检验关于利率期限结构的流动性溢价理论在我国货币市场上是否有效,或者说在多大程度上有效,从而分析我国货币市场上不同期限利率之间的关系,判断市场预期在我国货币市场较长期利率形成中是否具有影响力。本文主要针对我国银行间同业拆借市场和债券回购市场的利率期限结构进行检验分析。

(一) 检验方法

利率期限结构的流动性溢价理论可以表示为下列等式:

$$R_t^n = \frac{1}{k}\sum_{i=0}^{k-1} E\left[R_{t+im}^m\right] + l_{nm} \tag{1}$$

R_t^n 为 t 时刻较长期的 n 期利率

R_t^m 为 t 时刻较短期的 m 期利率

$E\left[R_{t+im}^m\right]$ 为 t 时刻对 t + im 时刻的 m 期利率的预期

$k = n/m$

l_{nm} 为长短期利率之间的流动性溢价

当前的长期利率（R_t^n）是当前的短期利率（R_t^m）和预期的将来短期利率 $E[R_{t+im}^m]$的算数平均值加上流动性溢价。

检验利率期限结构的流动性溢价理论在货币市场上是否有效，就是检验货币市场上的短期利率（R_t^m）和长期利率（R_t^n）之间是否存在相对稳定的均衡关系。在均衡关系存在的情况下，可以进一步寻求短期利率（R_t^m）和长期利率（R_t^n）之间关系的精确表达式。即验证均衡表达式中长期利率是否等于当前短期利率和对将来短期利率预期的平均值加上一个常数——流动性溢价[①]。

检验方法可以分为以下几个步骤（Hurn，Moody and Muscatelli，1995）：

1. 首先检验长期利率（R_t^n）和短期利率（R_t^m）是否是平稳序列；如果它们不是平稳序列而是I(1)序列，则对（R_t^n）和（R_t^m）进行协整分析；

2. 如果变量（R_t^n）和（R_t^m）之间存在协整向量(1，－1)，可以将等式(1)改写为(2)，即

$$R_t^n - R_t^m = \frac{1}{k}\sum_{i=0}^{k-1} E[R_{t+im}^m - R_i{}^m] + l_{nm} \qquad (2)$$

（$R_t^n - R_t^m$）为平稳序列。

3. 对于等式(2)中的 $\frac{1}{k}\sum_{i=0}^{k-1} E[R_{t+im}^m - R_i{}^m]$

假设市场预期是理性预期，有

$$R_{t+im}^m = E_t[R_{t+im}^m] + \eta_{t+im} \qquad (3)$$

① 严格来讲，不同期限的两种债券利率的流动性溢价会由于利率绝对水平、利率波动幅度等的变化而变化，这里简化地认为流动性溢价是常数。

也有

$$E[R^m_{t+im}]=E[E_t R^m_{t+im}]$$

可以得到

$$E\left\{\frac{1}{k}\sum_{i=0}^{k-1}E[R^m_{t+im}-R_i{}^m]\right\}=E\left\{\frac{1}{k}\sum_{i=0}^{k-1}[R^m_{t+im}-R_i{}^m]\right\}$$

令

$$S^{(nm)}_t=R^n_t-R^m_t$$

$$S^{(nm)\times}_t=\frac{1}{k}\sum_{i=0}^{k-1}(R^m_{t+im}-R_i{}^m)$$

有

$$S^{(nm)}_t=S^{(nm)\times}_t+l_{nm}+\varepsilon_t$$

4.检验 $S^{(nm)\times}_t$ 是否为平稳序列，如果为平稳序列，假设有模型

$$S^{(nm)}_t=\alpha+\beta S^{(nm)\times}_t+\varepsilon_t \tag{4}$$

检验利率期限结构预期理论的有效性，主要就是检验等式(4)中系数β是否接近为1，或者至少不为0。

（二）样本检验及其结果

本文选取了我国银行间市场上的同业拆借利率、债券回购利率数据①进行计量分析。

首先对我国货币市场利率序列（R_t）进行 ADF 检验，发现该序列为一阶单整的(见表1)。

---

① 这里选取的是1998—2002年债券回购市场7天、14天、21天期的周平均利率(样本量为210)和1997—2002的同业拆借市场30天、90天期的月度平均利率(样本量为72)和1998—2002年债券回购1月、2月、3月期的月度平均利率(样本量为60)。

表 1　中国货币市场利率序列的 ADF 检验结果

品种	变量序列	ADF 值	1%临界值
30 天同业拆借利率	水平序列	－2.124120	－3.5253
	一阶差分序列	－8.024633	－3.5267
90 天同业拆借利率	水平序列	－1.842930	－3.5273
	一阶差分序列	－7.541736	－3.5288
7 天债券回购利率	水平序列	－3.412864	3.5267
	一阶差分序列	－3.933377	－3.5281
14 天债券回购利率	水平序列	－2.113997	－3.5478
	一阶差分序列	－6.541650	－3.5501
21 天债券回购利率	水平序列	－2.317743	－3.3792
	一阶差分序列	－5.746125	－3.5833
1 个月债券回购利率	水平序列	－2.864964	－3.5378
	一阶差分序列	－5.329522	－3.5457
2 个月债券回购利率	水平序列	－3.297134	－3.5266
	一阶差分序列	－5.142275	－3.5462
3 个月债券回购利率	水平序列	－2.572324	－3.5478
	一阶差分序列	－5.728460	－3.5501

然后，用 Engle-Granger 两步法对我国货币市场的较长期利率（R_t^n）和较短期利率（R_t^m）进行协整分析，发现有协整向量（1，－1），即长期利率与短期利率之差（$S^{(nm)}_t$）是平稳序列（见表 2）。

再对 $S^{(nm)\times}_t$（$\frac{1}{k}\sum_{i=0}^{k-1}[R^m_{t+im}-R_i^m]$）进行单位根检验，发现 $S^{(nm)\times}_t$ 是平稳序列（见表 3）。

表 2　R_t^n 和 R_t^m 的 Engle-Granger 检验结果①

种类	协整系数(b)	(b)的标准差	残差(η_t)的 ADF 检验结果
同业拆借			
(30 天，90 天)	−0.899	0.121	−4.466
债券回购			
(7 天，14 天)	−0.863	0.070	−7.134
(7 天，21 天)	−0.937	0.092	−6.512
(1 月，2 月)	−0.904	0.102	−8.263
(1 月，3 月)	−0.882	0.143	−6.977

表 3　$S^{(nm)\times}_t$ 的 ADF 检验

品种	ADF 值	5%临界值
同业拆借(30 天，90 天)	−4.388611	−3.6852
债券回购(7 天，14 天)	−4.653782	−3.6539
债券回购(7 天，21 天)	−4.294144	−3.9739
债券回购(1 月，2 月)	−3.738169	−3.1937
债券回购(1 月，3 月)	−3.372966	−2.1055

然后对模型

$$S^{(nm)}_t = \alpha + \beta S^{(nm)\times}_t + \varepsilon_t$$

进行回归检验，得到有关结果见表 4。

① 用以检验的协整关系式为：Rnt ＝a＋bRmt＋ηt.

表 4　中国货币市场利率期限结构检验结果

种类	α	β	t(β)	R2
同业拆借				
（30 天，90 天）	0.097	0.047	0.89	0.028
债券回购				
（7 天，14 天）	0.015	－0.087	－1.64	0.057
（7 天，21 天）	0.038	－0.064	－0.43	0.035
（1 月，2 月）	0.076	0.092	1.738	0.069
（1 月，3 月）	0.035	－0.035	－0.52	0.005

表 4 中的检验结果显示，利率预期理论在我国银行间同业拆借市场和债券回购市场上是无效的，相关系数(β)的检验值〔t(β)〕不能证明其显著不为 0①，说明在我国货币市场上，关于将来较短期利率水平的预期对于当前较长期利率水平的确定基本没有影响，在统计上没有显著的相关关系。

货币市场不同期限利率之间的关系实际上是个市场均衡问题。利率期限结构的流动性溢价理论要求不同期限的市场之间是联通的，市场供求密切相关，即某一期限市场供求的变化会影响其他市场供求的变化，不同期限市场之间的利率具有联动性。我国货币市场利率期限结构的检验结果说明，市场长短期利率之间没有稳定的均衡关系，关于市场利率的预期对于不同期限利率形成的作用不明显。这也可以从我国货币市场利率走势图上看出。

1997—2002 年，我国同业拆借市场利率变化走势比较凌乱，

① 样本量为 210 时，$t_{0.05}=1.96$；样本量为 72 时，$t_{0.05}=2$。

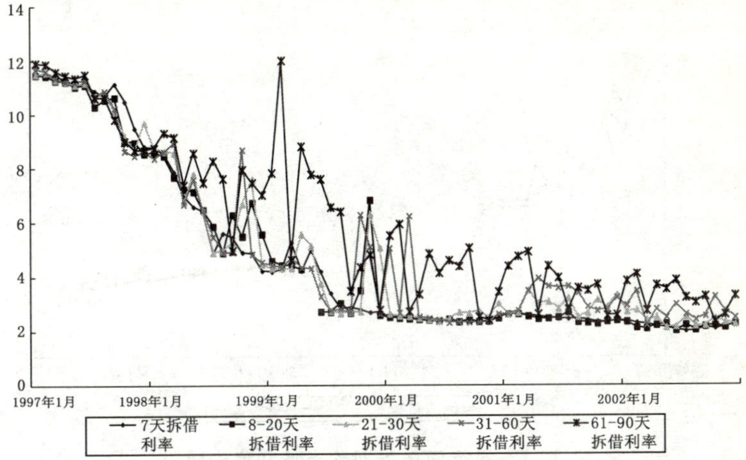

图1　同业拆借市场利率走势

资料来源：中国人民银行《金融市场统计月报》。

不同期限的同业拆借利率水平月度变化相差很大，说明不同期限的同业拆借市场关系并不紧密，某个期限拆借利率由该期限的拆借市场供求决定，市场预期的作用不大；同业拆借市场利率的波动也比较剧烈，说明市场上临时性的资金供求因素变化也比较频繁和明显，市场运行不够平稳（图1）。

相比之下，银行间债券回购市场不同期限的利率水平变动的同步性较高，不同期限的利率水平的变动步调相对比较一致，但是三个月期的回购利率时而会出现一些跳跃性波动，市场运行的稳定性也有待提高（图2）。

五、利率期限结构现状成因探析和改进建议

利率期限结构的流动性溢价理论在我国货币市场上的无效

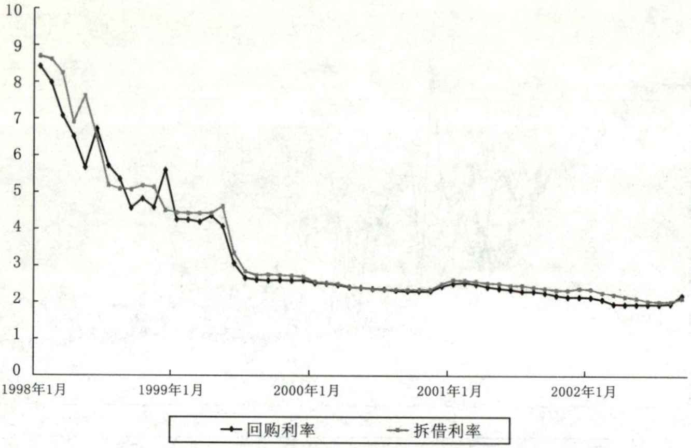

图 2　银行间债券回购市场利率走势

资料来源：中国人民银行《金融市场统计月报》。

性，说明我国货币市场还不具备该理论所需要的条件，其原因可以从以下几方面探析：

1.该理论假设市场交易者追求投资期间回报的最大化。近年来我国金融机构的利润考核机制得到强化，但是金融机构在货币市场上的流动性管理能力还有限，临时性的甚至突发性的投融资活动还比较频繁，我国的金融机构还不能做到对其 1 年期以内的各期限投融资活动进行比较精确地统筹安排，也难以实现一定时期内收益的最大化。

2.该理论要求货币市场上买卖市场工具的交易成本很小，投资者买进一份较长期工具的收益率相当于买进一系列较短期工具的收益率（加上流动性溢价）。我国货币市场的流动性还不是很高，有利于降低市场交易成本、促进交易活动的中介制度如经纪人和做市商制度还没有建立，货币市场参与者的搜寻成本还比较高。

3.该理论假设投资者能够形成对将来利率走势的理性预期，并且按照这些预期进行投资等，即市场是信息有效率的。而市场有效率[①]则要求市场交易成本很小、市场信息披露充分、市场竞争充足等，这些条件在我国的货币市场还不能得到充分满足。仅从竞争的角度来看，我国的货币市场还是一个由数量不多的主力交易者占据主导地位的市场，国有商业银行在货币市场上的交易份额很大。工、农、中、建四家银行在同业拆借市场拆出资金总额占整个市场的份额 2001 年为 48%，2002 年为 50.2%；四家银行在债券回购市场上融出资金总额占整个回购市场的份额 2001 年为 41%，2002 年为 52.7%，货币市场上存在较大的资金垄断力量。[②]并且，由于国有银行在经营上的利润考核机制还不健全，致使它们在货币市场上进行交易时存在对市场信息开发和利用都不充分的局限，这种状况不利于市场利率充分反映市场的信息。

4.该理论假设利率是市场化的。我国利率还没有充分市场化，中央银行对存贷款利率实行管制，而存贷款又是我国金融机构的最主要的负债和资产。尽管我国货币市场利率由市场供求自由浮动，但是货币市场利率的空间受到存贷款利率的限制，这也影响了货币市场利率的期限结构。

从上面分析中可以看出，我国金融市场的利率之间没有形成比较稳定的均衡关系，是由于我国货币市场的参与者流动性管理能力有限，货币市场交易成本还较高，货币市场的运行效率比较低等因素的制约。而这些问题的存在，一方面不利于货币市场平稳

① Fama, E. (1970), "Efficient Capital Market: A Review of Theory and Empirical Work", *Journal of Finance*, 25: 383 - 417.

② 资料来源：中国人民银行 2001—2002 年《金融市场统计月报》。

高效地运行，充分发挥货币市场在金融机构流动性管理、筹资安排和风险管理方面的职能，一方面也不利于中央银行通过公开市场操作调控货币市场的较短期利率以及较长期利率，不利于货币政策的有效传导。充分发挥货币市场的功能，推进利率市场化，需要形成合理的货币市场利率期限结构，为此建议采取以下几方面措施：

1.加快培育和发展货币市场

首先，要大力发展货币市场，创造我国基准利率的形成和基准利率变动在货币市场上传导的市场基础。开发货币市场的子市场，丰富货币市场工具，如可转让大额存单、融资性商业票据、短期国债以及资产证券化等，从而有利于将货币市场的层次分开，促进资金在不同市场工具之间的相互转换，形成合理的货币市场利率结构，提高货币市场运行的整体功能。增加货币市场工具数量和品种，以丰富金融机构短期投融资的渠道和提高流动性管理的效率，从而有利于资金的充分配置和金融市场效率的提高。

同时，要加快发展短期国债市场，增加1年期以下短期国债的发行，逐步形成长、中、短期限结构合理的国债结构。在债券发行市场上，实行更加充分的竞争机制，通过定期、均衡、滚动地发行短期、中期和长期国债，可以确立并不断强化国债利率作为市场基准利率的地位，促使基准化的国债利率尽可能地体现市场利率，形成完整的国债收益率曲线，从而起到引导市场利率的作用。

还有，要进一步拓展货币市场的广度和深度，建立起我国以场外市场为主体、场内市场为补充的统一、高效、开放的货币市场，并以此促进金融机构流动性管理水平和市场化方式筹资能力的提高。还有，要完善货币市场的基础设施建设，提高交易系统运行效率和市场交易的透明度，以有利于市场信息的披露和传递，提高市场运行效率。

2.促进货币市场竞争，提高市场流动性

提高货币市场的竞争，改变国有银行在货币市场上的垄断局面，一要改革国有商业银行的产权制度和治理机制，包括对四家国有独资商业银行实行股份制改造，以促进国有银行在货币市场上交易行为的理性和竞争性；二要加快民营金融机构的建立和发展，扩大货币市场的成员，以提高市场的竞争程度。

同时，要建立和发展货币市场交易中介制度，以有利于降低市场交易成本，提高市场的流动性。首先要发展货币市场做市商制度，在银行间债券市场现行的双边报价商制度的基础上，培育具备一定资产规模、经营管理水平高、债券交易管理技术比较先进的金融机构成为做市商。同时要推动货币市场上债券经纪业务的开展，允许有条件的交易主体开办债券经纪业务，或成立专门的经纪公司，推动债券经纪业务的开展。

提高市场的竞争度和流动性，有利于货币市场利率充分反映市场的相关信息以及市场交易者对市场利率形成合理的预期，有利于不同期限的利率之间形成比较稳定的均衡关系。

3.要大力发展企业债券市场

一方面，这将有利于改善企业的融资结构，增强企业对市场利率的敏感性，从而增强货币市场对经济主体的资金头寸、流动性管理中的作用，促进投融资渠道的广阔和畅通。另一方面，发展企业债券市有利于市场形成完整的利率风险结构，提高金融市场在形成资金价格、配置资金运用方面的影响和效率。

4.促进货币市场和资本市场的均衡发展

拓宽货币市场和资本市场之间资金流通的渠道。货币市场和资本市场的均衡发展和相互沟通，一方面，将有利于提高我国金融市场运行的效率，形成有代表意义的利率风险结构和期限结构；另一方面，也有利于加强金融市场上短期利率和长期利率之间的联动关系，使金融市场上的收益曲线更有代表性地反映市场预期和市场供求，成为市场参与者进行投融资活动和金融市场配置资金的重要依据；并且，短期利率和长期利率之间的内在均衡关系，也有利于中央银行对短期利率的调控效应传导到资本市场，对资本市场的长期收益率产生影响，进而影响社会总需求，对宏观经济运行产生有效调节作用。

参考文献

Fama, E. (1970), "Efficient Capital Market: A Review of Theory and Empirical Work", *Journal of Finance*, 25:383 – 417.

Frederic S. Mishkin (2000), *The Economics of Money, Banking, and Financial Markets*, Boston: Sixth edition, Addison Wesley.

Hurn A.S., Moody, T., Muscatelli, V.A., *The Term Structure of Interest Rates in The London Interbank Market*, Oxford Economic Papers, 1995, 47(3): 419 – 436.

MacDonald, R. and McMillan, P. (1991), "The Term Structure of Interest Rates under Rational Expectations", *Applied Financial Economics*, 1:211 – 221.

戴国强："论我国货币市场发展的目标及路径"，《经济研究》2001 年第 5 期。

戴根有："关于中国债券市场发展的一些问题"，《中国货币市场》2002 年第 3 期。

货币市场运行与货币政策调控[①]

摘要：本文介绍了货币市场效率和利率结构概念以及货币政策传导的逻辑，提出发展我国的货币市场，要扩大货币市场的规模，开发货币市场各种子市场，丰富货币市场的层次，努力培养市场参与者的理性行为，以促进货币市场效率的提高，有利于货币政策调控效应的发挥。同时中央银行也要把握货币政策信号释放的程度和节奏，保持货币政策信号的一致性，努力实现规范、恰当的货币政策调控。

货币市场是市场参与者进行短期投融资、流动性管理和风险管理的场所，也是中央银行货币政策操作的平台。货币市场的效率状况和利率结构特征直接影响到货币政策调控手段的运用和政策效应的发挥。完善货币市场制度和货币政策操作，有利于促进货币市场平稳有效地运行和更好地实现货币政策调控的效果。

---

① 本文发表于人民银行货币政策委员会内刊《货币政策研究》，2003年第1期。

一、货币市场效率与利率结构

（一）金融市场效率及其条件

金融市场效率可以分为运行效率、配置效率和信息效率三种类型。[①] 金融市场信息有效率（Informational Efficiency）是指金融资产的市场价格能够即时、充分地反映市场所有的相关信息。有效市场假说认为[②]，金融市场上的交易者为理性行为者，为了获取市场投资收益的最大化，他们努力利用各种信息对市场价格做出最优预期（即理性预期）。在市场竞争充分、市场交易费用很低、市场信息充分披露的条件下，有关金融资产的信息会被市场参与者迅速、充分地利用并反映在交易行为中，从而也就体现在金融资产的价格变动上，促使金融市场有效率地运行。

金融市场效率对于金融市场平稳健康地运行非常重要。如果市场是无效率的，金融资产的价格不能够及时充分地反映市场的信息，金融市场也就不能给资金的融出、融入者提供准确、及时的市场信号；金融资产的价格变动可能脱离资产的基本价值，或者过于僵化，或者过分波动，资产价格就不能及时反映资产价值的变

---

① 运行效率（Operational Efficiency）指金融市场参与者之间的交易可以低成本地进行。配置效率（Allocation Efficiency）指所有金融资产的价格体现金融资产的风险和收益的匹配，即金融资产的价格应该使相同风险的资产具有相同的收益。

② 金融市场信息效率的概念所体现的内涵，是有效市场假说（Market Efficiency Hypothesis）关于市场效率的定义。该假说根据金融资产价格反映市场信息集合的不同，将市场效率分为弱态有效率（金融资产当前的价格包含了买者与卖者能够获得的关于那些资产过去交易的价格信息）、半强态有效率（金融资产当前的价格已经反映了影响这些金融资产价格的所有公开的可获得信息）和强态有效率（当前的金融资产价格即时、充分反映了所有关于资产市场的信息，包括私人渠道获得的内部信息）三种。

化，资金配置也就得不到及时、恰当地调整，市场也不能提供有效的风险分散服务，并且金融市场价格的剧烈波动也可能会引致实体经济活动如投资和消费的过度波动。

理论上，金融市场信息有效率需要市场交易者是理性的经济人，投资者进行金融资产交易的费用很低，市场参与者可以低成本地获得有关的市场信息等。①

金融市场有效率地运行，首先要求金融市场是充分竞争的。在所有的商品市场中，金融市场是最接近完全竞争市场类型的市场之一：金融市场上交易的金融资产如票据、债券、股票等，是最接近同质和标准化的；资金作为一种生产要素，具有高度的流动性，这些都与完全竞争市场的要求一致。市场有效率和市场完全竞争都要求信息对于市场参与者是充分的。

还有，在有效率的金融市场上，除了中央银行处于资金供求的垄断地位，其他每个市场参与者的份额很小以致每个市场参与者都是价格的接受者而不是制定者。而中央银行正是由于拥有垄断的地位，才能够实施货币政策的职能。

市场竞争是金融市场效率的源泉。金融资产的市场价格之所以趋于反映所有的相关信息，就是竞争的结果。金融市场信息有效率的条件，是市场上存在大量的投资者，他们必须利用各种信息才有可能对市场价格做出最优预期的原因，就是这些市场参与者都是市场价格的接受者而不是决定者。市场交易者为获取最大收益而激烈竞争，努力利用一切相关信息指导投资活动，从而使金融

① 现实中，有的经济学家认为只要市场有足够数量的投资者获得了充分的信息，市场就可能是有效率的。

资产的市场价格及时、充分地反映市场信息。

(二) 利率期限结构理论及其应用

利率期限结构是指同种的、但是具有不同期限的金融资产的收益率之间的关系，理论上关于利率期限结构特征的解释主要有三种，即完全预期理论、流动性溢价理论和市场分割理论。①

对于哪种理论能有效地解释金融市场的实际情况，经济学家们进行了大量的计量检验。检验的结果显示，对于整个金融市场（包括货币市场和资本市场）来说，流动性溢价理论和市场分割理论各有一定的解释力，又各有局限。在金融市场上，长期利率水平的确定受到关于将来短期利率水平预期的影响；相对于短期资产利率，长期资产利率存在流动性溢价；同时，长短期金融资产的利率一定程度上又受到各自市场独立的供求因素的影响，不同期限的证券不是完全可以替换的②。

对于某些货币市场，经济学家们发现，关于利率期限结构的流动性溢价理论是比较有效的。这些市场上的收益曲线所表现出来

---

① 完全预期理论认为不同期限的证券可以相互替代，长期证券利率等于在该证券期限内预期的短期利率的加权平均值；流动性溢价理论认为由于长期债券的流动性低于短期债券，长期金融资产的利率应该等于短期金融资产利率的平均值再加上流动性溢价；市场分割理论认为不同期限金融市场上的资金供求因素是相互独立的，在分割的市场上，不同借贷双方的独立的行为决定了不同期限利率的水平，与预期没有关系。

完全预期理论或流动性溢价理论在一个市场上有效，需要这个市场是弱有效率的，因为只有市场形成理性预期，长期利率才有可能是预期的短期利率的平均值（加流动性溢价）。

② MacDonald, R. and McMillan, P. (1991), "*The Term Structure of Interest Rates under Rational Expectations*", *Applied Financial Economics*, 1:211 - 221.

的特征，这与流动性溢价理论的解释相吻合。[①] 该理论的假设条件，如市场交易者追求投资期间回报的最大化、市场上买卖工具的交易成本很小、市场参与者形成对将来利率走势的理性预期并且按照这些预期进行投资等，在这些货币市场上是可以满足的。

在发达、成熟的货币市场如伦敦同业拆借市场上，市场参与者流动性管理效率很高，努力实现管理收益的最大化，市场上存在大量的交易中介机构，市场竞争强，市场工具价格能够及时反映市场相关信息，市场参与者能够有效地形成关于将来市场利率的预期。

（三）货币市场运行与货币政策调控

货币市场是中央银行货币政策操作的场所。经过多年的演变，目前发达国家的货币政策操作主要通过公开市场业务来调控货币市场的基准利率。基准利率的变动，会通过利率的风险结构和期限结构机制，影响到货币市场上其他品种和期限利率的变动。

货币市场的运行特征，包括市场效率状况和利率期限结构特征，与中央银行货币政策调控密切相关。在中央银行以利率为货币政策中介目标、货币市场利率为基准利率的情况下，如果货币市场是弱态有效率的，那么中央银行调整基准利率的信息不会受到过去市场利率变动信息的干扰。如果货币市场是半强态有效率的，中央银行关于基准利率变动的信息，就能够在中央银行调整目标利率的同时（如当天）充分地反映在货币市场利率的变动上，或者在中央银行采取调控措施前就反映在货币市场利率变动上；并

① Campbell, J. Y. and Shiller, R. J. (1991), "Yield Spreads and Interest Rate Movements: A Bird Eye View", *Review of Economic Studies*, 58:495 - 514.

且，市场利率变动关于货币政策调控信号的反映是比较恰当的，不会过大或过小。

在发达国家的货币市场上，预期对利率期限结构形成的影响很大。利率期限结构所表现出来的特征，一方面反映了市场不同期限利率之间有稳定的均衡关系，市场参与者关于不同期限的投融资安排是理性的、有效率的，另一方面对中央银行的货币政策传导也有重要意义。在这样的货币市场上，中央银行只需要对货币市场较短期利率（如 7 天的拆借利率）进行调控，就会对货币市场的较长期利率产生影响，货币政策对金融市场长期利率的影响，是由短期利率变动、市场预期和长期债券市场供求变化等因素综合决定的。中央银行基准利率的变动，会引起市场短期利率的同向变动，一般也会引起资本市场的收益率（如 1—2 年期的利率）的同向变动，从而对社会消费、投资等总需求因素产生影响，进而影响到通货膨胀和经济增长。

二、 中国货币市场运行分析

1997 年以来，我国货币市场发展迅速，货币市场交易量持续增长，同业拆借与债券回购交易量之和对国内生产总值的比率由 1997 年的 23%上升到 2002 年的 135%；与此同时，货币市场参与主体数量大幅增加，货币市场成为货币政策调控的重要平台。在中央银行以货币信贷数量作为货币政策调控主要的中介目标的同时，也把货币市场利率作为货币政策调控的重要参考指标。

关于我国货币市场运行的分析，首先可以采用计量检验的方法研究其市场效率状况和利率期限结构特征。通过计量检验，发现我国货币市场不是弱有效率的，利率期限结构的流动性溢价理论在我国的货币市场上也是无效的。观察我国货币市场的运行状况，也可以发现其市场效率不高、市场预期作用有限的现象，这直接表现为以下两点：

1.货币市场利率波动较大

一是货币市场利率受股票发行申购方式的影响太大。长期以来，新股发行采用上网认购的方式，每次在交易所市场发行股票、债券都会冻结大量的商业银行资金，严重影响货币市场的流动性，造成货币市场利率的波动。2003 年 10 月末，长江电力股票发行，银行间市场 7 天期回购利率上涨了约 70 个基点，就是比较典型的一个例子。

二是货币市场利率对货币政策调控信号的反映存在失当现象。2003 年 8 月中央银行宣布将于 9 月 21 日上调法定准备金率 1 个百分点。此消息的公布，加上当时市场上新股发行、商业银行流动性安排不够合理等因素，造成货币市场利率上升较快，从 8 月 23 日到 9 月 30 日，同业拆借利率上升了 45 个基点，债券回购利率上升了 97 个基点。中央银行调控措施的出台，货币市场利率对此有所反映是正常的，但是利率波动的幅度超出了适当的范围，也干扰了货币政策操作的安排。

2.货币市场不同期限的利率走势比较凌乱

从同业拆借市场利率的走势上可以看出（见图 1），我国同业拆借市场上不同期限的利率水平月度变化相差很大，说明不同期限的同业拆借市场关系并不紧密，某个期限的拆借利率由该期限的拆借市场供求决定，市场预期的作用不大。同业拆借市场利率的波动也比较剧烈，说明市场上临时性的资金供求因素变化也比较频繁和明显，市场运行不够平稳。

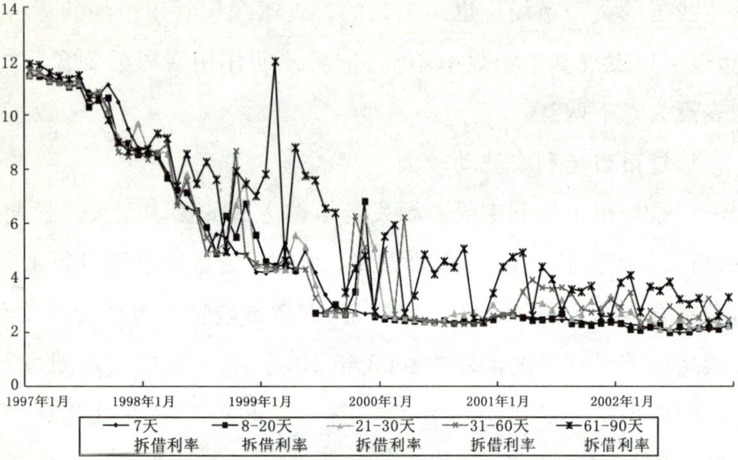

图 1　同业拆借市场利率走势

数据来源：中国人民银行《金融市场统计月报》。

货币市场利率变化的这些特征，是我国货币市场效率不高的表现，而货币市场参与者、市场构成和市场制度方面存在的问题则是造成市场运行效率不高的深层原因。

（一）货币市场竞争不足

大量资金实力相当、技术能力接近的机构投资者的存在是金融市场高效运行的基础。货币市场有效率要求货币市场上存在大量互相竞争、以利润最大化为目标的理性投资者，这些投资者可以独立地对市场工具进行分析并做出投资决策。目前我国的货币市场还是一个以数量不多的主力交易者占据主导地位的市场，货币市场交易的竞争性还不够高。从市场交易量比重来看，我国国有商业银行在货币市场上的交易份额很大。四家国有银行在同业拆借市场拆出资金总额占整个市场的份额 2001 年为 48%,2002 年为 50.2%;四家银行在债券回购市场上融出资金总额占整个回购市场的份额 2001 年为 41%,2002 年为 52.7%。

国有商业银行在货币市场上一定的垄断地位,使其行为对市场利率有直接的影响,而这些机构的行为又具有一定的趋同性,更加增强了它们影响货币市场利率的可能性,从而影响了市场运行的效率。

(二) 金融市场制度不健全,信息分布不对称

一是货币市场缺乏信用评级制度,市场缺乏对货币市场金融工具及其发行人最基本的风险评估信息。

二是货币市场交易中介制度发展滞后。中介机构将分散的场外交易在一定程度上集中起来,再向市场报价以满足交易者的需求,能够增强市场的统一性和透明度。目前我国货币市场的经纪人和做市商制度还没有建立,货币市场交易信息难以快速充分地传递,同时也不利于市场流动性的提高。

三是股票发行申购方式的对货币市场利率变动存在严重干扰。

(三) 市场参与者的理性程度有限

市场参与者利用相关信息去实现最优预测是实现市场有效率运行的基础,而市场参与者形成理性预期的程度,取决于参与机构的治理结构和信息分析能力。

我国金融机构在经营上的利润考核机制还不健全,金融机构的信息分析能力也比较有限,致使它们在货币市场上进行交易时

存在对市场信息开发和利用都不充分的局限，交易行为还不够理性。金融机构在市场上可能较容易形成类似于“蛛网模型”的简单预期，而不是比较准确地把握了宏观经济金融运行态势和中央银行政策取向的理性预期，可能造成市场过度波动。这种状况不利于货币市场效率的提高。

（四）金融机构流动性管理能力有待提高

我国金融机构的流动性管理能力不高，头寸管理不够合理，金融机构还不能做到对其1年期以内的各期限投融资活动进行比较准确地统筹安排，也难以实现一定时期内收益的最大化。

我国货币市场存在的问题，一方面不利于货币市场平稳高效地运行，使市场难以形成理性预期，一方面也不利于中央银行的货币政策调控。首先，股票发行申购方式对货币市场利率的冲击以及货币市场利率波动对货币政策的不当反映，都干扰了货币政策调控行为及其效果。其次，货币市场利率波动过度，增加了中央银行调控的成本和难度。还有，目前货币市场利率期限结构不均衡的状况，不利于货币市场上形成合理的收益曲线，也不利于中央银行货币政策调控在货币市场上的传导。

三、关于货币市场发展和货币政策调控的建议

发展我国的货币市场，除了要扩大货币市场的规模，开发货币市场各种子市场，丰富货币市场的层次，还要努力培养市场参与者的理性行为，以促进货币市场效率的提高，从而也有利于货币政策调控效应的发挥。

（一）促进货币市场竞争

加强货币市场竞争与促进我国银行业市场竞争是一致的，这是一个长期而又紧迫的任务。为此，一要改革国有商业银行的产权制度和治理机制，提高国有银行的竞争行为，包括对四家国有独资商业银行实行股份制改造和内部激励约束机制的改革；二要考虑加快民营金融机构的建立和发展；三要进一步扩大货币市场的成员，增加市场出品的开发，促进市场竞争。

（二）加强金融市场制度建设

首先要建立货币市场、债券市场的信用评级体系。尽快建立规范、透明的信用评级体系。在货币市场工具存续期内，要根据发行人的经营状况不断调整其信用等级。

其次要建立和发展货币市场交易中介制度。发展做市商制度，推动货币市场上经纪业务的开展，允许有条件的交易主体开办债券经纪业务，或成立专门的经纪公司。

同时要健全和完善货币市场信息披露制度，要求市场参与者更加充分和及时地提供有关货币市场工具发行和交易的相关信息，以有利于市场交易者利用信息更好地进行投融资活动。

还有要尽快改进股票发行申购方式，减少其对货币市场运行的冲击。

（三）培养、提高市场参与者的理性意识和流动性管理能力

在金融机构改进治理结构的同时，也要提高对宏观经济、金融运行的研究、分析和判断能力，提高流动性管理的效率。发展货币

市场不同期限的子市场，丰富货币市场的工具品种和期限层次，有助于增加金融机构短期投融资渠道，支持金融机构提高流动性管理的能力。

（四）继续推进利率市场化

推进利率市场化和建立合理的利率结构是密切联系、相辅相成的。利率市场化的关键就是要形成有效的金融机构利率定价机制和中央银行利率调控机制，这要求市场形成合理的利率结构体系，而合理利率结构的建立，必然又是通过利率管制放松、市场机制在利率生成中的作用不断扩大来实现的。

推进利率市场化，在逐步放松贷款、存款利率管制的同时，要提高市场定价机制在整个金融市场定价方式中的作用。加快发展资本市场，如企业债市场，提高直接融资占社会融资总量的比重，放松对直接融资定价机制的管制，同时还要加强货币市场与长期债券市场的之间的沟通，以金融市场主体增加发行长短期债券并提高长短期投融资管理的效率为基础，促进资金在长短期金融市场之间的流动，以有利于市场利率更充分地反映整体市场的信息。

中央银行的货币政策调控与货币市场运行之间存在互动关系，提高和规范央行的货币政策操作有利于促进货币市场平稳有效地运行，也有利于更好地实现货币政策调控的效果，为此要考虑以下几方面：

第一，中央银行要把握货币政策信号释放的程度和节奏。中央银行定期发布对经济、金融运行的分析判断和货币政策的取向，可以引导金融市场上的信贷、投资活动，进而影响到经济金融运行。为了及时、正确地引导金融市场平稳地运行，预调和微调目前已经成为中央银行最常用的调控方式，以实现货币政策信号的及时释放和维护金融市场的平稳运行。

第二，中央银行要注意保持货币政策信号的一致性。在货币市场及整个金融市场上，虚假信息对市场利率的干扰很大，不利于市场有效地运行。中央银行释放的货币政策信号的一致性对市场运行非常重要，否则会造成市场利率不必要的波动。

第三，中央银行要努力实现规范、恰当的货币政策调控。这有助于树立中央银行的权威，培养市场形成理性预期，促使市场参与者更好地领会中央银行的政策意图，以发挥货币政策调控的信号指导作用，降低货币政策调控成本，更有效地维护经济、金融的平稳运行。

随着货币市场的发展和货币政策间接调控机制的建立，货币市场运行将在我国货币政策调控中发挥越来越重要的作用，同时货币政策调控也会对货币市场运行产生影响。灵活地运用各种货币政策工具，掌握好货币政策调控的强度和节奏，可以认为是货币政策操作的要点之一。

参考文献

Campbell, J. Y. and Shiller, R. J. (1991), "Yield Spreads and Interest Rate Movements: A Bird Eye View", *Review of Economic Studies*, 58: 495 – 514.

MacDonald, R. and McMillan, P. (1991), "The Term Structure of Interest Rates under Rational Expectations", *Applied Financial Economics*, 1: 211 – 221.

金融运行中的货币市场基金①

摘要：文章介绍货币市场基金的种类、增长变化、发展环境、风险管理、监管安排及其对商业银行业务、货币市场运行、货币政策调控的影响。提出我国发展货币市场基金有利于促进货币市场的竞争，提高货币市场的流动性和市场效率，提高货币政策调控的效应。

货币市场基金是指专门投资于短期金融资产（主要有短期存款、短期债券、商业票据、银行承兑汇票、银行存单）的基金。货币市场基金既可以看成是一种金融机构，也可以看成是一种金融产品。作为一种机构，货币市场基金吸收定额或不定额的资金，将其投资于短期金融产品；作为一种金融产品，货币市场基金是一种证券类资产或账户，由金融机构销售给投资者，有的货币市场基金账户还可以签发支票转账。自 1997 年我国银行间市场开始迅速发展以来，建立货币市场基金的呼声就不断出现。2003 年年底以来，数支现金增值、增利基金在关于货币市场基金的讨论热潮中发

① 本文部分发表于 2004 年 4 月 22 日《上海证券报》。

行，尽管没有以货币市场基金冠名，但是其投资范围的设定显示它们就是货币市场基金的一类，而每支基金40—80亿元的发行金额，也初步显现了货币市场基金吸收大量资金、进行规模运作的特征。本文试图从几个方面对我国发展货币市场基金进行一些思考，主要包括货币市场基金的增长前景、种类设计，对货币市场运行和商业银行经营的影响，与宏观经济金融环境和货币政策调控的关系，以及市场监管等。

一、 货币市场基金的经济金融环境

货币市场基金的产生、运作、发展与其所处的经济金融环境密切相关。翻阅国外金融史发现，美国货币市场基金出现在社会对经济、金融机构信心下降时期，即经济滞胀的1970年代。美国经济在1960年代增长良好，人均GNP年均增长约为3%，物价年均增长2.3%；70年代人均GDP增长率下降为2%，物价年均增长7.1%。由于经济疲软，很多著名的公司面临盈利困难，一些银行遇到严重的问题，公众对股票市场的信心下降。这一时期，美国金融市场利率不断上升，市场利率特别是短期利率波动越来越大，主要原因是通货膨胀压力以及中央银行为抑制通胀而实施紧缩的货币政策（1970年代，联储逐渐将货币政策中介目标由联邦基金利率转移到货币供应量，造成市场利率被动升降）。市场利率风险增大，越来越多的银行倾向办理短期存贷款业务。浮动利率工具替代传统工具，金融期货市场上。很多银行增加负债管理，利用联邦基金、存单、回购、欧洲美元等保护流动性头寸，货币市场交易量迅速增长。同时，金融竞争日趋激烈，存款机构提供可转让支付账户，信用卡公司增长快速，商业票据所努力降低贴现票据率，银行贷款利率被迫压低。商业银行面对竞争，很多重组为金融持股公司（1980年约三分之二的银行资产已属于持股公司附属银行）。1975年，证券公司手续费由固定变为不固定，很多公司渗入银行和其他机构的业务领域开拓收入，竞争使金融机构的业务越来越综合化。

美国的货币市场基金就是在这样经济滞胀、银行存款利率受管制、市场利率走高且波动频繁、金融竞争日趋激烈的背景下产生并发展起来的。在经济、金融不确定的时期，人们倾向选择期限短、安全、流动性好的投资工具。货币市场基金1972年创设，1979年资产规模已与债券—股票基金相当，短短几年时间发展成为市场主要的金融中介。①

在我国，货币市场基金是一种新的金融产品，目前的经济金融环境存在很多对其发展有利的因素：

1. 当前的宏观经济形势有利于增强货币市场基金的吸引力。2003年以来的宏观经济形势发生变化，消费物价上涨幅度已经远远超过了1.98%的储蓄存款利率（扣掉利息税后为1.58%）。居民储蓄因此更有压力要转移去获得较高收益，如购买货币市场基金等其他金融产品。

2. 金融市场资产种类少的状况为货币市场基金发展提供较大空间。随着经济增长，我国居民储蓄增长迅速，但是金融市场工具种类非常有限。这种状况既不利于金融机构进行资产负债管理，

① Barnard Seligman (1983), *Money Market Funds*, New York: Praeger Publishers.

也不利于居民高效率地安排储蓄和投资,但是为货币市场基金等产品的发展留下较大空间。

3.居民对低风险且有相对较高收益的投资工具的需求很大。在金融资产种类有限的情况下,股票市场成了居民试图获得较高投资回报的主要场所。由于我国股票市场价格波动过度,居民希望获得比银行存款利息高但比股市风险低的投资机会,货币市场基金在一定程度上满足了这样的需求。

4.货币市场资金供求格局现状需要有新类型的资金供应方进入市场。1997年以来,我国货币市场交易量增长迅速,但是银行间市场一定程度上存在单边性,国有独资商业银行成为市场资金供应的绝对主力,不利于市场充分竞争,从而也不利于市场有效率地运行。货币市场基金的发展将会增加市场资金供应,有利于改变市场单边性的状况,会受到资金需求机构的欢迎。

当然,经济金融环境将来的变化会对货币市场基金的发展、运作产生不同的影响,对此应予以关注。

二、 我国货币市场基金的种类设计

货币市场基金从不同的角度可以有不同的分类。从基金发行的对象来分,货币市场基金有一般类(机构和个人投资者都可以购买)和机构类(只向机构投资者发售)两类。无论是一般类还是机构类货币市场基金,多数都有最低投资要求,在美国是从500美元到5万美元不等,但是一般类的最低投资金额要求小于机构类。

从基金的发行者来分类,货币市场基金可以主要分为金融投资公司发行和商业银行发行两大类。金融投资公司发行货币市场基金是比较普遍的。商业银行从事货币市场基金业务的方式较多：一是通过设立投资公司来发行和管理货币市场基金，这种模式在德国比较普遍；二是由商业银行信托部门设立货币市场基金，如在美国20世纪70年代末，一些大的银行信托部门设立短期投资基金（Shortterm Investment Fund）进行货币市场投资；三是商业银行设立货币市场存款账户（Money Market Deposit Account），于1982年在美国出现，商业银行通过设立该账户吸收公众资金，并向开户者支付相当于货币市场基金收益的利率。[①]

另外，从投资的金融资产特征来看，货币市场基金也可以因投资组合策略不同而分为不同的类别。有的分散投资于国库券、政府机构债券、商业票据、存单，有的将投资局限于一类债券，如国债。货币市场基金的投资组合可能由于投资债券的种类不同，也可能由于投资各种债券的比例不同，因而在其他方面如投资领域、费率、收益率、赎回方式等有所区别。

设计我国货币市场基金种类，应该考虑以下一些因素：

一是操作成本。机构类货币市场基金的操作成本相对较低，主要是因为其最低开户金额较高，购买者不像一般类的那样分散，而主要是针对企业和机构客户进行流动性管理和理财运作。

二是规模。我国居民储蓄增长迅速，显示一般类货币市场基金的潜在市场空间巨大。由于货币市场基金的薄利低风险的定位，其规模设计也必然与薄利多销策略衔接才能够获得足够的利润，即货币市场基金需要一定规模才能取得收益，而面向广大居民

---

① Barnard Seligman (1983), *Money Market Funds*, New York: Praeger Publishers.

储蓄的一般类基金是最有规模潜力的。

三是现有金融法规限定。我国实行金融业分业经营的法律规定(但是新的《商业银行法》对发展混业经营留有余地),由商业银行通过内设部门发行和管理货币市场基金、或者设立货币市场存款账户的做法近期看来不太现实,但是商业银行设立独立法人资格的货币市场基金管理公司是可以探讨的,这有利于发挥商业银行机构网点多、货币市场经营经验丰富的优势。

四是货币市场发展现状。由于我国货币市场工具种类较少,货币市场基金可选择的投资策略也非常有限。而一定时期内,为丰富投资组合,发展"准货币市场基金",即将基金投资于货币市场和中期债券市场等的策略也是可以考虑的。

三、货币市场基金的增长

从国外经验看,货币市场基金发展中最显著的特征之一就是增长非常迅速。在美国金融史上,没有任何一种金融中介的发展像货币市场基金这样快。美国在1972年创设货币市场基金,1973年底为4家基金,总计有1亿美元资产,而1979年货币市场基金的规模就已经与债券—股票基金的规模相当。1979—1981年货币市场基金资产增长了3倍,1982年资产达到2000多亿美元。1977—1993年美国货币市场基金资产年均增长率为33%,2003年年底资产基金规模约2万亿美元,占美国投资基金资产总额的35%左右。[①]

① Barnard Seligman (1983), *Money Market Funds*, New York: Praeger Publishers.

美国货币市场基金发展迅速，主要有以下几方面原因：一是基金回报率不受存款利率Q条例的限制，二是增加了小投资者进入货币市场的机会，三是基金获得高质量（违约风险低、价格波动有限）的资产，四是给投资者提供了分散投资于各类短期资产的工具，五是对提前取款的受托人不进行罚款，六是投资者买卖方便，大多数货币市场基金允许客户签发支票灵活地买卖基金，一些新技术如计算机、通讯等的发展也促进了货币市场基金的增长。在诸多因素中，货币市场基金回报率和银行存款利率的差别是货币市场基金快速增长的重要原因。20世纪70年代，特别是1974—1975年间和1978—1982年间，两种收益率差距较大，货币市场基金增长迅速。

我国货币市场基金的增长前景，除了受经济金融环境的影响，主要还取决于货币市场发展、货币市场基金收益、金融机构风险管理能力以及利率市场化进展等因素。

货币市场是金融机构进行流动性管理、短期投资和风险管理功能的场所，货币市场基金增长以货币市场发展为基础。目前我国货币市场工具种类较少，融资性商业票据、银行存单等产品还没有出现，货币市场工具的开发和丰富情况将对我国货币市场基金增长与发展有较大影响。

风险较小是货币市场基金区别于其他证券投资基金的重要特征之一，但是货币市场基金也是有风险的，对利率风险、信用风险以及流动性风险的管理控制成功与否会直接影响到货币市场基金成长和发展状况。

货币市场基金的重要吸引力就是提供比较稳定而又比银行存款利息高的收益。目前对银行储蓄存款征收利息税的制度一定程度上给货币市场基金提供了盈利空间。以 1 年期存款为例，商业银行利息成本为 1.98%，而储蓄存款人收益为 1.58%，货币市场基金的收益空间大约是(1.58%，货币市场利率)。在以商业银行为主导的货币市场上，1 年期市场利率是高于同期银行存款利率[7 天回购利率的底线也会大于超额准备金存款利率(1.62%)]，所以货币市场基金存在盈利空间。这只是静态的简单比较。货币市场基金收益取决于市场空间、市场变化、基金管理人运作等多种因素，货币市场基金收益与其他金融产品收益的比较是影响货币市场基金增长的主要因素。

四、 发展货币市场基金对商业银行的影响

发展货币市场基金对商业银行业务经营有多方面的影响。

第一，货币市场基金会分流一部分银行存款。货币市场基金作为一种金融产品，从安全性、流动性、收益性特征来看，最容易替代的就是银行存款，货币市场基金会从银行分流出存款。理论上，货币市场基金可能从地方银行机构抽出资金，并且这些资金不会再回流到当地，而是流向大银行和大公司，因为货币市场基金会投资于大银行的存单或者大公司的票据。

货币市场基金发展还可能改变商业银行的负债结构。在存在银行存单的情况下，当货币市场基金扩张时，银行存款很可能会被存单代替。美国 20 世纪 60 年代中期，存款折账户是最常用的个人储蓄工具，而到 1970 年年底，储蓄信贷协会 60%以上的储蓄为存单，这些存单利率不一，但都高于存款折账户的利率。

从我国实际情况看，货币市场基金分流部分银行存款将是不

可避免的，这在一定程度上有利于缓解商业银行资金运作的压力，有利于商业银行控制贷款增长速度，满足资本充足要求，减少银行因经营范围狭窄而积累的风险，是改变金融资产结构、促进金融市场发展、提高企业和居民财务管理的好现象。

但是需要关注的是，从吸收资金的角度来看，商业银行和货币市场基金的竞争并不很公平。如前所述，居民储蓄存款利息要上缴20%的利息税，而货币市场基金的投资收益不需要缴税，商业银行在这方面处于不利地位。

第二，发展货币市场基金对商业银行有诸多有利影响。一是商业银行代理发售货币市场基金可以增加商业银行中间业务收入，二是为商业银行开发金融创新如支票等提供机会，三是为商业银行进行混业经营提供可能的空间，四是增加货币市场资金来源基金，给资金融入方如中小商业银行提供更多的融资渠道。

近年来，国外货币市场基金与商业银行的合作越来越密切，除了商业银行保管基金资产、商业银行对基金投资商业汇票等提供咨询服务外，货币市场基金还与商业银行的合作，开发出支票便利等新业务（投资者在商业银行开立账户，可以依据该账户签发支票，也可以委托商业银行通过该账户购买基金；当投资者需要资金或者投资者的账户余额不足以支付划款时，投资者或商业银行可以通知基金出售投资者的基金股份并将款项存入该账户）。在中国，商业银行与货币市场基金管理公司可以探讨合作开办此项创新业务。

在我国，可以考虑将发展货币市场基金作为商业银行试行混业经营的突破口。货币市场基金风险相对较小，商业银行在货币市场上的运作经验丰富，商业银行通过一定的方式，如设立独立法人资格的投资公司经营货币市场基金，有利于改变目前商业银行经营范围狭窄的局面，为其逐步实现综合经营打下基础。

五、 货币市场基金的风险管理

货币市场基金的风险管理主要涉及利率风险、信用风险和流动性风险管理三种。货币市场基金的风险，与短期债券的风险有很多相似之处。由于货币市场基金多投资于短期债券以及与大机构之间的短期融资，其信用风险一般相对较低，而系统性风险较大。

一般地，货币市场基金投资于短期资产，其利率风险相对较小，即利率波动造成的短期债券价格波动幅度小于长期债券价格波动幅度。但是金融市场上短期利率的波动性更大，加强利率风险管理仍然很重要。并且，由于货币市场资产利率波动的方向和趋势非常相似，一般的投资组合并不能降低利率风险这种系统性风险。

规避利率风险的方式主要有两种：一是预测市场上影响利率因素的变化情况，其中包括货币政策操作的变化。20 世纪 70 年代末美联储货币政策中介目标由联邦基金利率变为货币供应量，预测货币供应量成为市场分析师们的一项重要工作，因为联储对货币供应量的调控会影响货币市场利率。二是利用金融衍生产品交易。在衍生产品发达的金融市场，利率风险可以通过远期、互换、期货、期权等产品锁定，一定程度上市场参与者可以锁定利率风险。

由于多种原因，我国货币市场利率在某种情况下会波动较大，货币政策操作对货币市场利率也有一定的影响。在中国货币市场以及其他金融市场上还基本没有衍生产品的状况下,一般不能通过避险交易锁定利率风险,所以预测宏观经济形势和货币政策操作就成为货币市场基金风险管理的重要工作。尽管这种预测在有避险交易产品的金融市场上也是重要的,但是预测却难以成为完全有效的避险手段。

在中国货币市场、债券市场发展到较大规模,宏观经济形势发生变化,利率市场化不断推进的背景下,建立、健全衍生金融产品市场应该提上议事日程,对此银行间市场和交易所市场都可以进行探讨,当然在制度建设上首先要考虑规范市场交易操作和控制市场投机行为。

除了利率风险,信用风险和流动性风险也是货币市场基金风险管理不能忽视的因素。特别是如果将来扩大货币市场基金投资范围后,对于具体短期金融资产的风险,如票据、企业债、拆借的信用风险要高度重视。同时也要加强流动性风险管理,货币市场基金作为开放式基金,随时可能有赎回要求,尽管在利率变化、债券价格下跌时,基金公司可以持有资产至到期,但是要满足赎回要求,必须要安排好流动性才能最大地获得投资收益。

六、 货币市场基金与货币市场运行

发展货币市场基金有利于提高货币市场运行效率,促进市场形成合理的利率结构。目前我国货币市场发育还不成熟,表现在货币市场利率走势上有两方面特征:第一,货币市场利率的波动较大。一是货币市场利率受股票发行申购的影响太大。例如,2003

年10月末，长江电力股票发行，银行间市场7天期回购利率上涨了约70个基点。二是货币市场利率对货币政策调控信号的反映存在失当现象。2003年8月中央银行宣布将于9月21日上调法定准备金率1个百分点，货币市场出现一定的恐慌，市场交易出现异常。[①] 第二，货币市场不同期限的利率走势比较凌乱，特别是同业拆借市场上不同期限的利率水平月度变化相差很大，说明不同期限的市场关系并不紧密，某个期限的拆借利率由该期限的拆借市场供求决定，市场预期的作用不大。

货币市场利率变化的这些特征，是我国货币市场效率不高的表现，而货币市场参与者、市场构成和市场制度方面存在的问题则是造成市场运行效率不高的深层原因：

1.货币市场竞争不足。目前我国的货币市场还是一个以数量不多的主力交易者占据主导地位的市场，货币市场竞争程度还不够高。

2.金融市场制度不健全，信息分布不对称。一是货币市场缺乏信用评级制度，市场缺乏对货币市场金融工具及其发行人最基本的风险评估信息。二是货币市场交易中介制度发展滞后。目前我国货币市场的经纪人和做市商制度还没有建立，货币市场交易信息难以快速充分地传递，同时也不利于市场流动性的提高。

3.市场参与者的理性程度有限。市场参与者治理结构不够合理，激励约束机制不够完善，市场信息分析能力有待提高。

发展货币市场基金可以促进货币市场竞争程度。货币市场基

---

① 根据中国货币网(www.chinamoney.com.cn)公布的数据显示，中央银行宣布上调法定准备金率后的2003年8月25日至9月30日，银行间7天回购移动平均利率由2.2715%上涨至3.2340%。

金增加了市场资金供应主体，并充分利用货币市场的套利机会，进一步联通银行间市场和交易所债券市场之间的资金流动和利率走势。作为货币市场的专业投资者，货币市场基金有很强的利用市场信息、努力把握宏观经济金融运行态势和中央银行政策取向的动机，这些都有利于提高货币市场的流动性，提高市场效率。而货币市场效率的提高，也将有利于货币市场形成合理的利率风险结构和期限结构。充分发挥货币市场基金对于货币市场运行的积极影响，需要推动更多的货币市场基金发行，进一步放宽货币市场基金的投资范围和交易方式，开发更多的货币市场工具。货币市场基金与货币市场二者的发展是相辅相成的。

七、 货币市场基金的监管

货币市场基金作为一种投资基金，在国外一般由证券监管当局负责日常监管。在美国金融法规中，《联邦证券法》和《联邦投资公司法》对货币市场基金的影响最大。这两个法律主要从市场投资角度对货币市场基金存在约束。《联邦证券法》要求基金必须充分真实地进行信息披露，并且按照证券交易委员会的要求发布招募基金声明，《联邦投资公司法》提出了一整套保护投资者的框架。

各国证券监管当局长期以来非常重视对资本市场特别是股票市场的监管，但对货币市场基金的监管相对较少。但是由于一些货币市场基金为追求高回报而投资于高风险的证券导致巨额亏损并损害了投资者利益，20 世纪 90 年代以来，各国证券监管当局加强了对货币市场基金的监管。1991 年美国证券交易委员会规定货币市场基金投资在比顶级证券（在全国性证券评级机构，即穆迪、标准普尔、费奇、德莱·费尔普斯信用评级公司四家的评级中，至少有两家对该证券的评级在其最高的等级中)低一档次的证券数量不超过5%，对单个公司发行的证券持有量不能超过其净资产的1%。同年，证券交易委员会允许货币市场基金购买期限由12个月延长到13个月，但是将投资组合的平均期限由最长120天减少到最长90天。1996年证券交易委员会对货币市场基金投资于风险较大的衍生金融工具进行限制，以减少利率波动可能威胁到货币市场基金稳定性与清偿力的风险。证券交易委员会还提醒广大公众，在货币市场基金的储蓄不受联邦保险的保障。[①]

在国外，中央银行对货币市场基金一般不提取存款准备金。美联储曾经在1980年要求资产规模超过一定水平的货币市场基金缴纳15%的存款准备金，后来又降到7.5%，几个月后，美联储取消了这项要求。[②] 原因之一是货币市场基金不是存款类机构，基金购买者自担投资风险，基金管理者没有固定收益的承诺，联邦存款保险公司也不予以保险。

近年来，针对货币市场基金与商业银行的合作业务创新，证券监管当局与银行监管当局加强了关于货币市场基金的监管合作。

在我国，与其他证券投资基金相比，货币市场投资资产风险较小。在货币市场上，基金管理公司相比于商业银行、保险公司规模较小，所谓“炒作”的机会不大；并且由于基金资金的托管机制，挪用资金的可能性也很小，监管难度相对较小。目前我国关于货币市场基金、货币市场和债券市场监管方面需要加强的工作是促进

---

① Barnard Seligman (1983), *Money Market Funds*, New York: Praeger Publishers.

② 同上。

市场评级体系的建立，这无论是对于推进发展融资性商业票据市场、企业债券市场还是为货币市场基金运作提供投资依据来说，都是重要的制度性建设。

在我国，金融当局合作监管将是货币市场基金监管的要点。目前我国货币市场基金是由证券投资基金管理公司发行和管理，同时货币市场基金主要在银行间市场上经营，而交易的对象可能为银行机构，将来交易的方式可能包括贴现银行票据等行为，将来商业银行可能设立独立法人的投资公司发行和管理货币市场基金。所以作为银行间市场监管者的人民银行、证券业监管者的证监会和银行业监管者的银监会，都需要对货币市场基金有关方面进行必要的监督管理，同时需要分业监管当局加强合作。

八、 货币市场基金与货币政策调控

发展货币市场基金对货币政策调控目标、调控方式和货币政策传导都有较大的影响。

从货币政策调控目标角度来看，在我国目前以数量调控目标为主的情况下，货币市场基金改变了货币供应量的范围和结构，对货币政策数量目标设计会有影响。货币市场基金相当于一种货币资产，非机构持有的货币市场基金在美国被列入 M2。考虑到货币市场基金与居民储蓄有高度相似性和替代性，我国货币供应量统计也应将其纳入。同时，货币市场基金数量的变化，会影响到 M2 中货币结构的变化，也可能造成货币供应量与物价等宏观经济变量的数量关系发生一定的变化。还有，货币市场基金在货币市场上的交易增加了货币的金融交易需求，一定程度上也增加了经济体系对货币需求的数量。当货币市场基金发展到一定规模时，货币政策调控都要考虑到这些影响。

从调控效应来看，发展货币市场基金有利于提高货币政策调控的有效性。目前，我国货币市场利率波动对货币政策的不当反映，干扰了货币政策调控行为及其效果。并且，货币市场利率波动过度，也增加了中央银行调控的成本和难度。货币市场利率期限结构不合理的状况，不利于中央银行货币政策调控在货币市场上的传导。发展货币市场基金有利于促进货币市场的竞争，提高货币市场的流动性和市场效率；而货币市场效率提高无论对于货币政策的数量调控还是价格调控，都有利于及时、灵敏、恰当的反映货币政策调控意图，有利于提高货币政策调控的效应。

从调控方式来看，发展货币市场基金有利于促进货币政策调控从数量调控向价格调控转变。

首先，发展货币市场基金有利于促进利率市场化。我国利率市场化的阶段性目标是贷款利率控制下限，存款利率控制上限。在整个金融市场上，存款利率水平是最具有基准意义的，促进存款利率市场化是下一步推进利率市场化的关键。货币市场基金作为准储蓄，其市场化的利率对于实现更多金融资产利率市场化打下一定的基础。

其次，发展货币市场基金有利于促进货币市场利率的充分市场化。价格调控主要是中央银行对货币市场利率进行调控。从货币市场角度来看，理论上的利率结构大致是银行短期贷款利率＞商业票据贴现率＞中央银行再贷款利率＞中央银行再贴现率＞银行同业拆借利率＞债券回购利率＞银行短期存款利率＞短期国债利率＞法定准备金存款利率 ＞ 超额准备金存款利率。目前在短期金融市场上，起决定意义的还是后三种存款利率。当货币市场基金规模对存款规模的比例较高时，货币市场基金的利率会在一定程度上替代短期存款利率，在市场上发挥影响。

还有，发展货币市场基金有利于增强利率调控的传导效应。货币市场基金吸收大量企业和居民资金，一方面促使这些资金更多地与货币市场利率联系起来，强化利率对企业和居民的敏感性；另一方面，中央银行对货币市场利率的影响也会通过货币市场基金传导到企业和居民，有利于将中央银行对货币市场利率影响的传导，增强货币政策价格传导的效应。

参考文献

Barnard Seligman (1983), *Money Market Funds*, New York: Praeger Publishers.

第三部分

宏观经济

货币资金流动与产业结构成长[①]

摘要:20 世纪末 21 世纪初,是中国从工业化向现代化发展的关键时期,也是建立市场经济体制的奠基阶段。在推动金融的市场化改革的同时,促使更多的资金流向经济起飞时最需要资金的基础产业和主导产业,首先要推动企业产权、价格、政府事权和财政金融改革,同时在金融领域建立商业银行与政策性银行、货币政策与信贷政策协调的体系,发展金融市场。

现代市场经济中金融与产业(这里指实业)的关系,如同人体的血和肉一样,巨大的力量来自发达的肌肉,肌肉的养分需要血液来输送。像中国这样的大国,如果没有发达的钢铁、机械、汽车、电子等产业,想成为世界经济强国是不可能的;同时,几十年的经验教训证明排斥市场机制配置资金的基础作用,要想推动支柱、进步产业迅速高效地发展,也是极其困难的。20 世纪末 21 世纪初,我国处于从工业化向现代化发展的关键时期,调整产业结构是我国经济发展战略的重要内容。这一时期也是我国建立市场经济体制

① 本文写于 1995 年 12 月。

的奠基阶段，各项经济改革包括金融改革措施将纷纷出台。转轨与发展中的中国经济面临的问题极其复杂，如何在推动金融的市场化改革的同时，保证更多的资金流向经济起飞时最需要资金的基础产业和主导产业，是其中带有两难色彩的一个。

一、货币资金流动

对于资金的概念，本文借用于资金流量分析中资金的概念而将货币资金等同于其中的金融资产并作假定：1.经济中的货币供应量与货币需求量是相等的，物价稳定；2.货币供应量与货币资金量具有稳定的相关关系，本文对二者不再区别。

（一）资金流量分析引申

资金流量分析将经济中的交易行为分为实物交易和金融交易两方面，其中实物交易分为经常收支和资本收支，反映经济部门收入、支出、储蓄、投资的状况；而金融交易则是指对各种金融资产的买卖，按流动性从大到小的顺序，金融资产可排列如下：现金、活期存款、储蓄存款、长期存款、票据、债券、股票等。

资金流量分析还把国民经济分为居民、企业、政府、金融机构若干部门，每个部门的收入和支出不会都相等，但是其资金来源和资金运用总额却必须相等，于是就出现了资金余缺在部门之间的调剂，产生了部门间的金融交易和非金融交易，形成资金流动。①

为了研究货币资金流动与产业结构成长的关系，这里将资金

① 贝多广：《中国资金流动分析》，上海三联书店 1989 年版，第 37 页。

流量分析方法加以引申，对资金流量表进行细化。引申之一，将资金流量表中企业部门这一大类，按农业、矿业、制造业、建筑业、运输业、商业划分，计量各产业企业的资金来源与运用状况，通过这样细分，可以观察到各产业之间，各产业与居民、政府、金融机构之间的实物交易与金融交易的方式和数值。引申之二，对于金融机构这一部门，按金融机构的类别商业银行、政策性银行、投资公司、信托公司、证券公司细分，计量各金融机构的资金来源与运用状况，通过这样细分，就可以观察到各金融机构之间，各金融机构与居民、企业、政府部门之间进行金融交易使用的金融工具及数额。

货币资金的流动是有方向、有层次、有渠道的，以上两种引申，将资金流量表中的企业部门和金融部门加以细分，为研究货币资金在国民经济部门之间、产业之间、金融机构之间的流动，货币资金凭借什么资产和工具、经过什么经济部门和金融机构、流向什么产业提供一种方法和思路。

1.货币资金流动的渠道

货币资金来源与货币资金运用是同一货币资金运动的两个方面。现实经济中，甲单位的资金来源是乙单位的资金运用，甲单位的资金运用又构成丙单位的资金来源。如果说水的流动是出于人们的使用和自上向下的吸引力，那么货币资金的流动是为了媒介商品交换和追逐由低到高的收益率。

所谓货币资金流动的渠道，就是货币资金由来源到运用所涉及的部门和凭借的方式。根据货币资金的存在形式——现金、存款和有价证券，经济中的部门分类——企业、个人、政府和金融机构。货币资金流动的渠道有：现金渠道，财政渠道，金融结算渠道，间接融资渠道，直接融资渠道。更简单一些的概括是：现金渠道、财政渠道和金融渠道[①]。

2.货币资金流动的金融渠道与层次

金融结算渠道、间接融资渠道和直接融资渠道构成货币资金流动的金融渠道。金融结算渠道中的流动，是凭借商业银行的活期存款货币来完成的；间接融资渠道和直接融资渠道中的流动，则取决于银行、非银行金融机构和金融资产的结构与总量。

除了这样从横向的角度来描述货币资金在经济部门间的流动外，还可以从纵向的角度来观察货币资金在市场上的流动层次。货币资金在市场上的流动分三个层次：(1)企业、居民、政府之间由于商品、劳务买卖，转移收支和直接融资而产生的货币资金流动；(2)企业、居民、政府通过金融机构间接融资而产生的货币资金流动；(3)金融机构之间融资、拆借而产生的货币资金流动。

中央银行可以通过货币信贷政策调控金融机构的行为，从而对整个市场中的货币资金流动产生影响。

二、产业结构成长中货币资金在产业间的流动

(一) 产业结构成长的内涵

产业结构成长，实际是指生产要素在各产业部门间的分配比例生产成果在各产业部门间的分布比例及技术进步在各产业部门间的传递发生优化的结构性变化[②]，具体表现在以下二方面。

1.产业结构水平的上升。包括：(1)三次产业比例的结构性变化。随着经济的发展，社会劳动力逐渐由第一产业向第二产业进

① 贝多广：《宏观金融论》，上海三联书店1988年版，第21页。

② 杨治：《产业经济学》，中国人民大学出版社1985年版，第10页。

而向第三产业转移，第一产业创造的国民收入的相对比重逐渐下降，第二、三产业创造的国民收入的相对比重趋于上升。(2)工业产业结构变动。工业产业结构变动，依照其演变序列，一般要经过重工业化、高加工度化、技术密集化三个阶段，这个过程也就是经常讨论的“工业化”过程是产业结构成长的核心内容，也是本论文的研究重点。

2.产业结构效益的提高。包括：(1)产业之间相互关联度的提高。产业结构水平的上升与产业之间相互关联度的提高是相辅相成的，共同促进生产要素与生产成果在各产业部门分布的优化。(2)产业技术进步率的结构变动。技术进步率的差别可以说是导致产业结构成长的主要因素之一，技术进步越快的部门，在增加同样投入的条件下，取得的经济效益就越大，在市场机制下，生产要素就向技术进步率高的部门移动。(3)工业生产增长中结构变化的稳定性。产业结构成长中产业结构要保持相对的协调与平衡，波动不要太剧烈，否则就会使有的部门生产过剩，而有的部门却供不应求，造成生产要素与产品的浪费。随着经济的市场机制不断完善，产业结构成长中自我调整和协调的功能会增强，辅以国家引导，产业结构变化给经济带来的波动会趋于减小。

（二）产业结构成长的模式

不同国家在工业化发展中的不同进程决定了产业结构成长的不同模式，在综合共同性的基础上，世界各国的产业结构成长道路可以概括为以下三种基本模式。①

① 朱争鸣、王忠民：《产业结构成长论》，浙江人民出版社1989年版，第14页。

1.市场机制型的产业结构成长模式

在大多发达的市场经济国家中,如美国、英国、市场机制自动地调节着资源配置的均衡过程,也调节着产业的发展和产业结构的变动趋势。在这些国家里,企业是私有的,对生产有充分的自主权,市场机制完善,价格灵敏地反映着供求变化。市场、自由竞争和价格变化,显示出产业结构的未来发展方向,市场价格差异引起的对投资者和生产者的刺激,使社会资源朝着产业结构的未来发展方向及时有效地流动。

在市场机制型的产业结构成长模式下,政府的产业政策往往是市场补救性的,旨在消除技术、劳动力、资本要素流动的障碍,消除垄断,控制国有化维护市场竞争。政府通过维护市场机制,在此基础上调整市场参数来影响供求,间接地对产业结构的变动产生影响。

2.市场垄断型的产业结构成长模式

一些后发的资本主义国家,国有财产与超级财团的资本缠在一起,市场机制薄弱,在这些国家的市场中存在价格信号,更存在商品短缺的信号,价格调节功能不完全;不同产业的资金周转有长有短,市场价格信号往往只有短期效应,而产业结构的高度化需要长期投资来促进;产业结构成长涉及技术结构,而价格弹性的结构变动与技术结构的变动往往不能重合。

在这种模式下,市场仍然起着基础性调节作用,国家的干预仍然是二次性的。这表现在:私人企业占绝大比例,企业自负盈亏,生产自主权仍很大;市机制反映的供求变动、收入弹性变动、不同产业部门利润率的高低,是国家编制产业发展计划的依据;随着产业结构成长,市场价格、利率等的作用在增强不是减弱。

日本与韩国是实行这种产业结构成长模式的典型国家，政府通过制订产业发规划、立法、财政补贴、政策金融、进出口政策等来加快产业结构成长的步伐，但是，这些政策都是第二位的，企业家精神与市场竞争机制被两个国家的人们看做是经济发展的根本决定因素。

3.中央计划型的产业结构成长模式

苏联和中国都采用过这种产业结构成长的模式，在政府全面集中和计划控制下，迅速地改变了原有的产业结构，建立了工业体系的框架。但是，这种经济体制也带来了非常多的问题：由于没有市场机制的作用，政府对资源的重点计划配置同时也意味着对认为是非重点配置的产业部门的忽视，使这些部门几乎停止发展；政府对产业发展的规划，没有市场信息可参照，政府计划中常存在大量的不科学内容，造成产业结构扭曲；指令性计划和国家所有制的僵化，机制造成社会资源存量的刚性化，这种存量刚性化又进一步影响增量分配的刚性化导致每次结构调整都给社会经济带来大的波动；由于条块分割和缺乏市场竞争的压力，社会的竞争效益和规模经济效益都比较差，大量社会产品供不应求的同时，大而全、小而全的现象，重复建设现象普遍存在，大量机器设备闲置等。

（三）不同的产业结构成长阶段货币资金在产业间的流动

1.货币资金的流动倾向

工业化的演进序列，大体上被分为重工业化、高加工度化、技术集约化三个阶段，这样划分的依据是分布于各产业的劳动力、产值的比例的变化表。在产业结构成长中，重工业、高加工工业、高技术工业的产值占社会总产值的比例依次上升，是社会资金与劳动力在三类产业间流动变化的结果，即由重工业流向高加工工业，再流向高技术工业，并且从产业投入资源结构看，重工业中劳动力的比例最高，高加工工业次之，高技术工业次之。所以，在产业结构成长中，社会资金（包括货币资金）由重工业—高加工工业—高技术工业（即每个产业结构成长阶段的主导产业）的流动趋势会更明显些。[①]

2.货币资金的流动渠道

货币资金的流动渠道有现金渠道、财政渠道、金融结算渠道、间接融资渠道和直接融资渠道，在不同的产业结构成长阶段，各种货币资金流动渠道的重要性并不相同。

随着产业结构的成长，货币资金的流动渠道出现多元化，这两个过程是否是同步的呢？各国经济发展的历史资料表明，一般地，在典型的以市场竞争和私有企业为基础发展起来的资本主义国家，两个过程基本上是同步的，而在后发的资本主义国家和传统社会主义国家，情况就不大一样了。事实上，一国产业结构成长中货币资金流动渠道的变化，与该国实行的产业结构成长模式是密切相关的。

（四）不同的产业结构成长模式下货币资金的流动渠道

表1到表3是英、美、日、俄国/苏联在1861—1963年间，有关金融机构的种类、金融机构资产与国民生产总值比率以及非银行金融机构金融工具净发行比率：

① 朱争鸣、王忠民：《产业结构成长记》，浙江人民出版社1989年版，第34页。

表1　开业金融机构种类(数目)

	1860	1880	1900	1910	1929	1938	1948	1963
英国	13	14	16	17	23	23	23	23
美国	7	9	10	12	19	19	19	20
日本	5	10	10	13	15	19	33	
俄国/苏联			6	6	4	4	4	4

表2　金融机构资产与国民生产总值比率(百分比)

	1860	1880	1900	1913	1929	1938	1948	1963
英国	57	95	93	103	131	151	184	162
美国		49	86	91	129	185	147	167
日本		13	82	97	223	212	61	217
俄国/苏联			58	86	25	23	27	44

表3　非银行金融机构金融工具净发行比率(对期内 GNP 的百分比)

	1861－1880	1881－1990	1901－1913	1914－1929	1930－1938	1939－1948	1949－1963
英国	0.33	0.22	0.42	0.49	0.6	1.25	1.47
美国	0.1	0.25	0.21	1.33	0.17	0.36	1.61
日本		0.77	0.9	1.92	1.23	3.7	3.76
俄国/苏联			2.09	1.05	0.09	0.23	0.24

资料来源:〔美〕戈德史密斯:《金融结构与发展》,中国社会科学出版社 1993 年版第 156、354、96 页。

从上面的统计数字可以看出在,1860—1963 年一百多年的经济发展过程中,英国、美国、日本的金融机构种类趋向多元化,金融资产的总量相对于 GNP 持续增长,金融工具多样化,而俄国/苏联的金融总量和结构不仅没有增加，相反却有倒退的趋势。这在四国的金融机构的资产统计材料中表现得更具体。金融总量与结构的发展变化，必然要对一国货币资金流动渠道，特别是金融渠道产生重要的影响。

英美等从自由竞争发展起来的典型资本主义国家，其产业结构成长与货币经济发展几乎是同步的，在工业结构水平上升的同时，银行、证券、信托、保险等金融业也发展起来，为工业生产、销售提供了广泛的结算网络和多层次的投融资渠道。金融机构、金融资产总量的增加与结构的多元化，有利于经济运行环节之间的润滑，使价格、利率更充分发挥其市场信号的作用货币资金流动渠道流动方式的多样化，有利于引导其他生产要素的流动，优化资源配置，促进产业结构效益的提高。

日本在第二次世界大战前就已经是一个工业强国，资本主义生产方式普遍存在，金融业也有较大的发展。战后日本经济的恢复、发展以及工业化的迅速推进，通过财政与金融等多种渠道给予支持。日本有城市银行与地方银行两类商业银行，五类专业性金融机构，十五种政策性金融机构，间接融资在企业筹资渠道中居主导地位，中央银行对信贷投放进行窗口指导，财政通过政策性金融机构对重点产业投融资。[①] 这些是日本 20 世纪五六十年代产业结构成长时期货币资金流动的重要特征，也是其区别于英美等资本主义国家工业发展道路的一个重要方面。

苏联在建立了中央计划经济体制后，经过三个“五年计划”的发展，产业结构水平有了突飞猛进的演变，工业化的推进速度惊

① 陈淮：《日本产业政策研究》，中国人民大学出版社 1991 年版，第 71 页。

人。但是这一切都是在国有工业企业的基础上通过中央计划手段来实现的。货币只是计划调配物资的核算工具,财政是社会收入分配的最重要渠道。在这个时期,金融机构种类减少,金融资产相对于GNP的比例下降,真正意义上的货币资金几乎已不再存在,更不要说货币资金的流动及其金融渠道了。然而这种排斥市场与货币机制的中央计划型产业结构成长模式,必然给经济带来极其严重的问题与后果。

三、货币资金流动对产业结构成长的影响

(一)货币资金流动对产业结构成长的一般影响

产业结构成长的内涵主要有两方面:产业结构水平的上升和产业结构效益的提高。产业结构水平的上升,在工业化的方面表现为产业结构成长阶段由重工业化—高加工度化—技术密集化的序列演进;而随着产业结构水平的上升,货币资金在产业间流动的特征之一就是倾向于产业结构成长进程中的各主导产业,反过来,货币资金流动是否具有这种倾向以及实现这种流向的渠道是否通畅,对于能否推动产业结构水平的上升有重大影响。

产业结构成长中产业结构效益的提高表现为:产业间相互关联度的增强,主导产业技术进步率的提高,工业生产增长中结构变动的相对稳定。一般地,成熟市场经济中的货币资金流动,是有利于产业结构效益的提高的。在成熟市场经济中,货币资金在产业间流动自由,渠道通畅,某种产业的发展与衰落马上对其相关产业产生影响;引导货币资金流动的市场信号是投资收益率,产业结构成长中的主导产业技术进步快,利润率高,是其吸引资金流入的根

本原因，并且在市场竞争的动力或压力下，货币资金流动的趋利机制促使各发展产业进一步提高技，获取更多利润；市场经济中企业自主经营、自负盈亏的机制是市场资源及时优化配置的基础。相反，对货币资金流动的人为分割、指令性计划分配，则会扭曲货币资金流动的倾向或阻碍其流动渠道，对产业结构效益的提高产生消极影响。

（二）货币资金流动对产业结构成长的促进

货币经济发展与产业结构成长是人们从不同角度对经济发展所做的描述。货币资金流动范围的扩大，金融机构与金融资产的多样化，在市场利率的引导下货币资金有效分配，这些都是货币经济发展的内容，总的来说都有利于一国经济的增长与发展，也有利于一国产业结构水平的上升与产业结构效益的提高。这些都是理论概括，现实经济情况当然是极其复杂的。

货币化是商品经济发展中的必经之路，也是现代市场经济运行发展的基础。货币化对经济的影响有：加强了各经济部门之间、产业之间的联系，使它们有机地形成统一的市场；引导社会资源更充分有效地在产业间流动，在形成平均利润率的同时，也推动了新兴产业的发展；商品、劳务的交换更加广泛、频繁，有利于社会专业化分工的加强；货币资金成为储蓄与投资的统一资产，有利于沟通储蓄与投资间的渠道。这些也都是有利于产业结构成长的因素。

金融发展，金融相关比率的提高，扩大了金融机制在组织社会资源在生产、交换、分配和消费中的作用范围，加深了其作用层次，具体表现在金融机构与金融工具的多样化、利率的市场化、货币资金流动自由化、金融市场发展等方面。

1.金融机构与金融资产的结构

货币资金不是在一个平面上,而是以不同的金融资产形式在不同的金融机构中曲折、错综地流动着。金融机构和金融资产的种类越多,货币资金流动的层次就越复杂,空间就越丰富。

多种的资金来源与资金运用都是金融资产的表现形式。各种金融资产对经济有不同的渗透力,而各种经济部门也对金融资产有不同偏好。小的商业公司经常需要一些短期的、数额较小的流动贷款;大的造船厂可能最需要的是巨额的、长期的技术改造贷款;计算机公司为了采购配件有时要发行商业票据;钢铁与汽车集团为实现又一个发展战略,决定发行股票。储蓄者当中有的持有收益稳定又易转让的存单,有的喜欢冒点风险,投资于看涨的股票。在这些资金来源与运用的不同期、不同数额、不同风险偏好等因素的影响下,各种不同特点的金融资产应运而生,成为联系各种货币资金供给者与需求者的媒介工具。

2.利率

利率是货币资金的价格,也是金融市场上起着最基础调节作用的市场信号。

不同经济体制和经济发展阶段的国家,实行的利率政策也不同。一种是管制性的利率政策,政府或货币当局规定利率的水平和结构,许多计划经济国家或经济欠发达国家实行这种利率政策,一般限定利率的最高水平,通过压低利率,为国家重点工业部门廉价筹集资金。而发达的市场经济国家的利率一般由市场供求来决定,货币当局只是控制对商业银行的短期融资利率率,以此间接影响其他利率。

对于一些国家通过管制来压低利率水平的做法，许多人认为这不利于经济发展，也不利于一国产业结构成长，主要理由是①：

(1)低水平利率会鼓励社会消费，打击居民储蓄和长期投资的积极性，而眼前多消费刺激的是纺织、食品等轻工业，没有一定的长期投资，基础工业，高加工工业就很难发展起来。

(2)低水平利率必然产生货币资金需求远远大于供给的局面，有限的资金就要通过信贷计划来分配，事实上，很难保证这种信贷倾斜的经济原则，它往往由人际关系和政治影响来决定。

(3)由于贷款利率水平低，来得便宜，那些获得资金的企业就没有成本压力，极力扩张资本密集型产业，使一国产业结构成长脱离实际。

(4)低水平利率使存款人不再将储蓄存入银行，而是直接投资办厂，这样就形成分散的、没有规模效益的产业企业，造成低效率。

为消除这些弊端，就要改变利率管理体制，适当提高利率水平，实行差别利率，以求在增加社会储蓄的同时，对重点和非重点产业的货币资金筹集，运用分别给予鼓励和限制。

3.货币资金的配置

与利率机制紧密相关的是货币资金的分配方式。实行管制的低水平利率的国家，一般要进行货币资金的信贷分配，同时在财政上通过国家借贷或直接投资于国有企业的方式影响货币资金的去向。实行市场化利率制度的国家，其货币资金主要是在金融市场利率的引导下自由流动和分配，当然财政也要进行公共建设和对重要部门投资，只是很少采用开办国有企业的方式。

---

① 杨沐：《产业政策研究》，上海三联书店1993年版，第135页。

关于发展中国家的利率决定与货币资金配置，有两种意见相反的看法：一种主张管制利率，实行信贷分配制度；另一种主张放开利率，减少政府的信贷分配。一些发展中国家采用前种主张，主要是由于市场经济基础薄弱和政府对工业、生产、贸易、外汇转移等的广泛控制。而货币资金流动和利率作为金融市场的资源分配方式和价格，其市场化的方向是确定的。问题在于市场化的道路如何选择：在经济发展、产业结构成长的不同阶段，金融应放松到什么程度？什么样的金融发展步伐，更有利于产业结构的高度化？

从各国的历史和现状来看，即使在产业结构成长的相同阶段，当局对利率信贷的管理程度、方法也有很大差别。较成功国家的经验是：基本的经济、金融制度对于促进工业化发展来说是重要的，要有自主经营的企业和相对市场化的价格体系，中央银行、商业银行、政策性银行、发展基金等相对齐全的金融机构体系，对储蓄和投资有一定影响的利率制度，不断健全的法律法规体系。有的国家，由于存在这样的基本环境，加之政府政策比较科学，尽管实行了较严格的利率、信贷管制，管制的消极影响被限制，而较好地发挥了其积极一面的作用。从市场经济发展的整体来看，培育真正的企业主体、市场环境和法律制度是产业结构成长、金融发展的基础，如果不关注这些因素而只是在金融的圈子里讨论利率、信贷的放松或管制，现实的意义是很有限的。

4.金融市场

金融市场对于经济发展的促进意义是广泛而深远的，金融市场可以把零散的消费性货币和手持现金聚集一起，增加储蓄；可以把不能形成投资规模的小额生产资金集成有投资能力的大额资金；可以把短期资金转化为长期资金，增加长期投资；可以扩大资金供给者与需求者的接触机会，便利货币资金的流动，降低交易成本；可以为筹资人和投资人开辟了更广阔的融资途径，双方都可以选择适合自己的渠道和工具；金融市场上货币资金充分有效地流动、配置，使资金由利润率的产业流向利润高收产业，对于产业结构成长起基础性推动作用。

一国金融市场的发达程度，与该国经济水平、企业与金融机构市场行为的规范程度、金融的总量与结构、社会法律完善状况有紧密关系。金融市场实现其对经济的促进作用，需要社会有充分的信息和真实的市场供求价格；脱离经济、社会基础的金融市场，不仅不会促进经济发展，相反还可能带来振荡和混乱。在现有的基础上能发展什么样的金融市场，如何利用现存的金融市场推动经济发展，一直是人们探讨与争论的问题。

四、 中国产业结构成长中的货币资金流动

70 年代末实行经济改革以来，我国的国民收入分配结构、资金分配结构以及融资主体与机制都发生了显著而深刻的变化。

（一）筹融资主体与机制的变化

在国民收入的分配结构中，国家（政府）所占份额明显下降，个人所占份额大幅度上升，企业份额在一定水平上波动。国民收入分配结构的变化导致国民经济总储蓄结构发生巨大变化，社会储蓄由政府为主体转变居民为主体，这些情况可以从表 4 和表 5 中看出：

表 4　国民收入分配结构的变化　　单位：%

项目	1978 年、1979 年	1988 年、1989 年
国家(政府)收入	34.1	20.1
企业收入	17.4	18.5
个人收入	48.5	61.1

资料来源:《中国 GNP 的分配和使用》,第 99、101—102 页。

表 5　国民经济总储蓄结构　　单位：%

年份	居民储蓄	政府储蓄	企业储蓄
1979	23.55	42.8	33.65
1980	31.41	32.09	36.57
1981	32.03	22.29	45.75
1982	34.54	18.4	47.06
1983	44.75	20.26	35.02
1984	45.95	20.55	33.5
1985	50.02	18.95	31.03
1986	59.53	18.83	21.73
1987	61.15	13.09	25.75
1988	62.7	7.25	30.05
1989	65.91		*

资料:《中国 GNP 的分配和使用》,第 187 页。

与此同时,国家财政所直接控制的收入份额下降,预算外资金大幅度增加,它与预算内收入之比年为 4.2%,1978 年为 31%,1989 年则增加到 94.8%。国民收入分配结构和资金分配结构从高度集中的格局向分散化格局的变化,使得储蓄主体各积累主体多元化,从而导致投资主体和投资资金来源的多元化。投资主体由原来单一的国家主体变成国家、企业、个人多元主体,投资资金

来源来源也由以国家财政为主变为通过银行贷款、自筹资金等非行政方式为主,见表6:

表6 固定资产投资和基本建设投资资金来源结构 单位:%

资金来源	1985年	1986年	1987年	1988年	1989年	1990年
一、全社会固定资产投资						
国家预算内投资	16	14.6	13.1	9.1	8.3	8.7
国内贷款	20.1	21.1	23	20.6	17.3	19.6
利用外资	3.6	4.4	4.8	5.8	6.6	6.3
自筹投资		49.3	47.9		56.9	52.4
其他投资	60.3	10.6	11.2	64.5	10.9	13.1
二、基本建设投资						
国家预算内投资	35.5	35.5	32.6	24.2	20.8	21.3
国内贷款	1.5	17	19	18.1	18.9	22.2
利用外资	6.8	9.3	10.3	13.9	14.3	13.1
自筹投资	31.6	29.3	28.5	31	31.9	31.1
其他投资	8.5	8.9	9.5	12.8	14.4	12.2

资料来源:根据《中国统计年鉴1991》第143、150页数字计算。

信用型筹资机制成为社会资金流动的主渠道。主要表现在:银行信用系统取代财政系统成为货币资金运动的主渠道;国家信用(国债)成为货币资金筹集的重要手段,国债投入占财政总收入的比重由1979年的3.2%上升到1994年的20%;生产中的自筹投资主要以民间信用和社会集资的形式,遵循信用原则。

(二)改革以来产业结构的变化

改革以来筹融资机制的转换以及投资主体的变化,使投资结构从而使产业结构发生明显变化，突出表现为加工工业特别是轻加工工业获得投资的倾斜，得到大大发展。

从历史的角度来看，这是对70年代以前那种过分偏重于重工业的投资结构的纠正。投资结构以至整个资源和资金配置机制的转变，大大促进了国民经济的繁荣。在传统的筹资和投资体制下，自行车、手表、缝纫机等行业30年没能真正过关，长期凭票供应，而改革后用了不到10年时间，就使电视机电、冰箱、洗衣机、收录机等产品彻底改变了供不应求的局面，新产品和新行业的形成和发展远非前30年所能比拟。其中最根本的原因之一，就是筹资机制和投资体制的转换为产业发展注入了动力和活力，大大提高了工业体系的供给弹性，只要市场需要工业生产部门很快就能在投资和生产上做出反应，即能将大量的产品投放市场。

改革以来，我国工业的高加工度系数快速上升，与表7联系起来，不难发现，改革以来中国的重工业化过程逐渐为高加工度化过程所取代，这是工业化阶段演进的合理趋势。

表7　中国高加工度化系统数变化的阶段性特征

年份	高加工度化系数年度数	年份	高加工度化系数年平均数
1952	1.51	1958—1962	1.81
1930	1.94	1963—1970	20.2
1970	2.01	1971—1978	2.07
1978	2.15	1979—1988	2.23
1983	2.06	1979—1983	2
1988	2.75	1984—1988	2.45

资料来源：根据《中国统计年鉴1991》，第25页。

但是，改革还处在复杂的问题当中，并且我国改革的“渐进”的特性，使改革在体制外的推动、较缓的利益格局变动中稳步推进时，常常也因为新旧体制的摩擦给经济带来不利的影响。

（三）对经济体制改革与产业结构成长关系的再思考

经济体制改革和产业结构成长的关系，相互促进的一方面同上面讲的类似。但是，在经济运行机制的改变和产业结构的成长过程中，也存在变动不协调的情况，带来新的问题；

1.总供求矛盾。机制改革更多地涉及需求结构的变动，调整社会各阶层的收入水平，或者变动价格水平等，会迅速地传递需求结构并立即在社会消费倾向中得到反映，而以产业成长为背景的供给结构却不可能在很短的时间内发生变动，在市场上表现为一方面某些产品供不应求，一方面某些产品又积压严重，总供求之间结构上的不平衡十分严重。

2.价格改革以“双轨制”为主导思想，居民日用小商品、轻工商品的价格最先放开并实现市场化。国家考虑到基础产品价格的影响面太大，一直对其控制，结果在比价关系中，受国家控制的基础产品价格一直处于偏低的不利位置，社会基础产业企业也因此少利润、多亏损、缺乏自我积累自我改造自我发展的能力。

3.企业改革中，对于轻工、商贸、餐饮等行业的企业，国家放手的步子较大，承包、租赁、拍卖各种形式都采用，大多个体、集体和私营企业，在改革之初起步时，也从事商业、轻加工业，如今这些企业创造了我国一半以上的产值和收入，它们的壮大带来了所从事的行业的发展。相反，在重工业、基础产业中，绝大多数是国有大中型企业，国家对它们的改革动作相对来说要小得多，谨慎自然有谨慎的道理，但是这些企业大多没有搞活，从而该类产业发展严重滞后也是事实。

4.财力分散化，地方投资决策偏离。改革已使传统体制下全部投资由中央财政拨款的单一化投资决策结构转变为多元化、多层次的投资决策结构，地方一级的投资决策作用变得格外突出。由于地方政府在经济发展上缺乏连贯性的长期设想，投资集中于高附加价值的加工工业部门，而对短期内提供税利较少的基础产业发展很少。这样，就打击了以国家财政为背景的基础的产业的发展，也打击了以钢铁、化学、机械等为中心的重化工业化进程。

5.金融结构的问题。根据统计，我国银行贷款的80%的最初投向都是国有大中型企业，然而国民生产总值的一半以上是由非国有企业创造的。金融体系中缺乏为非国有的中小型企业服务的金融机构，这一方面不利于经济的发展，另一方面也必然造成集资与拆借的现象，货币资金总会有一部分由银行、国有企业流向那些效益好的非国有中小企业。

对于后发国家来说，为了实现赶超，必须保持较快的经济增长速度，必须快速实现产业的高度化，为此，就要实行一定倾斜的产业发展方式：倾斜发展能够集中有限的资金于重要的生产部门，促进前后向关联度较高产业的增长，从而带动整个产业结构成长；倾斜发展资本形成能力强、生产效率高的产业，有助于国内经济迅速摆脱对外国资本的依赖，较快形成国际竞争能力；倾斜于高发展技术密度和高效率的产业，可以提高国内经济对先进技术和工艺的吸收消化能力，通过系列化的配套来带动整个产业技术水平的提高，为实现创新奠定基础。

然而，实现倾斜的发展方式，需要强调经济中计划和组织的倾向性，强调国家和政府的作用，在我国经济体制改革过程中，自觉地实行倾斜的发展方式，就要解决好以下几个问题：

第一，企业的产权改革。这里有两层含义，一是要实现国有产权明晰化，使国有企业真正成为“四自”的主体；二是要改变基础产业、重工业当中国家独资的局面，允许这些重点产业一定程度上的产权多元化，投资主体多元化。中国的经济改革必须使重点产业的国有大中型企业产权明晰化、多元化，使这些大企业通过追求自身发展而对产业结构产生协调能力，同时也把国家从加强控制与放松管理的两难境地中解脱出来。重点产业企业通过自身努力发展壮大，是经济改革与产业结构成长的关键衔接点。

第二，价格改革。要加快基础产业价格体制的改革，理顺价格关系和价格形成机制，进一步消除失真的价格信号对资源配置和生产要素流动的误导。通过基础产业价格改革，一方面刺激基础产业部门和其他部门对基础产业的投资欲望，提高其投资能力，另一方面减轻其他部门对基础产业的过度需求，提高瓶颈产品使用效率。为防止基础产品价格上涨后出现比价复归，国家要从总量上管住货币供应量，保持总供给与总需求的大体平衡。

第三，政府事权的划分。政府在市场经济条件下的事权必须明确，对于不该参与的竞争性项目，一定要退出投资；而将资金集中于基础性、公益性的项目。在这一点上，中央政府应该用严肃的法规约束各级政府的行为。

第四，财政、金融制度/产业的倾斜发展。必须要有资金的倾斜支持。除了财政税收、银行信贷的倾斜政策，还要建立财政投融资体制。由于金融渠道的货币资金流量的份额越来越大，探讨金融政策对产业结构成长的支持，就是一个十分重要的问题了。

（四）产业倾斜发展下的金融体系

从我国产业结构的现状来看，实行倾斜的产业发展政策是必要的。这是因为，一方面我国现存的产业结构有很多问题需要调整，农业发展水平落后，工农业关系重新出现较为严重的不协调；能源、交通、通讯重要原材料等基础工业和基础设施严重滞后于加工工业；产业技术设备老化，劳动者技术水平低，等等。另一方面，我国作为落后国家，要想赶超发达国家必须使经济保持较高的增长速度，迅速实现产业结构的高度化，这就需要重点发展前后向关联程度高、有较大潜力提高劳动生产率、在国内与国际市场上有较大需求的产业，如钢铁、汽车、住宅建筑等。所以，无论从存量的产业结构调整，还是从增量的产业结构成长来看，都需要实行一定倾斜的产业发展政策。金融在这种产业发展中的作用是巨大的，第四节中论述过，从广义上讲，金融增长与发展，如货币化的提高，金融结构的多元化，利率、货币资金配置的市场调节，发展金融市场，都有利于产业结构水平上升与效益提高的一面。从狭义上说，货币资金自觉地倾斜流向于重点产业，是金融促进产业结构成长的关键。

我国与国外的情况有很大区别，国外建立商业银行与政策性银行相结合的金融体系的初衷是发挥商业银行在金融领域货币资金配置的基础性调节作用。商业银行本着盈利性、安全性、流动性的原则开展其资产负债业务，促使货币资金流向利润高的部门和企业，实现资金优化配置，同时“建立起有借有还、借贷有息”的信用原则。政策性银行贯彻政府的经济政策，弥补商业性金融机构机制与作用的不足。它将财政的“无偿拨付”和金融的“有偿借贷”

双重机制有机结合起来，对社会基础产业或重点产业发放低息或无息贷款，为这类产业融通更多的资金，促进它们的发展。

我国建立政策性银行，除了配合倾斜的产业发展政策还有一项重要的考虑：通过成立政策性银行，把国有专业银行的不良贷款，特别是与政策性贷款有关的呆滞贷款债务划分清楚，使国有专业银行从沉重的“呆账”包袱中解脱出来，实现商业化。这一点与国外政策性金融体制走过的路径截然不同。国外往往是在有了相对发达的金融商业银行之后，分离出政策性银行。而我国目前是在国家专业银行向商业银行转轨步履艰难的过程中催生出三家政策性银行的中央机构框架，这将对我国的金融制度的改革带来种种影响。

1. 商业银行与政策性银行

为了进一步探讨建立促进产业结构成长的金融体系，有必要研究我国商业银行与政策性银行之间的关系。

我国政策性银行的建立，为引导货币资金朝着促进产业发展的倾斜流动方面做金融制度上的准备。随着政策性投融规模的扩大，政策性银行将对基础产业和重点项目的发展起着重要的促进作用。然而，正像前面指出的，我国政策性银行的组建不是建立在社会存在规范信用基础上，而是经济和金融体制改革辗转中催生的产物，从它诞生时起就陷入了几个矛盾中：

一是政府可支配资金与需求的矛盾。以开发银行为例，财政拨付的注册资本金是个定数，增量有限；向中央银行申请再贷款规模受到央行优先保证货币信贷总量控制目标的制约；发行金融债券与财政发行国债形成对国家专业银行资产总量和信贷规模的挤压；资金来源受到限制。而各类投资主体在现有投资利益格局下，都存在投资的冲动欲望，尤其是对于政策性资金的需求更大。

二是资金使用效益不高的现实矛盾。国有企业普遍亏损，而政策性投融资项目的主要受贷方往往是这类企业。基础产业和重点项目的特征往往是工期长、经济效益差，按期收回贷款和保本经营的目标很难实现，很可能使政策性银行在投融资资金调度方面步入发新债还旧债的循环之中。

同国有专业银行商业化一样，政策性银行的政策成功与否，根本前提就是国有企业在产权制度上和破产管理上的实质改革，这也是产业发展与经济改革的衔接之处。

政策性银行是金融体系中的辅助金融机构在促进产业结构成长方面它虽然有很重要的作用，但即使在这方面它的地位也是诱导和补充商业银行的融资机制。政策性银行一方面通过向基础产业重点项目投资贷款增加它们的资金来源，另一方面通过对重点产业的资金支持和贷款担保吸引商业银行进一步增加对这些产业的贷款。

2.金融市场

发展金融市场是我国企业改革、银行改革和货币调控改革的结合点之一。基础产业与重点产业领域的产权改革，搞活这些产业中的国有大中型企业，通过企业效益提高来带动该类产业的发展，是经济改革与产业结构成长的衔接点。银行贷款倾斜只是有助于增量产业结构的调整，而国有资产存量的盘活，必须要借助各种产权交易市场。

票据市场等货币市场的发展，是中央银行货币调控改革环境建设的重要内容。中央银行通过对商业银行持有票据的再贴现，既可以调控宏观的货币总量，又可以引导商业银行的信贷投向于国家重点产业，财政发行国库券、国家重点建设债券，将吸收的货币资金通过政策性银行转贷给基础产业和重点项目企业。国家也可以给重点产业企业发行债券一些优惠权利，支持这类企业的市场筹资的方式吸收更多的资金。

金融市场可以多种形式地发展，但是它作为经济金融领域的一块重要枢纽，要求企业、银行、政府这些市场参与主体具有较高的规范性，需要这些主体进行深层次改革。

（五）货币政策与信贷政策

在传统体制下，人民银行只有信贷政策而没有货币政策的概念，人民银行主要通过制订和执行信贷计划来配合国家对经济的全面计划管理。

信贷计划作为信贷政策的主要工具，一方面确定了全国的信贷总量，包括了货币政策方面的某些内容，一方面也规定了全国信贷总量及各国专业银行信贷发放额中投放于各产业的比例，支持着国家产业政策的落实。但是从根本上来说，信贷计划还是计划经济的手段，在今天微观经济主体搞活、商品市场与金融市场不断发展的市场导向改革中越来越暴露出其局限性，国家计划不可能真实反映市场的复杂情况，也不会随市场形势的变化及时调整，抑制了市场机制发挥基础的调节作用。

随着人民银行的中央银行地位的确立及其稳定币值的货币政策目标的确定，人们越来越强调人民银行在调控宏观经济松紧方面的作用，并推动这方面改革。存款准备金率、再贷款、利率公开市场操作等一系列货币政策手段逐渐推出并经常扩大地运用。而信贷政策由于其“计划分配贷款”、“政策贷款”的历史烙印，被认为在今后改革中应逐步取消。有时也被等同于货币政策，认为在改革中随着宏观调控的间接化可被货币政策取而代之。

事实上，对于今天我国向市场经济过渡的经济体制及其中的人民银行来说，货币政策与信贷政策作为国家宏观调控的手段，都是必要的。至少在目前金融市场上资金流动还不充分、产业结构还不协调、工业化还没有实现、财政资金非常有限的情况下，信贷政策还要发挥重要作用。但是信贷政策与货币政策在政策目标、制订方式、运作机制上应该有着区别：

1.政策目标。货币政策要解决的是总量问题，通过调节货币供应，推动市场总供求平衡的实现。货币政策目标是保持货币币值的稳定，从总量方面入手为社会经济以最快的速度持续稳定发展创造必需的货币环境。信贷政策要解决的是信贷资金分配结构问题，其目标是引导信贷资金投向来促进产业结构、产品结构及经济规模的优化，从结构方面促进社会经济以最快的速度持续稳定发展。

2.制订方式。货币政策由人民银行在国务院领导下制订，货币政策委员会是制订货币政策的权力机构。信贷政策应由人民银行会同国家经济宏观管理的有关职能部门定期制订、修订和发布。

3.运作机制。人民银行运用存款准备金率、再贷款、利率、公开市场及贷款限额等手段来贯彻实施其货币政策。信贷政策要与财政投资及贴息政策、税收政策、价格补贴政策有机配合，人民银行可以通过对政策性银行与商业银行再贷款、信贷指导性计划、差别再贴现率等手段来实施信贷政策。

我国的中央银行——中国人民银行，既是货币政策，又是信贷政策的制订者和实施者，必须要考虑两种政策的配合，从调控货币总量和引导货币流向两个角度来为经济发展创造条件。货币政策与信贷政策的结合,主要有两方面含义:一是人民银行调控货币总量的同时,要兼顾引导货币的流向,二是货币政策与信贷政策朝市场化方向改革的进程要相互协调。

我国中央银行的货币调控,目前还是以计划手段为主,对货币总量与投向都产生影响。我国的货币调控基本上是侧重调控的数量到位,还较少起到市场信号的引导作用。无论从我国目前的金融基础如商业银行还很不规范、金融市场不发达、金融资产数量及种类较少、金融法规不健全等角度来看,还是从我国产业结构水平不高、市场经济体制没建立起来、商品价格水平不太合理、产业平均利润率还没有形成的基础出发,我国中央银行的货币政策与信贷政策的改革都还需要一个过程,逐渐向市场化过渡的同时,货币政策与信贷政策的结合,对于有效控制宏观松紧、引导货币资金流向、促进产业结构成长都是非常必要的。

货币政策与信贷政策的结合,首先表现在政策的制订、实施和工具的运用等几方面,其中政策工具的选择关系到改革与有效调控两个重点,可以考虑以下几种方式:

第一,贷款规模与结构的指导性计划。这种计划主要是为商业银行提供市场信息和政策建议,指出重点支持的产业,它不具有行政指令性,但是如果不遵守,中央银行可以在再贷款上给予高利率惩罚。

第二,再贷款。商业银行较好地执行了中央银行的贷款规模和结构计划的,当它在正常经营但出现了资金短缺时,中央银行可给予再贷款支持,同时可以规定再贷款的产业投向。

第三,再贴现。为了支持国家重点产业企业的发展,可以给予这些企业发行债券的优惠权利，商业银行持有这些重点产业企业的债券，可以到中央银行优先再贴现。

第四，增加国债的种类和发行量。一方面为财政通过政策性银行转贷提供更多的资金来源，一方面也为中央银行进行公开市场操作提供合适的工具。

货币政策与信贷政策的结合，还表现在二者向市场化改革时要相互协调。要逐渐采用间接的调控方式来取代直接的控制手段，如减少指令性信贷计划的数量、扩大票据贴现的范围和比重、培育货币市场等。对二者同样重要的是，积极推进企业产权、专业银行商业化等经济主体的改革。改革的重要方法论之一就是要全面配套，同时也要认清主次，分出难易，抓住线索，确定次序。在微观主体搞活的基础上加强宏观调控，也许是货币、信贷调控改革的基本依据吧。

参考文献

贝多广：《中国资金流动分析》，上海三联书店 1989 年版。
贝多广：《宏观金融论》，上海三联书店 1988 版。
陈淮：《日本产业政策研究》，中国人民大学出版社 1991 年版。
郭克莎：《中国改革中的经济增长与结构变动》，上海三联书店 1993 年版。
郭树清、韩文秀：《中国 GNP 的分配和使用》，中国人民大学出版社 1991 年版。
金碚：《中国工业化经济分析》，中国人民大学出版社 1994 年版。
〔美〕雷蒙德·戈德史密斯：《金融结构与发展》，中国社会科学出版社 1993 年。
刘伟、杨云龙：《中国产业经济分析》，中国国际广播出版社 1994 年版。
〔美〕爱德华·肖：《经济发展中的金融深化》，王威译，中国社会科学出版社 1989 年版。
杨沐：《产业政策研究》，上海三联书店 1993 年版。

杨治:《产业经济学》,中国人民大学出版社 1985 年版。
张志超:《韩国市场经济体制》,兰州大学出版社 1994 年版。
中国人民银行计划资金司:《信贷政策与产业结构调整》,中国金融出版社 1991 年版。
周慕冰:《西方货币政策理论与中国货币政策实践》,中国金融出版社 1993 年版。
周叔莲、杨沐:《国外产业政策研究》,经济管理出版社 1988 年版。
左中海:《日本市场经济体制》,兰州大学出版社 1993 年版。
朱争鸣、王忠民:《产业结构成长论》,浙江人民出版社 1989 年版。

非均衡的中国与国际经济[①]

摘要:21 世纪经济全球化进程加速，资本、技术、劳动力、资源在全世界范围重组，发达国家制造业转移主要转向中国等国家。中国对外贸易增加，反映了中国市场经济体制成长、产业结构升级、可贸易商品劳动生产率提高等进步，同时也暴露出储蓄持续大于投资、内需不够充足等问题。中国需要在保持宏观总量稳定情况下，加快国内经济改革，出台劳动保障、社会保障、加强教育、保护环境、开发消费点等方面的结构政策。

2005 年中国对外贸易保持快速增长，前三季度外贸进出口总额 10 245 亿美元，同比增长 23.7%，实现外贸顺差 683 亿美元，比 1998 年曾出现的历史最高额 435 亿美元还高 248 亿美元。[②] 中国贸易顺差大量增加，人民币汇率问题被很多人拿来做文章，似乎贸易顺差的直接原因是人民币汇率低估，逆差国的官员也常常在各种会议上向施压人民币升值。实际上，近年来中国外贸顺差增加，深

① 本文部分发表于 2005 年 10 月 21 日《上海证券报》。

② 中国海关总署：www.customs.gov.cn。

层次原因是经济全球化促使国际产业转移加速，国际经济形势向好背景下国际市场对中国产品需求增加，以及中国内部储蓄、投资和消费比例不够协调等。汇率对外贸收支的影响远远不如以上因素。

一、国际产业转移加快造成国际贸易收支失衡加重

21世纪以来经济全球化进程加速，资本、技术、劳动力、资源在全世界范围大规模重组，促使国际分工迅速发生变化，国际产业大规模转移，发达国家制造业转移主要转向中国、东南亚国家，服务业主要外包给印度等国家，发达国家经济增长更多地依赖其技术创新、品牌设计和制度先进的优势。国际产业转移大大促进了全球经济增长，但是也带来新的问题，发达国家出现制造业空心化现象，贸易逆差增加，发展中国家则担心经济安全不能得到充分保证。国际产业转移和国际贸易收支失衡也引发一些国家贸易保护主义抬头，贸易摩擦激化。国际经济在全球化背景下重组、磨合、调整。

在经济全球化的大潮中，每个国家都以自身资源禀赋、经济结构特征去适应和竞争在国际分工中的位置。目前国际产业资本流动的内容已经由初级产品资源开发转为制造业产品生产。中国有充足的劳动力资源，政治稳定，基础设施不断改善，劳动力技术学习能力不断增强，在制造业生产中具有巨大的优势；而发达国家的劳动力价格相当于中国十几倍甚至几十倍，在商品贸易上对中国优势不大。[①] 当前形成中国高额外贸顺差的首要原因是世界分工

---

① 世界经济论坛：《全球竞争力报告》，2002年—2005年。

格局和国际经济形势。2005 年中国经济在宏观调控下仍然保持高增长,原因之一就是国际经济形势向好,国际市场对中国产品需求旺盛。

二、 美国经济调整是国际货币体系不稳定的根本因素

第二次世界大战后,美国处于世界经济霸主的地位,美元成为最主要的国际储备货币。以美元为核心的国际货币体系存在“特里芬难题”[①]:美国的外贸收支不平衡是各国储备资产流动性的来源,但是美国的收支不平衡又使其他国家降低对美元的信心,致使美元作为国际储备货币地位下降;如果美国外贸收支平衡,各国储备资产流动性会下降,国际货币体系也将不稳定。从“特里芬难题”角度来看,在以美元为核心的国际货币体系下,只有美国技术进步、利率水平及其综合实力对美元汇率的支持足以弥补其逆差对美元汇率的压力时,美元才会趋稳或走强,国际货币体系才能比较稳定。

战后 60 年来,随着国际经济竞争发展,美国经济也在不断调整,影响到美元汇率时强时弱,造成金融市场动荡。20 世纪七八十年代,美国贸易逆差增加,国际货币体系趋于多元化,黄金、特别提款权、英镑、马克、日元在各国外汇储备中的比重越来越高,市场看弱美国经济和美元。而到了 90 年代,美国在信息、计算机、金融服务业等领域技术创新卓著,美国经济持续走强,加上国际政治上

① 〔美〕罗伯特·特里芬:《黄金与美元危机——自由兑换的未来》,陈尚霖、雷达译,商务印书馆 1997 年版。

的东欧剧变，美国国际霸主地位巩固，美元则再次被看好、走强。2000 年后，美国经济处于周期调整中，9·11 事件又造成巨大冲击，美联储连续下调利率，致使美元流动性泛滥全球。同时，美国大量制造业转移境外，经常项目逆差扩大，更促使美元汇率一路走低。

由于美国贸易计价采用美元，美国也不存在外汇储备问题，所以美元汇率变化，对于美国来说不存在汇率风险、货币错配、储备贬值等问题，其汇率与利率一样，都可以视作经济内部调控工具。但是美元汇率波动，对于以美元为储备和贸易计价货币的发展中国家来说，却会造成巨大冲击和振荡。

三、 中国经济增长方式和增长结构酝酿重大转变

改革开放以来中国经济在多数时间处于非均衡状态下运行。中国商品的总供求情况，从 20 世纪 90 年代中期前的短缺，演变成 90 年代后期以来可贸易商品的相对过剩。从对外贸易的角度来看，90 年代前中国外贸逆差较多，1990 年后，除了 1993 年，中国对外贸易都为顺差，且顺差逐渐增加，这反映了中国市场经济体制成长、产业结构升级、可贸易商品劳动生产率提高等进步。同时，经济运行中也暴露出储蓄持续大于投资、内需不够充足特别是消费增长速度趋缓等问题。

首先，中国生产中资源、能源消耗浪费严重。中国出口的产品存在高物耗、高能耗、高污染、低附加值的特征，致使经济在实现高速增长同时社会福利却有增有损，经济增长可持续性也不能保证。其次，投资、消费比例不够协调。2003 年以来我国投资消费增速

差距加大,2005 年尽管二者差距有所缩小,但是仍然保持在 15 个百分点左右。2004 年我国投资率为 43.0%,比 2000 年高 7.7 个百分点,比投资严重膨胀的 1993 年还高 0.4 个百分点;2004 年消费率为 54.4%,比 2000 年低 7.9 个百分点,为改革开放以来的最低点。[①] 投资、消费比例不协调将对经济增长产生不利影响。还有,农民、制造业工人收入过低,缺乏劳动保护和充分的医疗养老等社会保障,致使消费增速难有大幅度上升。

近年来中国的经济规模扩张,国际影响迅速增大,但是全球竞争力却连续 3 年下跌,由 2002 年 33 位下降到 2005 年的 49 位。[②] 在新时期实现经济全面协调可持续发展,需要对经济增长方式和增长结构进行重大调整。

四、 中国经济将在内外不均衡环境中加快改革

未来一段时间内,中国经济将继续在内部和外部非均衡的环境下运行发展。针对能源资源利用效率低、内需结构不协调、收入分化加剧、消费有待进一步扩大等问题,中国需要在保持宏观总量稳定情况下,加快国内经济改革,出台劳动保障、社会保障、加强教育、保护环境、开发消费点等方面的结构政策。

在经济全球整合并出现多极化趋势背景下,可以考虑适时调整外汇储备结构,形成外汇储备多元化。人民币汇率形成机制改革,增强了国内市场与国际市场的联动机制,对于发展中国外汇市

① 国家统计局:《中国统计年鉴 2004》。

② 世界经济论坛:《全球竞争力报告》,2002 年—2005 年。

场和金融市场起到推动作用。但是,汇率水平的变化对于解决中国经济结构问题作用有限。在目前国际产业转移、经济全球化的背景下,像中国这样禀赋的国家如果过度强调通过汇率水平变动来实现国际收支平衡,很可能面临这样一种局面:逐日人看见太阳西下往西追,还没有见到夕阳,太阳已经从东边升起来了。

参考文献

〔美〕罗伯特·特里芬:《黄金与美元危机——自由兑换的未来》,陈尚霖、雷达译,商务印书馆 1997 年版。

美国引领全球产业升级与重组①

摘要：近20多年来，美国产业结构变化明显，制造业产值比例和就业人数比例下降，金融、专业服务业产值比例、就业人数比例上升。美国产业升级和经济转型，延长了全球经济产业链，拓展了全球经济发展的空间。全球化加快了中国的工业化、城镇化发展，促进了中国产业结构升级。提高中国产业结构，需要继续开放、革新。

20世纪90年代以来，世界政治、经济格局发生了重大变革。苏联、东欧政治巨变，美国在政治、军事上成为唯一超级大国。与此同时，美国经济在技术创新、产业升级和政策支持下，实现了令人出乎意料的持续快速增长。在大多计划经济国家经济向市场经济转轨的同时，美国主导市场经济的全球化，1995年世界贸易组织成立，经济全球化、产业在全世界重组进程加快，而美国一直在全球产业升级和重组中居于主导地位，引领世界经济发展，实现美国利益最大化。

① 本文部分发表于2006年7月17日《上海证券报》。

一、　美国产业升级明显，经济结构出现重大变化

根据美国商务部的产业分类和统计[①]，近 20 多年来，无论是从各产业产值占 GDP 的比重来看，还是从各产业从业人数占总就业人数的比重来看，美国产业结构变化非常明显。其大趋势是：农业、制造业、运输和仓储业、商业产值占 GDP 比重持续下降，由 1985 年的 37%下降到 2005 年的 28%，其中制造业降幅最大，由 18%下降到 12%；而信息、金融与保险、房地产、专业服务、教育和医疗、艺术与娱乐等服务业产值比重上升，由 1985 年的 38%上升到 2005 年的 49%，其中金融与保险、专业服务、教育和医疗行业的产值占比升幅较大，分别为 2—3 个百分点左右（图 1）。从就业人数比例来看，制造业就业人数占比由 20%下降到 10%，金融和专业服务业就业人数占比由 30%上升到 50%（图 2）。

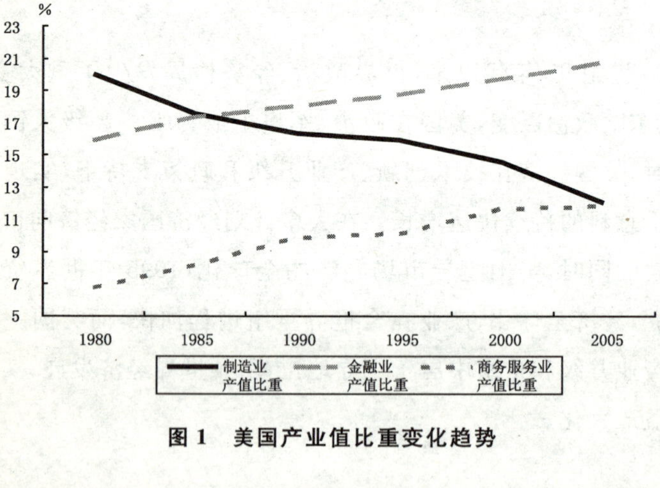

图 1　美国产业值比重变化趋势

① 美国商务部：www.commerce.gov。

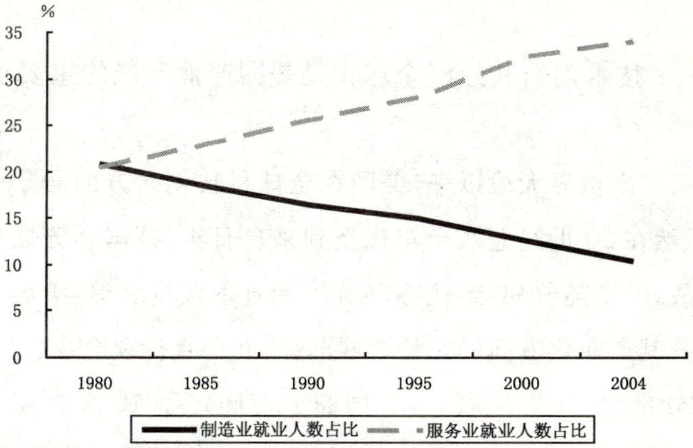

图 2　美国就业人数占比变化趋势

资料来源：美国商务部。

美国产业升级明显，使经济结构出现重大变化，即制造业产值比例和就业人数比例下降，金融、专业服务业产值比例以及就业人数比例上升，美国经济越来越趋于“白领化”。尽管近年来美国制造业优势趋于减弱，贸易逆差不断增加，但是美国经济增长强劲，就业形势良好，失业率处于历史低位，保持在5%以内。这充分说明美国制造业地位的下降，更多的是产业升级转型而不是国际竞争失利的结果。制造、运输和农业占其经济的比重越来越低，金融、教育、专业服务业比重上升，在一定程度上，美国本土车间、工厂与仓库越来越少。在经济全球化的背景下，美国越来越成为一个全世界经济体的总部，研发、金融投资、教育、专业服务成为美国本土经济的主体活动。

二、 技术创新和经济全球化是美国产业升级的重要动因

第二次世界大战以来，美国在全球科技创新方面居于领先地位，虽然在20世纪七八十年代受到来自日本、德国和苏联的强有力挑战，但是随着90年代苏联解体和日本经济衰退，美国在科技创新及其产业化方面的优势再次凸显，并一直持续至今。

20世纪90年代以后，美国商务部确定了10大类高技术领域，包括生物技术、生命科学、光电技术、计算机及通信技术、电子技术、计算机集成制造技术、材料设计技术、航天技术、武器技术以及核技术等，美国在这些领域具有突出的领先优势。90年代下半叶，美国创新信息技术并将其产业化，开创了新经济时代，各产业在软件及信息技术设备上的大量投资使90年代美国投资增长率高达10%左右，到1999年各产业的软件及信息技术设备总投资的实际增长率是12%，其中软件及信息技术设备的对总投资增长率的贡献超过了75%。尽管在2001年网络泡沫破灭，信息经济受到挤压，但是信息产业已经建立，信息科技对发展创新产业、提高经济效率产生的积极影响仍在不断显现。生物技术方面，美国在克隆与转基因技术、现代生物医药、生物信息技术等取得巨大进展，产业化过程加快。1 300家美国生物技术企业中上市企业近400家。1993—1999年间该产业规模已翻了一番，成为推动美国新经济发展的重要力量。[①]

除了在科技创新及其产业化方面的领先优势，近20年来美国

① 美国商务部：www.commerce.gov。

市场经济全球化，引导产品市场、劳动力市场和资本市场在全球进行资源和资金配置，也有力地促进了美国产业升级。20世纪90年代后，美国开始大规模以外包与定制组织全球劳动力市场，将生产厂房转移到海外，本土劳动力更多的从事专业服务活动。美国软件与IT外包产业占全球软件与IT外包产业总量的40%。2003年美国软件与IT外包产业的市场规模为2 000亿美元，其中离岸部分为总量的10%达到200亿美元。[①] 美国三大汽车制造企业在1996—2000年5年中，零部件外包金额年均增长19.6%，2000年达到1 350亿美元。[②] 美国企业收入和利润越来越多地来源于全球市场。美国企业通过在研发上的投入，掌握了大量核心的知识产权，通过在市场开拓上的投入，掌握了产品的定价权。企业占据了价值链上主导性的、利润丰厚的位置。2004年，花旗集团来自美国以外的营业收入已经达到了总收入的72%，迪士尼的海外收入达67亿美元，占全部收入的22%，可口可乐和麦当劳等商业巨头每年海外收入通常占到总收入的65%。[③] 近年来美国贸易逆差的大幅度上升，一方面与美国消费主导的经济增长有关，储蓄率持续偏低，另一方面是由于美国经济转型，大规模生产外包使美国对外经济交易方式发生了变化。

由于发达的金融业，美元、美国金融机构、美国金融市场作为国际金融核心的地位更加巩固，美国成为全球资本配置中心。资本流入弥补了美国国内贸易逆差和储蓄不足。从1980年以来，美

① Thomas L. Friedman (2005), *The World is Flat: A Brief History of the Twenty-First Century*, New York, Farrar, Straus and Giroux.

② 数据来源：美国通用、福特、克莱斯勒汽车制造商年报。

③ 数据来源：花旗、迪士尼、可口可乐、麦当劳2004年财报。

国资本账户始终是顺差，而经常账户除三年外（1980、1981 和 1991 年）都是逆差。特别是在 2002 年至 2004 年间，美国资本净流入大量增加，2004 年比 2001 年增加约 3 000 亿美元，相当于 GDP 的 5.7%。[①] 20 世纪 90 年代后，美国金融业在全球的领先优势扩大，也是美国产业升级的重要表现。

最后，政府的政策支持，既包括倡导经济自由化和全球化、放松金融管制促进竞争，也包括通过财政、税收支持企业增强研发，对于加快产业升级也发挥了重要作用。

三、 产业升级促进美国经济持续快速增长

20 世纪 90 年代以来，美国经济在产业升级和全球化重组的背景下，实现了持续较快增长，1992—2000 年年均 GDP 增长率达到 4%，近三年年均 GDP 增速也在 3.5%以上。除了快速增长，美国宏观经济运行还表现出以下新的特点。

一是在产业重组背景下对经济领域不同问题的关注程度不同。从通胀角度来看，对于 2002 年以来全球资源、能源商品价格的大幅度上涨，美国最关注的是石油价格，但是对油价上涨承受力相对也大大提高。由于制造业在经济中的比重大大降低，对于铜、锌等有色金属价格的上涨和波动，美国政府基本采取了不管不问的态度。对于石油价格，美国政府和联储系统始终高度关注，主要是因为石油仍然是美国经济运行的基础能源，对于消费价格影响重大。在 2006 年 4 月石油价格快速上涨时，布什总统曾经命令能

① 美国经济分析局：www.bea.gov。

源部暂时停止增加石油储备，以抑制市场油价上涨过快。

二是美国经济灵活性增强。通过放松对通讯、能源、金融等行业的管制，促进竞争，美国经济提高了资源配置效率。随着信息技术发展，企业管理库存的效率大大提高。原来企业发现库存失衡的时间需要几个星期，此间存货的不足或过剩问题会被放大，而目前大多企业可以及时发现库存积压或短缺，甚至做到库存实时监控。企业微观运营效率提高增强了宏观经济运行的灵活性。

三是抗风险能力提高。在近 20 年来美国历史上，无论是 1987 年股市的狂跌，2000 年的网络经济和股市泡沫破灭，还是 2001 年的 9.11 事件，都没有造成经济金融危机，美国经济、金融体系创新，资本市场和衍生金融产品发展，形成了良好的风险的分散机制，抗风险能力提高。①

美国产业的升级和经济转型，延长了全球经济产业链，拓展了全球经济发展的空间。产业转移和生产外包促进了中国、印度等国经济快速增长，而美国和新兴市场经济国家的蓬勃发展，也带动了日本和欧洲经济的复苏。以日本为例，在美国引领的信息经济大潮中，日本企业创新能力提高，以无线网络为主的 IT 产业及软件产业以及以电子预警、通信系统、战机研发系统等为核心的现代军工产业迅速上升；传统产业竞争力增强，以石油开采及其设备生产等能源、环保产业强劲扩张，海运、造船、钢铁、化工复兴，汽车产业竞争优势突出；面对亚洲新兴市场的资源需求高速增加，运输、物流业出现蓬勃发展。

展望当前美国经济走势，从短期宏观经济运行的角度来看，紧

---

① 美国经济分析局：www.bea.gov。

缩的货币政策使美国经济增长趋缓。1993—2000 年的网络经济扩张刺激美国企业大量投资和经济快速增长。2001 年网络泡沫破灭，美国经济急剧下滑，美联储持续下调利率。在经济全球化加速的背景下，菲利浦斯曲线趋于扁平化，房地产价格上涨，居民消费膨胀，经济增长、就业形势良好，通货膨胀相对保持在较低水平，美元充斥全球，美国企业全球布局，美元资本全球投资于商品、地产、股票等资产。从 2004 年 6 月末以来，美联储连续 17 次加息[①]，美元流动性逐渐收紧，通货膨胀处于可控状态之下，美国经济运行趋于平缓。从中期来看，企业利润率、生产率目前还保持高位，经济微观效益良好。产业发展前景也比较乐观，很多新技术特别是生物技术和材料技术逐步投入规模化产业运用，经济全球化重组空间仍然很大。

四、 中国在美国引领的全球经济竞争整合中博弈发展

世界各国在经济发展中既有协调，也有斗争，既有合作，也有竞争。美国作为当代最发达的、唯一的超级大国，其技术创新、经济调整既拓展了世界经济发展的空间，引领世界经济发展的潮流，也掠夺、控制了世界的资源和财富。美国在客观上促进了世界经济的发展，一定程度上也维护了世界经济的平稳运行，但是美国的政策无疑是国家利益至上。对于美国承担的大国责任如何，国际评价并不太高，在经济方面也是如此。1997 年亚洲金融危机，美国主导的国际货币基金组织并没有为危机缓解发挥太多正面作

① 美联储：www.federalreserve.gov。

用，主要还是亚洲国家自己勒紧肚子，艰苦渡过。美日的政治、军事同盟虽然在20世纪90年代得到进一步巩固，但是日本在日元对美元大幅度升值后采取了一系列错误宏观政策，导致日本经济十多年处于萧条状态，经济水平被美国远远甩在后面，美国对此心中欢喜。欧洲国家与美国同宗同盟，但是在欧元创立后，寻找合适时机打击欧元似乎成为美国国家政策的常规内容。

中国自1979年以来，发生着中国历史上没有过的、世界历史上也没有过的迅速变革。中国改革开放后产业结构迅速变化。在20世纪80年代初期，由于农业快速发展，重工业生产经历调整，工业产值占GDP比重有所下降。从1990年到2005年，中国工业化进程加速推进，农林牧渔业产值比例由27%下降到15%，以工业为主的第二产业产值由41%上升到52%，服务业产值比例变化不大，在32%左右。但是从就业人口比例来看，农林牧渔业人口比例由60%下降到44.8%，第二产业人口比例变化不大，18%左右，服务业人口由18.5%上升到31.4%。[①]

劳动力充裕甚至过剩，是中国经济的一个最基本特征，一定程度上也是中国参与国际竞争的最根本的优势。在经济全球化浪潮中，中国凭借充裕的劳动力资源把握住了制造业的竞争优势，吸引了国际投入到亚洲的一多半的直接投资，“中国制造”成为国际市场任何一个角落都难以躲避的品牌，以至于美国人对于中国的竞争力也开始感到几分恐惧，经济学家萨缪尔森也要思考一个问题：国际自由贸易，是否也可能存在对美国不利的情况？[②]

---

① 中华人民共和国国家统计局：《中国统计年鉴2005》，中国统计出版社2006年版。

② Samuelson, Paul P. (2004), “Where Ricardo and Mill Rebut and Confirm Arguments of Mainstream Economists Supporting Globalization”, *Journal of Economic Perspectives*, 18: 135－146.

全球化加快了中国的工业化、城镇化发展,促进了中国产业结构升级。但是中国目前仍然处在世界产业链的低端,获取着比较微薄的利润,在产品市场上缺乏自主设计能力,在资源市场上缺乏定价能力,在资本市场上甚至还没有充分的认知能力。中国的制造业企业在 20 多年的国际竞争中得到充分锤炼,众多民营企业也成长起来,相比之下,金融企业还没有走出一出现不良资产就由国家剥离的起跑预备阶段,金融改革之路漫长。

追求现代化是中国 1840 年以来历史的主题,历史也反复证明只有国际化才能现代化。在参与国际竞争、整合中,可以在多大程度上借助国际资本之力,如国有商业银行改革引进外国战略投资者,同时需要多大程度上在与狼共舞的同时保持警惕,以避免宏观政策失误,避免被外国资本控制拳头产业与企业。中国人在从没有面对过的迅速变革与挑战中,需要具有坚实的信念与充足的智慧,需要更多的自由、独立、理性的批判思考。

参考文献

Samuelson, Paul P. (2004), "Where Ricardo and Mill Rebut and Confirm Arguments of Mainstream Economists Supporting Globalization", *Journal of Economic Perspectives*, 18:135-146.

Thomas L. Friedman (2005), *The World is Flat: A Brief History of the Twenty-First Century*, New York, Farrar, Straus and Giroux.

全球资本流动变化趋势与中国的政策协调[①]

摘要:1995—2005 年间,全球资本净输入国家趋于集中,美国资本流入占比不断上升,既体现了美国经济增长强劲、金融效率高的优势,也反映出美国贸易逆差加重、储蓄缺口扩大的现实。中国加入 WTO 后外贸顺差不断扩大,资本输出额持续上升。为提高增长质量,促进国际收支平衡,中国需要改善国内经济结构,改革工商劳动制度,并适当参与国际经济协调。

近十年来,在经济全球化加快的背景下,世界经济结构与资本流动出现了新变化。从经济结构的角度来看,美国引领全球产业升级延长了全球经济产业链,许多产业转移和生产外包促进了中国、印度等国经济快速增长,并带动了日本和欧洲经济的复苏;与此同时,美国在对外贸易领域支出持续大于收入,经常项目逆差不断扩大。从资本流动的角度来看,全球资本净输入国家趋于集中,美国资本流入占比不断上升,既体现了美国经济增长强劲、金融效率高的优势,也反映出美国贸易逆差加重、储蓄缺口扩大的现实。

① 本文部分发表于 2006 年 10 月 9 日《上海证券报》。

中国加入WTO后外贸顺差不断扩大，资本输出额持续上升。在清醒认识现实的基础上，改善国内经济结构，改革工商劳动制度，适当参与国际经济协调，成为未来一段时期中国经济政策的基本立足点。

一、全球资本流动出现新特征

20世纪90年代初，苏联、东欧政治经济体制巨变，世界格局发生重大变化。90年代至2004年的十多年间，美国经济实现了令人出乎意料的快速增长，而日本经济乏力萧条，欧洲经济表现平凡，以中国为代表的亚洲新兴市场经济国家增长迅速，在此背景下，全球资本流动发生了较大变化，主要有以下几点新特征①：

1.资本净输出国家趋于分散。20世纪90年代，日本成为全球最大的资本输出国。1995年，日本净资本输出占全球资本净输出总额的39%，世界最大五个资本输出国占比达到70%；到了2000年，这两个比例分别下降为24%和48%；而在2005年，又分别变成了20%和50%。资本净输出较多的国家（目前以日本、德国、中国、俄罗斯、沙特为主）数目趋于分散。

2.资本净输入国家趋于集中。20世纪80年代以来，美国一直是世界上最大的资本输入国。1995年美国资本净输入占全球33%，2000年上升到61%，2005年进一步上升到70%；与此同时，最大资本净输入的五个国家（主要是美国、英国、西班牙、澳大利亚和土耳其，见图1），占比从57%上升到88%。

---

①　国际清算银行：www.bis.org。

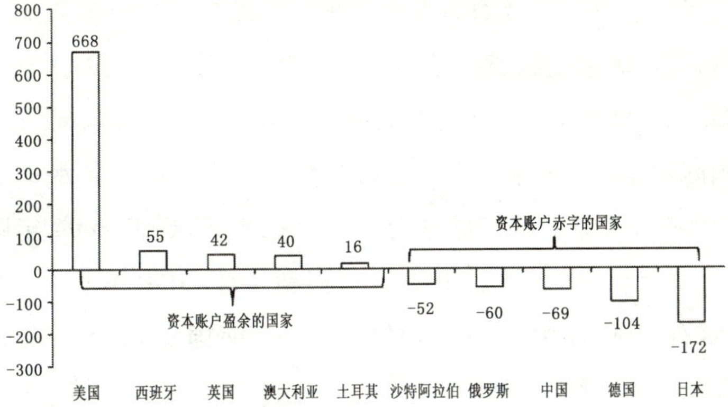

图 1　2004 年国际资本流入、流出分布(10 亿美元)

数据来源:国际清算银行。

3.资本净流出的地区发生变化,亚洲和中东国家变成重要的资本输出者。1995 年,亚洲国家整体为净资本流入地区,当年资本净流入 420 亿美元,其中中国资本净流入 20 亿美元。而到了 2004 年,亚洲成为资本净流出地区,当年资本净流出 930 亿美元,其中中国资本净流出 690 亿美元。与此相对应,发展中国家和新兴市场国家由资本净流入国变成重要的资本净流出国。1995 年发展中国家、新兴市场国家资本净流入 840 亿美元,2000 年变为资本净流出 910 亿美元,而到了 2004 年则进一步上升为净流出 3 670亿美元,但是这些国家在 FDI 领域保持净流入状态。中东石油国家由于资源优势,长期以来是国际资本输出的重要力量,近年来在国际原油价格暴涨的背景下,净资本流出由 1995 年的 10 亿美元,上升至 2004 年的 1 030 亿美元。①

4.全球外汇储备上升。资本账户与经常账户构成国际收支的

① 国际清算银行:www.bis.org。

主体，经常账户记录货物和服务的进出口收支，资本和金融账户记录着与其他国家金融资产交易，包括股票、债券、信贷、外国直接投资以及储备资产的变化。不同国家经常账户顺差或逆差额度的增加，国际资本流动规模的扩大，必然带来全球外汇储备水平的上升。1995年全球的外汇储备为1.5万亿美元，到了2004年则跳升至3.9万亿美元，增长160%，而同期全球GDP增长了40%。在全球外汇储备中，亚洲的日本、中国、韩国三国合计占比达到60%。[1]

二、资本流动变化反映了各国储蓄和投资的内在变化

国际资本流动反映了商品和资金在各国转移和分配，同时也反映了储蓄和投资在全球范围内的匹配。从国际收支角度看，资本净流入一般伴随着经常项目的逆差，而从国民经济账户平衡看，经常项目逆差又伴随着国内储蓄的净缺口。近年来国际资本流动表现的新特征，反映了国际储蓄和投资方式在很多方面发生了变化。

在过去的10年，美国占全球资本流入的比例持续上升，流入美国的净资本数量快速上升。净资本流入占美国GDP的比重，从1995年的1.5%上升到2000年的4.2%、2005年的近7%（图2）。美国资本账户的顺差对应着经常账户的逆差。自1980年以来，美国资本账户始终是顺差，而经常账户除三年外（1980、1981和1991年）都是逆差。美国常年的经常账户逆差对应着持续下降

---

① 国际货币基金组织：www.imf.org。

的低储蓄率。当前美国的储蓄率在发达国家中是最低的，约为GDP的13%，而美国的投资约为GDP的20%，需要外国资本流入支持其投资。从居民、企业和政府三方来看美国的储蓄，可以发现美国企业的储蓄相对平稳，保持在GDP的18%—19%，而美国居民储蓄占GDP的比重由1995年的3.4%下降到2004年的1.3%，居民储蓄率的下降与消费的上升相对应，居民消费占GDP的比重由67%上升到70%。同时，政府的储蓄率也在下降，2000—2004年间，政府财务状况由相当于GDP2.4%的预算盈余变为相当于GDP3.6%的预算赤字。[①]

与美国恰恰相反，日本已经保持了数十年的经常项目顺差，在储蓄率水平较高的背景下，1992—2004年间日本出现持续的通货紧缩，经济增长乏力，人口和劳动力增长放缓，银行出现大量坏账，泡沫经济破灭，投资率不断下降，对外资本输出连续上升。1995—2004年间，日本向国际金融市场输出1.1万亿美元资本。在此期间，日本国内储蓄率由GDP的30%下降到28%，而投资率则由28%下降到24%，经常账户顺差占比由2.1%上升到3.7%。[②]

欧洲经济在货币一体化的进程中发展并不顺利。以欧元区最大经济体德国为例，在欧元流通前的10多年间，经济增长良好，而东西德的合并也刺激了投资增长，1990—2000年间，德国净资本流入1 750亿美元。但是在2001后，欧洲经济结构僵化的老毛病再次显现，经济增长缓慢，失业率上升，社会投资率下降。2001—2004年间，德国投资率由22%下降到17%，经常账户顺差由GDP

① 美国经济分析局：www.bea.gov。

② 日本央行：www.boj.or.jp。

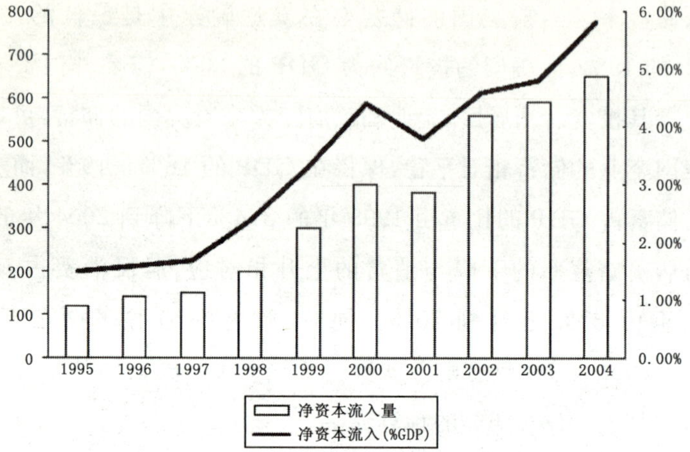

图 2　美国资本流入规模变化(10 亿美元)

数据来源:国际清算银行。

的 0.2%上升到 3.8%,资本净流出 2 000 亿美元。①

以俄罗斯、沙特为代表的盛产石油的国家,近年来石油美元加速增长,贸易盈余成倍提高,储蓄率上升,对外资本输出跃升。目前俄罗斯石油出口占总出口的 40%。2002—2004 年间,俄罗斯石油美元大增,财政盈余占 GDP 比重由 1%上升到 5%,尽管私人储蓄占比由 8%下降到 5%,但是总储蓄占比还是由 29%上升到 31%,成为对外资本输出大国。②

中国在 2001 年加入世贸组织后,对外贸易顺差不断扩大,经常项目顺差占 GDP 的比重由 2001 年的 1.3%大幅上升至 2005 年的 7%。与此同时,储蓄率持续上升,由 2000 年的 36%上升到

① 欧盟统计局:epp.eurostat.ec.europa.eu。

② 俄罗斯央行:www.cbr.ru。

2005年的42%，其中企业由15%上升到20%，居民由15%上升到16%，政府保持在6%左右（表1）。[①] 储蓄率的上升，主要原因是我国企业在国际化进程中竞争力增强，企业销售收入提高，同时也与居民收入增长相对较缓、社会保障缺位相关，而政府税收收入在年增长20%的情况下，医疗、教育、养老保障体系却发展落后，相关支出也没有相应增长。贸易顺差加大、FDI增加以及人民币升值预期带动下的大量外汇流入，使中国外汇储备出现跳跃式上升，中央银行不得不以资本输出方式管理外汇储备。

表1　中国居民、企业、政府储蓄占GDP比重变化　　单位：%

	1996	2000	2004	2005
家庭				
S	20	15	16	16
S－1	14	10	10	10
企业				
S	13	15	19	20
S－1	－16	－11	－13	－11
政府				
S	5	6	6	6
S－1	3	3	3	2
中国				
GNS	37	35	41	44
资本形成总额	38	34	41	40
经常账户	1	2	4	7

数据来源：国家统计局。

① 国家统计局：www.stats.gov.cn。

三、美国在全球资本流动中居于主导地位

第二次世界大战后，美国成为全球经济金融的主导力量，美国引领全球的产业升级与重组，同时主导全球资本流动与配置。20世纪80年代后，美国一直是全球最大的资本输入国。一国保持资本净流入状况，一方面是该国经济运行需要资本流入，另一方面是有外国资本愿意或者能够流入。资本输入国的金融投资回报水平要有吸引力，一般来说要大于净资本输出国的国内金融投资回报水平。从美国的贸易逆差和储蓄缺口来看，美国需要持续不断的外资流入。而美国强劲的经济增长、较高的投资效益以及国际金融核心的地位，能够吸引甚至外国资金流向美国，并且保证资本流入美国具有可持续性。支持美国吸引资本流入因素主要有以下几方面：

1.高经济增长和生产率

美国吸引资本流入的核心力量就是美国的经济增长态势比很多发达国家都要强。在发达国家中，资本流入与经济增长表现正相关。增长较高的国家一般是经常项目逆差，资本净流入，反之则反是。1995—2005年间，美国GDP年均增长率为3.2%，而日本为1.1%，德国为1.4%，欧元区为2.3%。高速经济增长从两方面吸引资本流入：一是高增长导致进口增长，在其他因素不变的情况下，高进口导致贸易顺差减少或逆差增大，增加对外国储蓄的需求；二是高增长使企业潜在收益和投资回报提高，吸引外资流入。支持美国经济高增长的基础是高生产率。据OECD统计数据显示，1995—2003年间，美国生产率增速平均约为4%，远远高于日

本、英国、德国、加拿大等发达国家。

2.良好的商业气氛和国际竞争

良好的商业环境有利于经济增长和外国资本流入,促进竞争提高效率。美国公司治理结构先进,强化了利润最大化动机。美国政府通过减少对商业设立的行政干预鼓励小业主创业,并通过立法促进企业购并和破产快速清算提高产业的灵活性,通过减少国际贸易壁垒促进专业化分工提高效率。近期世界经济论坛"最有竞争力国家"调查显示,美国第6,日本第7,英国第10,印度第43,中国第54。世界银行调查统计的"最易于做生意国家的指数"显示,美国第3,澳大利亚第6,英国第9,日本第10,德国第19,中国第91。[①] 尽管这些排名未必很准确,但是也能反映出一国商业环境的基本状况。

3.发达的金融市场

美国巨大的金融市场规模通过鼓励投资者持有美元资产吸引外国资本流入。庞大、有效的金融市场降低了交易成本和流动性风险,增加了资产多元配置的机会。2004年,美国金融市场规模相当于全球的32%,股票相当于全球的44%,债券相当于全球的40%,美国证券市场市值相当于西方七国证券市场总量的60%,美国投资银行占证券市场业务份额70%以上[②],美国金融机构在全球金融创新中长期居于领先地位。

4.美元国际货币的地位

美元在全球经济中的广泛运用有利于资本流向美国。美元是

---

① 世界银行:《2006年世界经商报告》。

② 彭博:www.bloomberg.com。

国际交易媒介,各国企业用美元进行交易结算。很多国际商品交易如石油采用美元计价,很多国际债券市场采用美元发行的标价,美元结算在国际贸易中占60%,美元债券占全球债券市场40%。美元是最主要的国际储备资产,1995年美元资产占国际储备资产的59%,2004年上升为66%。[①] 很多国家或者采用美元作为其国内货币,或者将其货币的汇率盯住美元。私人企业通过持有美元锁定金融风险,中央银行通过持有美元储备干预外汇市场,维护金融市场信心。

美国的经济金融综合实力保证其能够长期维持资本流入。从短期资本流动财务效率来看,美国的资本流入也可以持续。近年来美国经常项目持续逆差,其净外债头寸由1995年占GDP的4%上升到2004年的22%,处于相当高的水平。尽管净对外债务不断上升,但是美国却一直享有净国外收入(即对外资产收入减去对外负债支出的差额)。2004年,美国净对外债务为2.5万亿美元,其净国外收入为300亿美元。1995—2004年间,美国经常账户逆差累计为3万亿美元,但是同期净国外收入为2 000亿美元。[②] 美国这种同时具有净外债头寸和净国外收入的现象说明:美国的金融市场比其他国家金融市场效率高,美国机构投资效益比其他国家机构投资效益高。目前美国经济增长潜力仍然较大,生产率较高,金融优势明显,预计美国将会长期保持资本净流入的态势,但是资本流入的增速将趋于平缓。

---

① 国际货币基金组织:www.imf.org。

② 根据国家统计局1995年至2004年公布的《国际统计年鉴》中数据计算而得。

四、 中国在国际协调中的内外政策把握

当前国际贸易顺差逆差分布、国际资本流动体现一种不均衡的格局。一方面,这种格局有其内在的形成和支持因素,如美国引领全球产业升级、主导全球金融体系等,另一方面,美国储蓄缺口过大具有风险,如果美国经济增长趋缓引发美元汇率大幅贬值并引致国际金融体系动荡,将给各国经济运行带来损害。目前,世界主要国家对于协调调整世界经济的不均衡已经有共同意愿并有所实施。

中国经济在全球化的大潮中日益与国际经济融合到一起,并对国际贸易和国际资本流动产生较大影响。在全球产业分工中,中国在加工制造业的优势越来越明显,并在对外贸易中产生越来越多的顺差。在全球经济失衡并需要主要经济体共同协调的背景下,人民币升值的似乎成为中国最应承担的责任。

实际上,所谓汇率调整,是针对现象采取的表面措施,是需要的但不是最重要的。在更深层次上,中国需要调整收入分配制度,改善消费、储蓄结构,提高投资效率。多年来中国经济存在"高增长、低福利"问题,其原因主要不在于贸易顺差太大和外汇储备太多,而在于自身的经济、社会管理效率太低,致使能源资源定价偏低,环境保护不利,民工劳动、社会保障不足。在环保、社保制度乏力背景下,高经济增长包括高出口牺牲了中国环境和劳工社保权利。

为促进国际收支平衡,需要进行政策调整,那么首先最需要调整的是劳动收入制度。英国《金融时报》在评论中国的竞争力时

说，这是一个工人拿着19世纪工业革命时期水平的工资、没有劳动保障、同时又使用着先进机械的生产模式，哪个国家可以与其匹敌![1] 实际上，近十年中国居民储蓄占GDP比重从20%下降到16%，近五年城镇居民收入年均增长14%、农村居民深入年均增长6%左右，远远低于财政收入年均增长20%、企业利润年均增长15%—20%左右的速度，怎么扩大消费？

其次是税收制度和环保制度。目前中国出口额60%以上来自三资企业，而三资企业所得税率比内资企业低一半还多。促进贸易平衡，要对三资企业所得税取消超国民待遇；提高财政资金效率，完善社会保障制度；增加企业环境污染的成本，为员工提供社会保障的成本等。

无论是从商业还是从金融的角度来看，中国都与发达国家存在巨大差距，中国的商业环境还有待于大大改善。据统计，1999年中国有3 160万个体户，而2004年已下降到2 350万[2]，企业利润有集中于国家垄断型企业的趋势，中国需要大大改进工商管理制度，提高商业活力。在金融运行、资金配置方面，中国需要尽快发展金融市场，改造金融机构，以避免关于汇率制度的改革可能陷入"好看不好用"的境地。

在国际金融市场上，外汇交易主要由于金融交易需要，其次才是因贸易交易需要而发生的。根据国际清算银行和国际货币基金组织统计，2004年国际市场上外汇交易金额约为700多万亿美

① 〔英〕维克托·马莱："中国工业革命席卷全球!"，英国《金融时报》中文版，2005年1月6日。

② 中华人民共和国国家统计局：1999年和2004年《中国统计年鉴》，中国统计出版社2000年版和2005年版。

元，国际贸易进出口双向金额合计约为18多万亿美元，前者相当于后者的近40倍。汇率所反映的货币供求95%是由于金融市场投资、流动性管理、风险管理等金融交易需要，只有不到5%是由于贸易结算需要。从这点来看，仅仅从贸易的盈余或赤字来讨论汇率的升值或贬值是不充分的。一国货币的强弱、被认可程度、抵抗冲击的能力，归根到底取决于一国经济发达程度以及金融市场深度和广度。

目前中国资本市场特别是长期债券市场发展严重滞后，利率市场化在2004年后也没有实质性推进。中国的外汇市场层次也比较单一，外汇集中于中央银行和商业银行，企业持有外汇较少。这一方面说明中国国际化层次还比较低，企业海外投资较少；另一方面也说明企业管理外汇资产的空间、能力和主动性需要培养。近年日本外汇流入量一直比中国大，但是外汇储备增长没有中国快，主要因为日本企业持有更多的外汇资产。在充分国际化、市场化的经济体中，国家只拥有一部分外汇，大多数外汇留在私人部门当中。外汇市场广度和深度是汇率定价有效的基础，汇率改革与外汇市场发展相辅相成。资本市场和外汇市场的落后，将直接制约人民币走向自由浮动和完全可兑换的进程。缺乏相当规模和相当层次的金融市场，如果货币国际化进程过快，汇率的大起大落和外汇的大进大出将是难以避免的。

参考文献

〔英〕维克托·马莱："中国工业革命席卷全球！"，英国《金融时报》中文版 2005年1月6日。

中国增长模式转型关键是发展民营经济①

摘要：2008年下半年中国经济增速大幅度下滑的根本原因，是2003—2007年以投资和出口为导向的高速增长模式不可持续。促进经济平衡和转型，就是要在服务业打破垄断，引入民营资本和市场机制，支持和发展民营中小企业参与GDP创造和分配，增加民众收入，促进居民消费。

一、 增长模式不可持续是经济增速坠落的根本原因

2008年3季度以来，中国经济增速大幅度下滑，其态势令人惊讶甚至恐慌。3季度GDP增速由1季度的10.6%和2季度的10.1%下滑到9%。反映GDP增速的重要指标工业增加值同比增速由3月的17.8%一路下滑，到10月份时已经降至8.2%。反映经济增长的领先指标，如企业发电量同比增速由3月的16.6%下降到10月－4%，出现4年来首次下降，狭义货币供应量M1同

---

① 本文由段国圣和张敬国讨论，张敬国执笔完成，部分发表于《第一财经日报》2008年12月8日。

比增速则由1月份的20.72%降至10月的8.79%。10月份FDI同比下降2.02%，今年以来首次出现单月负增长。财政收入同比下降0.3%，其中中央财政收入同比下降8.4%，为1996年以来首次负增长。进出口总额同比增速由5月最高的33.2%下降到17.6%，为近18个月来的最低水平。

对于中国经济增速3季度以来大幅坠落的原因，人们直接指向美国次债危机衍生出来的国际金融危机。2008年发达经济体几乎全面衰退，其中美国更是遭遇了30年代大萧条以来最大的危机，美国3季度GDP增长率为-0.5%，预计4季度为-3%。日本2、3季度增长率分别为0和-0.4%，欧元区2、3季度增长率都是-0.2%。外部经济体衰退、外部需求快速下降是中国经济增速滑落的重要原因。当前的金融危机是罕见的，但是2008年之前5年全球包括中国的经济高涨历史上也是少见的。2003—2007年间中国经济5年增速连续超过10%，是改革开放以来的首次，年度之间波幅也比较小。面对如此快速增长，人们一直担心高投资、高出口的增长模式是否能够持续，投资占GDP比重多年保持在40%以上，外贸顺差占GDP比重由2001年的2.1%上升至2007年的8.9%，当前经济增速坠落使担心的问题成为现实。

外部经济体衰退是引致中国经济增速下降的导火索，原有经济增长模式不可持续是当前经济增速坠落的根本原因。改革开放30年以来，中国年平均GDP增速是9.8%①。实际经济运行中潜在GDP增长率是个区间而非不变的平均水平，根据HP滤波方法统计测算，30年以来中国潜在GDP增长率大概处于8.5%—

① 国家统计局：www.stats.gov.cn。

10.5%的区间。潜在GDP增长率取决于劳动力增速和劳动生产率增速。由于中国经济新兴和转轨的特征，劳动力增速不是简单的社会劳动力人数的增长，更有意义的是低生产率的农村劳动力向高效率的城镇劳动力转移的速度，是城镇对农村半失业状态劳动力的吸收能力。劳动生产率取决于技术和制度进步，在中国以制造业为主的产业模式和以投资、出口为主的增长模式下，中国企业参与国际产业分工的进度和外商设备投资的增速，对于技术进步(相当多的是技术引进速度)和城镇吸收农村劳动力能力有决定性影响。2007年4季度以来，中国出口增速下降，发达国家向中国的产业转移速度减慢，技术引进减缓，尽管城镇新增就业处于高位，但是工厂倒闭失业人数也在增加，潜在GDP增长率快速下降，可能持续滑落到8.5%甚至更低。加上经济景气周期性调整，实际GDP增速会更低。原有经济增长模式不可持续，是当前经济增速坠落的主要原因，也是抑制将来经济增速回升的重大障碍。

二、 经济增长快速下降给社会运行带来巨大风险

经济是社会、政治、军事、外交的基础。中国社会运行需要经济增长的支撑，就像飞机飞行一样需要一定速度维持。过去5年经济快速增长，大大增强了政府、企业和个人的财力，使一些经济、社会矛盾得以淡化甚至掩盖。当前经济运行“硬着陆”的态势，给社会运行带来巨大风险。

一是造成失业人数大大增加。21世纪初期是中国劳动力人口增加迅猛的时代，2010年前每年劳动力供应增加约1 500—2 000万人。2003—2007年由于经济增长快速，5年新增城镇就业

达到 5 100 万人，平均每年超过 1 000 万人。2008 年前 9 个月城镇新增就业人数每个月平均增速是 9%。10 月份新增就业的增速是 8%，为近 5 年增幅首次下降。3 季度以来的经济滑坡已经造成加工制造业等行业大量职工失业，农民工返乡在广东、浙江、福建等地出现。当前我国就业压力非常大，据估测 2008 年仅新增大学生毕业人数就达 559 万人，2009 年将达到 610 万人。经济增速下降将使农民工失业，毕业生待业。

二是经济效益下降造成政府收入、居民可支配收入增长缓慢甚至下降，企业利润减少甚至出现亏损。过去 5 年是我国财政收入、企业利润和居民可支配收入快速增长的 5 年。财政收入从 2002 年的 18 903 亿元增长到 2007 年的超过 5 万亿元，年均增幅为 22%；规模以上工业企业利润累计达到 78 632 亿元，其中 2007 年达到 22 000 多亿元，年均增幅超过 30%；过去 5 年是城乡居民收入同步增长、快速增长的 5 年，扣除物价因素的影响，城镇居民可支配收入年均增长 9.8%，农村居民纯收入年均增长 6.8%。而经济增速的下降将不可避免带来企业利润的减少，造成政府收入和居民可支配收入增长放缓。

三是银行资产质量下降，不良资产率反弹。过去几年以国有银行为主体的银行体系不断健全，资本充足率提高，不良贷款率已由 2003 年的 17.8%逐年下降至 2007 年的 6.17%。但是我国以银行为主体的间接金融仍占主导地位，金融风险过度集中于银行体系。在经济高速增长时期，公司业务占比普遍过高，使银行资产质量更易受宏观经济波动影响，随着国内经济增速的快速回落，房地产、出口导向型企业和中小企业领域的资金链趋紧及财务状况恶化，对银行资产质量形成较大压力，不良资产率可能出现反弹。

四是我国再次面临通货紧缩风险。我国分别在 1998—1999 年和 2001—2002 年出现两次通货紧缩，期间物价水平同比负增长，货币供应量 M1 月度增长率出现个位数，经济增速明显下滑。2002 年走出通货紧缩后物价上涨率总体适度平稳。但从近期数据来看，我国再次面临通货紧缩风险。10 月份 CPI 同比涨幅已连续 6 个月回落，过去 5 个月环比有 4 个月下降，M1、M2 增速不断下滑，10 月末 M1 余额同比增长 8.85%，比上年末下降 12.16 个百分点，增速仅略高于 1998 年 6 月的历史最低水平(8.7%)，经济过快下滑和通货紧缩的风险加剧。

五是原有的社会矛盾暴露甚至激化，新的社会不稳定因素加大。2007 年以来，各种规模的社会动乱有增无减，抗议活动的原因主要包括非法征地、工业污染损害土地和企业倒闭等。2008 年以来，由于企业倒闭造成的社会动乱更是此起彼伏。尤其是在纺织品、服装等以出口为主导的经济行业，不少中小型企业陷入困境，国内费用上涨以及国外需求下降致使许多公司纷纷倒闭，裁员潮也接踵而至，社会不稳定因素骤增。改革开放 30 年，人们日益追求财富与公平，而不再安贫乐道和忍气吞声。过去五年的经济高涨使人们的财富理想膨胀，进城的农民工已经基本淡忘甚至失去了在农村生存的土地和空间。经济萧条会使一切社会关系趋于紧张。

三、改进增长模式关键是发展民营经济

2008 年 9 月份以来，中国政府大幅度降息，紧急出台财政刺激投资方案，出手不可谓不快不重，但这些都是针对经济下滑的逆

周期调控措施,除此之外,更应出台从根本上防止中国潜在经济增速下滑、改进增长模式的政策措施。当前中国经济增速坠落的根本原因是原有过度以投资和出口为导向的增长模式难以维持。防止经济增速下滑,促进经济增长,改进增长模式是根本。中国经济的失衡在于投资、出口强而消费弱,制造业多而服务业少,促进经济平衡和转型,就是要在服务业打破垄断,引入民营资本和市场机制,支持和发展民营中小企业参与 GDP 创造和分配,增加民众收入,促进居民消费。促进经济增长模式转型中,重要的不是简单地压缩制造业、腾笼换鸟,而是从实际出发为民营企业、中小企业创造机会,发展多种形式的服务业以及其他产业,创造就业和致富机会,防止潜在 GDP 增长率下滑过快。当前宏观政策首要是创造空间,加快发展弱项产业,增加就业机会,通过制度进步提高生产率。

(一)允许民营资本进入服务业是改进增长模式、促进经济增长的首要政策。目前医疗是中国社会保障、民众生计的瓶颈。一方面医院人满为患,看病困难,另一方面是医学院毕业生就业困难,同时医疗价格节节攀升,每年医疗费用平均涨幅高达 14%[①],民众医疗负担日益加重。医疗问题的深层次原因是当前不合理的医疗行业体制导致社会医疗投入的严重不足。目前发达国家医疗开支平均占 GDP 的 10% 以上,新兴国家如巴西和印度分别占 7.9%和 6.1%,而中国只占 2.7%。[②] 应鼓励和支持有投资意向、具备资质条件的民营主体,通过独资、股份制、股份合作制等多种

---

① 国家统计局:www.stats.gov.cn。

② 世界银行:www.worldbank.org.cn。

经营方式,建立具有较强竞争力的民营医院,逐步形成共同发展、公平竞争的医疗服务体系新格局。积极吸纳民营资本参与医疗卫生事业,对于优化医疗资源配置,提高行业运行效率和服务能力,改善社会保障和民生民计等问题都具有深远意义。

金融特别是农村金融是中国经济发展的短板。农村金融资源匮乏始终是困扰我国农业现代化发展的难题。我国农村金融市场主体单一,金融业务和服务方式落后,已经不能适应日益增长的农村金融需求。近些年金融服务集中趋势日益明显,农村县级以下金融机构如信用社、合作金融等不断撤出向省级集中,国有商行和邮储机构则通过系统上存、资金拆借等方式将大量资金从农村转移到城市或非农领域,造成农村资金流失严重。农业贷款总额虽然不断增长,但其余额占金融机构全部贷款余额的比重却由 2000 年的 15.6%下降至 2006 年的 10.3%。① 搞好农村金融体系建设,应该允许民间小额资本开展民间金融活动,提供多种金融服务。

(二)鼓励居民创业和中小企业发展是提高经济增速和活力的重要环节。过去 5 年中国经济高涨,经济规模扩张,国际影响迅速增大,但是经济活力却持续下降,全球竞争力连续下跌,由 2002 年 33 位下降到 2006 年的 48 位。② 据统计,1999 年中国有 3 160 万个体户,而 2006 年已下降到 2 300 万。③ 中国的基尼系数 2007 年已逼近 0.48,超过了国际公认的警戒线 0.4。④ 居民消费能力不足重要的原因就是民间创业不足,个体、微型和中小企业数量太

---

① 根据中国人民银行 2000 年和 2006 年公布的金融机构人民币信贷收支表计算而得。

② 世界经济论坛:《全球竞争力报告》,2002 年 - 2006 年。

③ 国家统计局:《中国统计年鉴 1999》和《中国统计年鉴 2004》。

④ 世界银行数据库:data.worldbank.org。

少，居民收入渠道较少。很多地方政府发展取向为经济总量、地方收入和城市及交通的现代化外观，重视特大和大型企业的发展，重视政府投资，清理影响市容的小商小贩和非正规就业，并且地方政府为了平衡财政，给农民留的本来可以创业的征地补偿非常少，而且要从个体、微型和中小企业身上大量收费和罚款。

为促进创业和发展，要尽快推出证券交易所创业板市场，为小企业、创业企业发展提供支持。鼓励金融机构对中小企业进行融资，从机制上建立健全中小企业贷款担保基金的运作方式和效率，加强财政对中小企业贷款贴息支持，从技术上鼓励金融机构发放封闭贷款、定向贷款，为中小企业的优质项目进行定向支持等。

（三）增加居民就业机会和收入能力是促进消费扩大的基础。当前投资与消费失衡、消费不足的原因除了社保不完善造成居民支出有未来顾虑外，城乡居民收入增长缓慢也是重要方面。解决这个问题，依靠启动高中端消费，增加公务员工资，甚至新农村建设、增加财政转移支付、加大公共服务等，作用都是有限的，其原因一是政府的财政能力非常有限，二是政府投入的中间各环节漏损很大，输入的资金不一定全部能到农民和低收入人群的手中。

鼓励消费首要是增加居民收入，鼓励创业和中小企业经营，扩大劳动力参与 GDP 分配的比重。当前地方政府要为小企业主、小商贩创造机会开展商业活动，停止并纠正为了市容市貌光鲜就禁止农民进城卖货的作法。要提供正常合法小商业活动的场所，真正体现民生重于市容。同时，要培育稳定的消费主体和消费习惯，通过减税等措施鼓励消费。当前如果能够将居民购房支出在缴纳所得税前列支，会大大促进居民购房积极性，而政府因此而减少的收入，可能小于为了解救房地产市场而投入的大量支出。

中国经济增速快速下滑的原因是增长模式不可持续和经济景气下降，抵御下滑维护增长要从改进增长方式和反周期扩大需求两方面着手，做好二者的协调需要现实的谋略和手段。不当家不知柴米油盐贵，不主政不知社会形势急。目前“保八”成为经济政策的核心，千方百计、争分夺秒“保八”。“保八”有多种方式，一种是简单惯性地扩大投资促进经济增长，还有一种是以增加就业为主导的“保八”。当前政府应更充分地注重民生需求，更多地用就业增长来替代 GDP 增长目标。以就业增加、物价稳定作为宏观经济调控目标，才能更好地体现科学发展观和以人为本的执政理念。要把保持经济增长作为增加就业的重要手段，而不是简单地实现数字目标。通过反周期的手段短期内尽可能减缓经济增速下滑幅度，同时积极发展民营经济，从中期角度改进经济增长模式，才能真正使中国经济走出低谷，实现平稳较快增长。

中国经济:成长的烦恼还是增长的陷阱①

摘要:2011 年后中国经济既面临着人口抚养比上升、收入分配差距扩大、城市化高成本、市场化机制退化、金融资产过度膨胀和质量下降等困难,也存在城市化空间大、收入消费升级、增长模式内在转型等机会,经济政策的制定和执行非常关键。

1997 年亚洲金融危机后人们将中国经济增速的预期下调为 8%左右,然而实际上 2001—2010 年却成为经济增长相对最快也最平稳的 10 年。经济学家们从科布—道格拉斯函数分解测算出增长的源泉:2001—2010 年的 GDP 增长,大约 11%来源于人力资本和劳动力投入,24%来源于全要素生产率提高,65%来源于资本投入。此期间 GDP 年均增长 10.4%,实际资本投入年均增长约 15%,无论是从增速还是对 GDP 增速的贡献,都是 1979 年以来最高的水平。高储蓄、高资本投入促使经济实现了高增长、低通胀。2001—2010 年,企业、政府收入增加致使其资本投入大增,同时人口结构变化即人口红利增加(人口抚养比率由 48%持续下降

① 本文写于 2011 年 9 月,部分发表于 2012 年 2 月 29 日《中国证券报》。

到33%)，既迅速增加了劳动力数量，也扩大了储蓄和资本积累。此期间全要素生产率提高主要来自经济对外开放程度提高，后者对GDP增长贡献度达到10%，为30年以来的最高水平；而市场化对GDP增长贡献度仅为8%左右，下降到30年以来的最低水平。生产函数测算的是经济潜在增速，短期经济景气的热和冷取决于宏观需求即投资、消费和净出口的变化。[①] 2002—2007年世界经济景气上升，外部需求促进中国经济增长。2008年次贷危机发生后，政策刺激使原本强劲的投资需求更加高涨，直至经济过热和明显的通货膨胀。

展望将来，经济潜在增速趋降。一方面，劳动人口比率升势减缓甚至下降。中国人口抚养比可能在2013年达到最低后回升，总劳动力数量也可能在2015年达到最高后下降[②]，这些变化既影响劳动力供给，也影响储蓄和资本投入。另一方面，全要素生产率增速降低的可能性较大，主要是经济开放和市场化推进速度都在减慢。

过去10年经济增长使中国从2000年人均GDP约900美元的较低收入水平提高到目前的中等收入水平，而过去8年增长的模式和质量是否透支了潜力或者留下了包袱令人质疑：中国将来是顺利发展到人均1.2万美元的高等收入水平还是徘徊于人均4 000—7 000美元的中等收入陷阱，目前是否已经进入陷阱？现实担心的问题非常具体。之一是收入分配差距。中国的基尼系数

① 陈彦斌、姚一旻："中国经济增长的源泉：1978－2007"，《经济理论与经济管理》2010年第5期；陈娟："从全要素生产率增长看经济增长方式的变化"，《经济与管理》2009年第9期；杨飞虎："中国经济增长因素分析：1952－2008"，《经济问题探索》2010年第9期。

② 蔡昉："人口红利消失之后"，《财经》2010年11月10日。

从 2005 年的 0.41 上升到 2010 年的 0.52[①],恶化速度约为年增 10%。垄断资本收入增速飙升而劳动收入增长缓慢,存贷利息水平偏低,等等,都是扩大差距的原因。之二是城市化高成本。土地价格上涨速度远超过人力资本报酬提升速度,住房、教育、医疗价格昂贵,城市人口生活成本过高。之三是市场化机制退化。政府收入份额持续上升,2003 年以来财政收入年均增速高于名义 GDP 年均增速 4 个百分点。[②] 之四是金融资产过度膨胀和质量下降。

当然也有人持乐观态度看待经济形势,中国面临的一些问题,如高储蓄率、高财政收入、高贸易顺差等可以被视为成长的烦恼,是部分发展中国家甚至发达国家想获得却难以达到的状况。高增长抬升中国经济迈上新台阶,GDP 总量从 18 万亿倍增到 40 万亿,人均 GDP 从 1 700 美元跳涨到 4 500 美元。从发展经济理论和经验来看,在这样的收入水平基础上,经济增长模式自主转型内在动力充足。根据钱纳里等的"发展模式"[③],城市化与人均 GDP 有较强的相关性,人均 GDP 在 4 000—5 000 美元一般对应 55%—70%的城市化率。根据诺瑟姆"城市化发展曲线"[④],城市化率从 30%到 70%期间的提升速度快于 30%以下和 70%以上。根据罗斯托"经济成长阶段论"[⑤],一国经济在起飞后大量劳动力

---

① 国家统计局:www.stats.gov.cn。

② 根据国家统计局公布的数据计算整理而得。

③ 〔美〕霍利斯·钱纳里、莫伊斯·赛尔昆:《发展的形式:1950 - 1970》,李新华、徐公理、迟建平译,经济科学出版社 1988 年版。

④ Northam, R. M.(1975), *Urban Geography*, New York: J. Wiley Sons .

⑤ W. W. Rostow(1991), *The Stages of Economic Growth*, Cambridge University Press.

从第一产业转移到制造业，之后逐渐走向成熟阶段和大众消费阶段，国民福利、交通和通信设施显著改善，服务业成为主要经济部门，人们在教育、休闲、保健、社会保障项目上花费增加。所以说，中国已经进入自主经济转型时期。2010 年中国人均 GDP 为4 500美元，城市化率为 48%，可以提高的空间既很开阔，也有收入支持，目前阶段也属于城市化速度最快时期。城市化将促进居民消费量增长和消费结构升级，维持相关投资需求扩张，增加交通运输、物流、旅游、医疗卫生、文化教育等等服务行业需求。转变经济增长方式，扩大消费，加快服务业发展，都存在有水有渠的基础，而水到渠成所欠的东风，不过是政府要有所为有所不为，特别是消除医疗、教育、文化、金融等服务业市场准入壁垒，减少高税收、低利率等与民争利的行为。

然而，从已经实行的政策措施来看，形势似乎又不容乐观。第一，虽然农业税取消，但是农民“农转非”时土地权益保护以及农民工进城身份和生存待遇问题没有解决。第二，“非公三十六条”[①]已经发布 6 年多，但是其中放宽市场准入、加大财税金融支持等基本处于口头层面。第三，税收政策改革未能减轻税负。2011 年千呼万唤出来个人所得税调整，结果 1—8 月财政个税增长 33%，相当于个人收入增速 2 倍还多。第四，金融改革陷入停滞。在2004—2007 年全球和中国经济高涨时期，国有银行股份制改造上市成功令人幻想金融深入改革，但是由于宏观政策总体过松和波动过大，加之财政金融政策部门利益主导性过强，实际金融改革发

① 国务院：《关于鼓励支持和引导个体私营等非公有制经济发展的若干意见》，2005 年 2 月 24 日。

展依然缓慢。

2003 年以来,中国经济持续高增长,对内对外影响复杂,国际上以人民币汇率为论题争论激烈,国内以房地产价格暴涨、贫富差距扩大为矛盾争执尖锐。如果说这二者之间有关系,说中国经济不均衡,那么其关键就是中国经济对外国际化进度快而政府对内管理市场化进步慢。2011 年国际国内金融市场资产价格跌宕起伏,如何寻找保值、增值资产成为并不容易解答的问题。从货币选择角度出发,看多人民币以及看空美元似乎还是一种趋势,特别是在美国政治不断炒作和施压的气氛下。其实汇率是表象而不是本质,展望 21 世纪第二个十年,大家需要思考一个问题:是中国经济能够更快地成功转型,还是美国经济能够更快地摆脱危机彻底复苏。金融市场投资者作为政策的接受者而非制定者,可以对哪一种情形更有信心呢?

参考文献

Northam, R. M.(1975), *Urban Geography*, New York: J. Wiley Sons.

Rostow W. W.(1991), *The Stages of Economic Growth*, Cambridge University Press.

蔡昉:“人口红利消失之后”,《财经》2010 年 11 月 10 日。

陈彦斌、姚一旻:“中国经济增长的源泉:1978—2007”,《经济理论与经济管理》2010 年第 5 期。

国务院:《关于鼓励支持和引导个体私营等非公有制经济发展的若干意见》,2005 年 2 月 24 日。

〔美〕霍利斯·钱纳里、莫伊斯·赛尔昆:《发展的形式:1950—1970》,李新华、徐公理、迟建平译,经济科学出版社 1988 年版。

杨飞虎:“中国经济增长因素分析:1952—2008”,《经济问题探索》2010 年第 9 期。

第四部分

金融开放

对外开放促使中国金融业加速变革[①]

摘要：为应对将于2007年到来的外资银行全面竞争，金融当局强化对金融机构资本充足、产权治理结构要求，推进金融混业经营以及汇率与外汇市场改革。未来要继续关注开放领域问题，如实体经济与人民币汇率，国际监管惯例运用与国内金融市场发展，人民币利率与汇率，金融民营资本与外国资本等。

2002年1月中国正式加入世界贸易组织，在入世谈判中，金融业对外开放问题，尚不算是谈判的难点。在中国入世之后的前两年，开放对中国金融运行的影响没有充分显现出来，金融业受到的冲击也没有汽车、农产品等行业明显。2004年以来，加入WTO对中国金融业的影响全面显现，加上汇率、外汇体制改革措施陆续出台，促使中国金融业加速变革。

首先，金融机构和金融体系运营方式发生重大转变。为应对将于2007年到来的外资银行全面竞争，金融当局加快对金融机构按照国际惯例进行监管。2004年3月，银监会施行《商业银行资

---

① 本文部分发表于2005年9月30日《上海证券报》。

本充足率管理办法》。此前，2003 年 3 月，保监会公布并开始施行《保险公司偿付能力额度及监管指标管理规定》，对保险公司偿付能力进行严格监管，偿付能力规定同样要求保险公司资本金充足。

资本充足要求的实施，改变了中国金融机构过度追求规模扩张的发展模式，要求金融企业扩张资产必须以资本金充足为基础。增加资金充实资本，要求金融机构或者以盈利利润增加资本公积，或者增加股东投资，而吸引投资一样需要有盈利业绩，盈利能力在金融机构运营中变得异常重要。对中国金融体系来说，资本充足要求将约束社会间接融资扩张速度，促使直接融资加速发展。以直接融资市场包括债券市场和股票市场的发展替代原有可能扩张的间接融资以支持经济增长以及注资金融机构充实资本，变得益发紧迫。

其次，金融机构产权结构、治理结构出现巨大变化。为加快金融机构经营方式转变，消除不良资产增加的机制，金融机构特别是国有机构股份制改造和上市工作大步推进。以人保、人寿、平安为前行的保险公司和以交行、建行、中行为先导的商业银行，已经或将要在海外上市，证券公司注资改造产权结构、引进外国战略投资者也将较大规模进行，外资开始实质性地进入中国核心金融机构，对中国金融机构和金融市场带来变革。

再次，金融混业经营趋势明确，业务创新加快。对外开放促进了中国金融混业经营发展。一方面外资金融机构在总(母)公司混业经营的背景下，在中国分别设立银行、证券、保险分支机构或子机构[①]，三类机构之间业务相互配合；另一方面外资机构与中资商

① 如汇丰银行在中国大陆设有子银行，并持有交通银行 19%的股份以及平安保险 15.6%的股份；瑞士信贷银行在上海设有分行，并持有工银瑞银基金公司 25%的股份。

业银行设立合资基金管理公司，如交银施罗德基金、建信基金等；还有一些以香港为背景的中资海外资金投资大陆市场组建多类金融机构，如中银保险、中银基金等。外资金融机构在混业经营背景下推出多项业务创新。在外资银行的示范下，2003 年以来商业银行办理了多种包括外币结构性存款在内的理财业务，混业经营和业务创新为有综合服务优势的金融机构创造更多的机会，促进了金融整合。

还有，汇率机制改革、外汇市场发展，促进了人民币资本项目下的可兑换，增强了国内国际市场的联动效应。2005 年 7 月份人民币汇率机制改革后，各项发展外汇市场措施迅速有序地出台，并在短时间内发展起多种交易。衍生交易的发展，如远期结售汇和掉期业务，将交易范围在经常项目基础上放开至包括境外直接投资的外汇收支和外商投资企业外汇资本金收入、境内机构境外上市的外汇收入等范围，促进了人民币在资本项下的可兑换，增强了国内市场与国际市场的联动机制，境内外资金流动增多，价格相关性增强。

以开放促改革是中国经济体制改革的重要思路之一，开放在中国金融改革中是一种巨大的原动力。目前我国金融业的开放程度，与很多发展中国家相比也较落后，如印度在 20 世纪末外资金融机构市场份额就达到 20%，而当前我国外资金融机构资产总额比重还不到 2%。[①] 加快扩大对外开放有利于促进中国金融改革和发展。在中国金融业扩大开放的同时，国内外、中外资经济金融关系将出现较大的互动影响，关注和分析这些关系，有助于判断金

---

① 印度储备银行：www.rbi.org.in，中国银监会：www.cbrc.gov.cn。

融市场将要出现的种种变化。

一是实体经济运行与对外金融。2003年以来我国外贸顺差大幅度增加，市场上不断炒作人民币汇率升值预期。实际上，从我国对外贸易的高额顺差推导出人民币汇率将大幅升值是不充分的。当前造成我国高额外贸顺差的根本原因包括中国劳动力结构、储蓄率变化、世界经济格局和宏观经济形势等。2005年中国经济在宏观调控下仍然保持高增长，原因之一就是国际经济形势较好，国际市场对当前世界分工格局下的中国产品需求旺盛。劳动力过剩、社会保障不健全等因素造成的投资消费结构现状，是形成我国在国际分工处于制造业中枢的原因之一。从中国的社保改革、不良资产处置角度考虑，人民币潜在长期贬值压力也很大。

二是国际监管惯例运用与国内金融市场发展。加强资本充足要求一定程度上会限制商业银行贷款扩张速度，但是金融当局可能把握资本充足约束机制建设与货币信贷总量调控的平衡，金融支持经济增长力度不会因为商业银行信贷管理趋严而减弱以致形成通货紧缩。在商业银行信贷增速趋缓的情况下，债券融资等直接融资渠道将会增加、拓宽，这将在增加企业融资方式的同时，提高金融运行的灵活性，促进金融和经济平稳运行。

三是利率与汇率。就像单边预期人民币升值是不全面认识一样，预期在升值压力的影响下国内金融市场利率将持续保持在低水平也是不确切的。持续过低的利率水平将会降低金融市场配置效率，也不利于中资金融机构与外资金融机构竞争。目前中国金融市场利率，无论是短期利率还是长期利率，都低于美国市场利率①，而

① 根据彭博和中国债券信息网的数据，2005年，美国3个月存款单利率是3.51%，10年政府债券利率是5.29%；而同期中国3个月国库券利率是1.86%，10年期国债的收益率是3.5%。

中国经济增长的速度却在世界名列前茅。货币政策偏松,存贷款利率特别是存款利率管制,债券市场不发达,金融体系灵活性差,是当前市场利率低水平的深层次原因。

四是民营资本与外国资本。改革开放以来,民营经济在多个领域得以发展并成为主力。但是在金融领域,民营资本的力量还很弱,提供的服务比较低端。近年来,国有资金对金融机构的注资改造和外国资本大力进入中国金融市场,使金融领域的民营资本相对更加弱化。民营金融面临的挑战和机遇,值得思考、探索。

中国金融开放的微观与宏观问题[①]

摘要:制造业是中国国际竞争力的中坚力量。制造业对外开放参与国际循环,对内开放使民营企业不断竞争与发展,国际竞争力迅速提升。相比于制造业,中国金融业微观对外开放较缓,外资金融机构市场份额较低,对中资企业的竞争和促进作用不充分。金融业对国内民营企业的开放停滞,以政府拥有和干预为主导的产权安排对金融机构经营行为影响很大,既难以实现有效审慎约束,又不利于提高竞争和活力。人民币汇率机制改革之后的中国宏观金融开放出现逻辑混乱,货币政策操作、人民币汇率升值、汇率浮动化、资本项目管理之间相互矛盾,增加了宏观金融不稳定因素。中国微观金融要进一步对外资和民营资本开放。宏观金融要把握好货币政策的内外安排,即货币政策独立性、汇率浮动性、货币可兑换程度、资本流入流出自由程度之间的关系。

① 本文发表于《金融发展评论》2010年第3期。

一、 开放是中国经济竞争力提高的重要源泉

改革开放30年,中国经济在国际上的竞争力迅速提升,其中工业特别是制造业竞争力提高是其集中表现。从1990至2005年,制造业产出每年平均增长速度为12.9%,比同期GDP的增长速度高出2.8个百分点。截至2008年年底,制造业占我国工业企业数量的93%、工业总产值的87%,工业增加值的80%,工业利润的72%。中国在全球制造业中比重从1990年代初的3%提高到2008年的14%。[①]

开放是制造业发展的重要依托。制造业一直是我国利用外资的重点,2005年制造业吸收了近60%的外商直接投资,同时外商投资企业(外资股权占25%以上的企业)进出口总额达8 317亿美元,创造贸易顺差567亿美元,分别占我国外贸总额和顺差的59%和56%,2007年我国制造业FDI合同项目19 193个,占外商直接投资合同项目总数的51%,实际使用金额409亿美元,占FDI资金总额的55%。[②]

中国民族制造业在经济对外开放中蓬勃发展而不是被边缘化,核心是中国从改革开放初始就实行制造业对内开放,允许民营资本进入并经营制造业。目前制造业中,民营企业产值比重约为30%,市场销售份额为30%,员工比重为35%。按照所有者权益计算,民营企业所有者权益占所有制造业企业的权益比重为19%

① 联合国工业发展组织:www.unido-imr.org。

② 商务部 :www.mofcom.gov.cn。

(外资权益占比 34%,国有及控股制造业企业占比 32%,其他混合性质的企业权益占比约 15%,假设混合性质企业一半为民营企业,则民营企业所有者权益占比为 26%)。[①] 从服装鞋帽到电视空调行业,对民营资本的开放都早于或同时于对港台、日本和欧美外资的开放,虽然在行业发展初期,外资企业在技术、资金、产品种类多方面占据优势,然而民营企业正是在和外资企业的合作及竞争中,提高技术、丰富产品、开发渠道、扩大市场,逐渐追赶并超越外资企业,甚至在部分国际市场占据领先地位。

制造业是中国经济竞争力的基石,为各个产业包括金融业发展奠定基础。正是加入 WTO 以来制造业快速增长带动 GDP 在 2003—2007 年连续 5 年增速超过 10%,2001—2008 年中国金融资产规模增长了 3 倍多,金融机构不良资产得以稀释。出口快速增长,外汇储备增加,人民币贬值预期消失而升值预期上升,中国金融机构海外上市得以被抢手购买。工业发展中的污染、能耗、物耗、低劳动保护等不可持续问题,是增长方式和质量问题而不是制造业增长速度问题,政府应主要运用环保、法律、经济手段提高增长的福利和质量,而不是简单地抑制增长和出口速度。

二、 中国金融开放的微观与宏观进程

金融开放本身是金融业甚至经济领域的一个战略问题,将其分成微观和宏观两个层面从经济学角度来说并不很准确。本文主要讨论金融开放相关的金融机构市场准入、金融机构股权开放、人

① 国家统计局:www.stats.gov.cn。

民币汇率制度与可兑换、资本流入与流出等问题，为了简单方便地分类分析，将前两个问题视为微观问题、后两个问题作为宏观问题来进行阐述。

（一）微观机构开放

从机构、业务、市场角度看，微观层面的金融开放可以分为 4 个时期。

1.1979 年至 1992 年，开放试点时期。中国金融对外开放始于银行业。1979 年日本输出入银行进入北京设立代表处，1982 年香港南洋商业银行在深圳设立分行，分别成为新中国第一家外资商业银行代表处和营业性机构，到 1992 年 12 个城市（省）对外资银行开放。中国证券业起步较晚，开放也较晚，1990 年设立上海证券交易所后，开始进行 B 股[①]市场试点，允许外国投资者持有中国企业的股票。同一时期是保险业对外开放的准备阶段，我国从 1980 年开始允许一些外国保险公司设立代表处。

2.1993 年至 2000 年，开放扩大时期。1996 年亚洲开发银行出资购买光大银行 3.29%的股权，是我国银行首次引入外国战略投资者。1999 年国际金融公司购买上海银行 5%的股本，是外资首次投资我国城市商业银行。同时，证券发行市场向外开放推进较快，1993 年我国股份公司开始到香港发行股票上市，后来扩展到美国、英国、新加坡进行第一上市或第二上市。但是国内证券市场对外资机构开放有限，只允许外国证券类机构在华设立代表处，

---

① B 股的正式名称是人民币特种股票。它是以人民币标明面值，以外币认购和买卖，在中国境内（上海、深圳）证券交易所上市交易的外资股。

参与国内的B股市场交易以及H股[1]、红筹股[2]、N股[3]、政府和企业对外举债的发行工作。这一时期也是保险业对外开放的试点阶段。1992年美国友邦保险公司作为第一家外资保险公司在上海设立分公司，1995年保险对外开放试点城市从上海扩大到广州，期间共有来自12个国家和地区的29家外资保险公司在华设立了营业性机构。

3.2001年至2006年，加入WTO过渡期。2001年12月中国加入WTO，到2006年年底银行业处于加入WTO后的五年过渡期，中资银行引入外资投资者趋于普遍。期间国际金融公司购买南京市商业银行15%的股权，汇丰银行收购上海银行8%的股权，花旗集团投资取得浦东发展银行5%的股份，汇丰银行入股交通银行持有19%股权，美国银行购入建设银行9.1%的股份，苏格兰皇家银行集团、新加坡淡马锡控股(私人)有限公司、瑞士银行集团和亚洲开发银行等四家战略投资者投资中国银行合计占22%的股份，高盛集团出资购买工商银行10%的股份。2003年12月，银监会出台《境外金融机构投资入股中资金融机构管理办法》，规定单个境外金融机构向中资金融机构投资入股比例不得超过20%，多个境外金融机构对非上市中资金融机构投资入股比例不能达到或超过25%。

根据我国加入世贸组织的承诺，保险业过渡期只有3年，比其

---

① H股也称国企股，指注册地在内地、上市地在香港的外资股。

② 红筹股，这一概念诞生于20世纪90年代初期的香港股票市场。中华人民共和国在国际上有时被称为红色中国，相应地香港和国际投资者把在境外注册、在香港上市的那些带有中国大陆概念的股票称为红筹股。

③ N股，是指那些在中国大陆注册、在纽约上市的外资股。

他金融行业提前2年全面对外开放。2004年年底，有14个国家和地区的37家保险公司进入我国保险市场。自2004年12月起，允许外资寿险公司提供健康险、团体险和养老金/年金险业务，取消对设立外资保险机构的地域限制，设立合资保险经纪公司的外资股权比例可达51%（但是寿险公司外资持股不超过50%）。

4.2007年以来，金融业全面对外开放。首先是对外资银行全面开放，允许外资银行子行在全国范围对机构和居民客户开展人民币业务，取消对外资银行所有权、经营和设立形式包括对分支机构和许可证发放进行限制的非审慎性措施，外资银行享受国民待遇。证券业对外开放按照加入WTO承诺进行，先后设立4家合资证券公司、31家合资基金管理公司，60家境外证券经营机构在证券交易所直接从事B股交易。在WTO承诺之外，实施了合格境外机构投资者（QFII）、合格境内机构投资者（QDII）等对外开放安排。

（二）宏观货币开放

1.人民币汇率机制改革

1981年至1994年，逐步改革双轨汇率制度。分为三个阶段[①]：一是从1981至1984年，初步实行双轨汇率制度，即除官方汇率外，另行规定一种适用进出口贸易结算和外贸单位经济效益核算的贸易外汇内部结算价格。二是从1985至1991年4月复归单一汇率制度。在具体的实践中随着留成外汇的增加，调剂外汇的交易量越来越大，名义上是单一汇率，实际上又形成了新的双重

① 张晓朴："货币政策与汇率政策的三次冲突"，《国际经济评论》2002年第3期。

汇率。三是从 1991 年 4 月至 1993 年年底。人民币汇率官方汇率和调剂市场汇率并存、官方汇率逐渐贬值调整。

1994 年至 1997 年，人民币汇率改革并轨。并轨后的人民币汇率实行以市场供求为基础的、单一的、有管理的浮动汇率制度。外汇指定银行的人民币交易汇率可以在人民银行公布的基准汇率一定幅度内上下浮动，人民银行入市对人民币汇率进行干预。

1997 年至 2005 年，人民币钉住美元。1997 年亚洲金融危机爆发，人民币面临巨大的贬值压力。为了支持香港联系汇率制度、维护亚洲经济稳定，中央政府承诺人民币不贬值。人民币汇率的浮动机制弱化，人民币兑美元汇率固定化。

2005 年 7 月至 2008 年 9 月，名义上人民币参考一篮子有管理浮动汇率，实际是人民币爬行钉住美元汇率。2005 年 7 月人民币兑美元汇率一次性升值 2.11%后，恢复实行有管理的浮动汇率，人民币汇率参考一篮子货币连续定价，实际上这一时期人民币对美元爬行升值，由 1 美元兑换 8.11 元人民币升值到兑换 6.83 元人民币。

2008 年 9 月至今，人民币再次钉住美元。2008 年以美国为源头爆发次债金融危机，中国在自身经济周期性调整同时，也受到国际市场的巨大冲击。在国际贸易、金融交易剧烈波动下，为稳定交易定价和市场预期，人民币再次钉住美元，1 美元约为 6.83 元人民币。

2.人民币可兑换

人民币可兑换进程与汇率改革协调进行，经常项目自由兑换过程可以分为 4 个阶段。

一是 1979 年到 1987 年，对企业实行外汇留成、审批使用进而调剂使用的外汇买卖管理制度。同时实行双重汇率制，即贸易外汇内部结算汇率和官方公布的非贸易外汇收支牌价并存。二是1994年到1996年，强制结汇、经常项目下可兑换。1994年开始，取消各类外汇留成、上缴和额度管理制度，实行强制银行结售汇制度。人民币官方汇率与外汇调剂市场汇率并轨，建立了以市场供求为基础的、单一的、有管理的浮动汇率制度。三是自1996年年底到2007年，接受国际货币基金组织协定第八条款义务，取消了对经常性国际交易支付和转移的所有限制，人民币经常项目可兑换。四是自2007年8月12日起，强制结售汇改为自愿结售汇制，取消对境内机构经常项目外汇账户的限额管理，境内机构可根据经营需要自行保留其经常项目外汇收入。对个人结售汇实行5万美元年度总额管理。

我国资本项目开放顺序参考国际经验推进，即：先放开长期资本，再放开短期资本；在长期资本范围内，先放开直接投资，再放开证券投资；先放开对金融机构的管制，再放开非金融机构和居民个人的管制；先放开资本流入，再放开资本流出。[①] 首先是放开外商直接投资（FDI）和外国政府与国际金融机构的中长期信贷，其次是债券市场的国际化、股票市场的国际化（B股发行、海外上市、外资参股等），再次是2002年以QFII机制的启动使得投资开放步伐加快，最近是2006年QDII机制启动及不断出现的海外并购，以QDII业务试点等举措改变了长期以来以资本流入为主的开放模式，拓展资本流出渠道。

① 段云燕："人民币资本项目可兑换的步骤和前景"，《经济研究参考》2006年第15期。

3. 人民币国际化

一是人民币境外流通。自 20 世纪 90 年代以来，人民币在我国周边国家和地区，如蒙古、越南、老挝、缅甸、中国台湾、中国香港等流通，成为边境贸易的主要支付结算货币。随着中国经济贸易地位上升，人民币币值走强，人民币在境外流通有扩大之势。据初步测算，截止 2009 年年底，不算在香港约 500 多亿元的存量，人民币境外流通规模也有数百亿元。

二是人民币互换。次债金融危机后，美元的国际地位有所滑落，许多国家之间签订了货币互换协议，相互提供货币支持承诺。2008 年至 2009 年年底，中国央行相继与韩国、中国香港、马来西亚、白俄罗斯、印尼和阿根廷等 6 个国家和地区签订总额为 6 500 亿元的货币互换协议。此外，一些国家如印度、菲律宾、白俄罗斯等还接纳人民币为其外汇储备货币，人民币国际地位上升。

三是人民币计价结算。2009 年 7 月中国人民银行等部委共同发布《跨境贸易人民币结算试点管理办法》，上海、广州、深圳、珠海和东莞五城市率先进行试点工作，境外试点地域暂定为港澳地区和东盟国家，鼓励对外贸易使用人民币进行计价结算(但支付不一定是用人民币)，提高人民币的贸易地位。

三、 中国金融开放中的微观与宏观问题

经过 30 年改革开放，中国金融业发展成果显著，但是国际竞争力远不如中国制造业，当全世界都充斥着中国制造的商品时，中国金融业还呈现着市场垄断、利率管制的局面。一定程度上，金融机构还是靠国家市场保护和价格保护而生存发展。造成中国金融

业竞争力有待提高因素较多，从金融开放角度看，微观层面和宏观层面的多个问题处置不当。

1.金融对外开放平缓，对内即对民营资本开放停滞

经过30年对外开放，外资金融机构在我国金融市场上的影响仍然很有限。相比于外资企业占我国制造业产值的30%，外资银行资产占我国银行业总资产比例自1996年以来一直徘徊在2%—3%，国际比较占比很低。[①] 由于在机构扩张方面受到限制，外资银行在我国基本上扮演着地区性银行而不是全国性银行的角色。保险业中外资保险公司市场份额也较低，2008年年底全国保险业保费收入9 784亿元，其中外资保险公司为389亿元，占比为4%，外资保险公司资产占全国保险公司总资产比重在4.3%左右，比银行业略高。

中国金融业对民营资本开放存在反复，几次关了开、开了关，结果是停滞不前，民营金融机构资产占比处于低位。截至2008年年底，我国银行业金融机构总资产62.4万亿，其中，国有银行和股份制银行总资产41万亿，占比65%，城市商业银行总资产4.1万亿，占比6.6%，城市信用社总资产804亿，占比0.1%，农村商业银行、农村合作银行、农村信用社资产合计7.1万亿(其中农村信用社5.2万亿)，占比11.4%，外资银行总资产1.3万亿，占比2.1%。将股份制银行中的民生银行、浙商银行和城市信用社、农村信用社合并统计，民营金融机构总资产比重也仅为10%左右[②]，

① 根据路透数据，2005年中东欧外资银行资产占比达到了50%以上，其中匈牙利约为60%，波兰约为53%，捷克约为90%；美洲国家，阿根廷和智利外资行资产占比50%，墨西哥外资行资产占比40%，巴西外资行资产占比18%；亚洲国家，韩国外资行资产占比4.3%，菲律宾外资行资产占比13.5%。

② 中国银监会：www.cbrc.gov.cn。

中国金融业以政府拥有和干预为主导的产权安排仍然需要有实质性的改革。

2.各类企业债券特别是民营企业和外资企业债券市场发展滞后

长期以来中国融资市场以银行贷款为主导格局。直接融资领域股票市场有一定的发展，截至 2009 年 8 月底，上市公司数量为 1 619 家，总市值为 22.5 万亿元，相当于 GDP 的 70%。相比之下债券市场发展滞后，截至 2009 年 8 月底，我国非金融机构主体发行债券的存量规模总计为 7.15 万亿元，其中国债存量规模（票面价格）5.1 万亿元，占比为 71%，企业债 8 952 亿元，公司债 465 亿元，短期融资券 3 478 亿元，中期票据 7 101 亿元，后四类合计2.05 万亿元，占比为 29%。各类非金融机构企业债券市场规模合计相当于股市市值的 10%，GDP 总量的 7%。截至 2009 年 8 月底，我国企业发行的各类债券存量仅相当于银行贷款余额的 5%，如果扣除其中约 3 300 亿元银行担保的债券，这一比例还会更低。

在各类企业债存量中，以国有企业和政府项目为主体发行的债券为 1.98 万亿元，占比达 96.5%，非国有主体发行的债券为 707 亿元，仅占 3.5%，债券市场结构明显失衡。民营企业在信贷市场上处于弱势地位，在债券市场上更被边缘化。缺乏民营企业参与的债券市场，以及缺乏债券市场发展的融资体系，使我国的金融市场投资、定价功能不充分，利率市场化推进缓慢，金融、货币对外开放缺乏充实的国内基础。

3.货币政策操作、人民币汇率改革和资本项目开放逻辑混乱

2001 年以来，中国经济金融对外开放进程大大加快，相应的货币政策操作也面临国际挑战，实行人民币汇率机制及外汇管理

改革,但是这些措施逻辑不清晰,相互之间还存在矛盾。

一是人民币汇率变化是机制改革还是相机性汇率升值。2005年7月,人民币汇率机制改革,宣称从钉住美元变化到参考一篮子货币的有管理浮动。但是此后的人民币汇率并没有参考一篮子货币,而是对美元爬行升值,并在2008年9月再次钉住美元。3年多的汇率变化,从汇率升值角度来说实践了人民币渐进升值的操作,从机制改革角度来说是其意义可能仅在于将来再次改为钉住时相对容易些。人民币汇率变化,实际就是相机性汇率升值:存在贬值压力时钉住美元不变以稳定金融市场;存在升值压力时渐进升值以避免对外贸和经济冲击太大。人民币汇率机制徘徊于钉住与爬行钉住之间,将来可能趋于爬行浮动。

二是人民币汇率与资本项目管制的关系。2005年人民币汇率机制改革后,为缓解人民币升值压力,金融当局在资本项目管理上出台多项措施鼓励资本流出,如金融机构QDII投资以及喧嚣一时却没有出台的"港股直通车",但是并没有强化限制资本流入,在升值预期下资本项目放松对于缓解升值压力作用不明显。2009年8月次债金融危机恶化后,中国对资本流出又有所限制。对于汇率浮动与资本项目管制放松,国际一般经验是汇率浮动要先于资本管制放松,比喻为"马要放在车前面"[①]而不是相反。人们喜欢争论资本项目管制的有效性,在1997年亚洲金融危机和2008年次债危机时加强资本流动管制以稳定金融市场的实践经验中管制是基本有效的,或者说加强管制和放松管制差别是很大的。

三是货币政策对外推进市场放松和对内强化行政管理。2007

① 余永定:"资本项目放开应当缓行",《财经》2007年9月3日。

年下半年和2008年上半年，货币政策对外强调市场化取向，人民币年化升值速度由2006年的3%到2007年6%，再到2008年上半年的10%。同时，货币政策对内却强化行政手段，恢复贷款限额计划以抑制通胀。出现这种对外市场化、对内行政化政策取向矛盾现象，其原因并非只是金融当局操作不当。制约或扭曲货币政策的因素很多，比如环境保护、劳动保护薄弱以及能源资源定价非市场化造成我国出口产品价格过低。总体上说，是中国政府的经济社会调控管理能力滞后于经济国际化的要求，金融市场发展落后于实体经济发展。

4.宏观金融不稳定和微观金融不活跃并存

改革开放30年来中国没有发生金融危机的主要原因，从宏观层面看是经济增长快、政治稳定、居民储蓄率高、资本项目实行管制，从微观层面看是国家向问题金融机构注资处理不良资产、帮助金融机构支付其对个人的未偿还债务、推进金融机构产权和治理结构改革以及加强监管等。

但是，30年来中国出现5次经济较大波动(5次经济下行调整的时间分别为1979年—1980年、1986年、1988年—1989年、1993年—1995年、2008年以来)，每次经济波动都会使金融机构积累不良资产，并对金融稳定形成威胁。金融不稳定与宏观经济周期性波动相关，其中宏观政策的失误是不稳定的重要因素之一，主要是宏观政策没有恰当熨平周期，反而一定程度将其放大，如1988年的紧缩。政府致力于金融稳定，首先要维护宏观经济金融平稳，降低系统性风险。2008年以来的经济周期性下滑和2009年的银行贷款井喷，让人担忧未来几年的金融风险与稳定。

金融稳定的基础是发展产权明晰、治理合理的金融机构主体，增强自稳定微观机制也是增强金融活力的基础。改革开放30年，中国金融的突出特征仍然是国有控股大银行通过贷款按照央行法定利率(可以有10%左右的浮动)向国有控股大中企业进行融资，产值占比和就业占比都超过60%，中小企业相对获得融资要困难得多。民营金融机构数目少、资产小，金融垄断仍然显著地抑制金融活力的上升。

四、国际危机后的中国金融开放

2008年源于美国的次债金融危机造成了全球紧张，中国针对此出台了积极财政和宽松货币的政策，但是2009年出现的商业银行贷款井喷出乎大家的预料。2009年上半年商业银行新增贷款7.4万亿，其中中长期贷款3.8万亿，据统计，70%的中长期贷款投向各类政府投融资平台机构。[①] 上半年的经济金融形势让人看到了中国“一放就乱”的历史影子，在贷款冒进中，大银行起了带头作用，引发整体银行放贷的冲动。让人不解为什么中国银行股份制改造了，引进外国战略投资者了，在海外上市了，而管理机制却没有实质性进步呢？原因就在于投资主体和放贷银行过多的政府背景，说到底还是缺乏约束政府的机制。

对于此次次债金融危机爆发的原因，当前认为主要是两点：一是美国等主要国家在全球化背景下，货币政策操作不能适应新变化，对资产价格变化反应不足，货币政策立场偏松，培育了资产泡

---

① 史青青、朱微亮：“关注信贷不平衡增长的金融风险”，《中国金融》2009年第14期。

沫并刺激经济扩张过度；二是以美国为代表的一些国家对于创新金融的监管不充分。2000年后全球各国经济一体化程度加深，生产要素全球整合使发达国家消费品价格上涨受到抑制。以消费品价格为观测通胀的主要参照指标，主要经济体货币政策对经济形势的判断滞后，出现资产价格膨胀、经济过热和货币政策立场宽松的局面。美国在2001年10月至2004年12月长达3年联邦基金实际利率为负，中国在2004年、2007年—2008年1年期存款实际利率也为负。资产泡沫破灭和经济过热后的萎缩导致主要经济体陷入衰退和萧条。

对于次债金融危机的理解，直接影响到中国将来微观和宏观金融对外开放的规划。从微观金融来看，不能因为此次债危机源于国外市场，就对来自国外的产品和机构简单限制，强化对金融创新监管的重点是控制金融机构的杠杆比率、充分信息披露、加强对金融消费者保护，而不是限制产品开发和金融往来。从上半年银行贷款“一放就过度”的局面看，微观金融要更加对外资和民营资本开放，才能充实金融机构的产权和公司治理约束机制。

从此次债危机再次看出，金融个案的风险并不可怕，令人恐惧的是系统性金融风险。宏观金融稳定是根本，处理好宏观金融政策的对内调控和对外开放安排则是基础。在一切协调货币政策的内外安排中，货币政策独立性、汇率浮动性、货币可兑换程度、资本流入流出的自由程度是政策措施的框架。“蒙代尔不可能三角”①被视为货币政策内外协调的基本模型，中国对此模型理解的关键，

---

① 〔美〕保罗·克鲁格曼：《萧条经济学的回归》，朱文晖译，中国人民大学出版社1999年版。

不在于如何取舍货币政策独立与汇率浮动，而在于如何判断与实现资本流动管制的有效性。目前中国资本流动管制部分有效，金融当局应努力实现基本有效。在此基础上把握宏观金融开放的制度与实力建设，至少包括以下几点：

一是人民币汇率浮动与人民币结算地位相辅相成。在美、欧、日发达经济体中，日本对日元汇率干预最频繁，重要原因是日元结算额占日本外贸总额的比重最小，约为10%，而美元结算额占美国外贸总额的90%以上。是否以本币计价结算，影响到其汇率变化对进出口企业影响程度，也关系到一国是输出其经济波动还是输入他国经济波动。人民币恢复有管理浮动汇率的改革取向是正确的，但是人民币的浮动程度除了参考一篮子货币，还要考虑对外贸易中以人民币结算的地位。积极推动外贸用人民币结算，有利于人民币汇率浮动空间扩大。

二是资本流入流出与金融市场发展相辅相成。目前国际贸易的规模，即使从进口和出口两方面重复计算，年交易总额大约也就是30万亿美元，而国际外汇市场日均交易金额就达到2万亿美元。① 一国对国际资本流入流出开放的程度，取决于其金融市场发展程度，如债券市场广度和深度以及利率、汇率市场化程度等。发展固定收益市场就是建设中国金融的基础设施，促进多种经济主体通过公开的信用评级、发行方式直接融资，给市场提供连续、公开交易的多种金融产品。本币金融市场扩展加深了，国际资本流出入才会顺应资源配置效率的主渠道进行，投机炒作的负面影响才会尽可能减少。

---

① 国际清算银行：www.bis.org。

三是人民币可兑换与人民币国际化相辅相成。人民币可兑换即人民币在经常和资本项下自由兑换，与人民币在国际市场的认可程度，例如多少国家将人民币列为其储备货币密切相关。当更多的国家认可、接受、储备人民币后，人民币在国内、国际市场上的自由交易买卖行为才会有更深厚的背景市场予以承载和吸纳。人民币国际化是中国要素价格、企业运行以及政府调控方式国际化的集中体现，可以努力推动，不可拔苗助长。

五、结论

制造业是中国国际竞争力的中坚力量。制造业对外开放参与国际循环，对内开放使民营企业不断竞争与发展，国际竞争力迅速提升。

相比于制造业，中国金融业微观对外开放仍显平缓，外资金融机构市场份额较低，对中资企业的竞争和促进作用仍不充分。金融业对国内民营企业开放停滞，以政府拥有和干预为主导的产权安排对金融机构经营行为影响很大，既难以实现有效审慎约束，又不利于提高竞争和活力。

人民币汇率机制改革之后的中国宏观金融开放出现逻辑混乱，货币政策操作、人民币汇率升值、汇率浮动化、资本项目管理之间相互矛盾，增加了宏观金融不稳定因素。

中国微观金融要进一步对外资和民营资本开放。宏观金融要把握好货币政策的内外安排，即货币政策独立性、汇率浮动性、货币可兑换程度、资本流入流出自由程度之间的关系。在资本项目管制的基础上，掌握货币政策独立性，发展金融市场，提高人民币贸易结算地位，有序建立人民币汇率浮动机制和开发合规的资本流出入渠道。

参考文献

〔美〕保罗·克鲁格曼：《萧条经济学的回归》，朱文晖译，中国人民大学出版社1999年版。

段云燕："人民币资本项目可兑换的步骤和前景"，《经济研究参考》2006年第15期。

史青青、朱微亮："关注信贷不平衡增长的金融风险"，《中国金融》2009年第14期。

余永定："资本项目放开应当缓行"，《财经》2007年9月3日。

张晓朴："货币政策与汇率政策的三次冲突"，《国际经济评论》2002年第3期。

第五部分

次债金融危机

次债金融危机的主要成因并非监管不严[①]

摘要：次债金融危机的根本成因是美国货币政策失误以及当前国际货币体系下美国对全球资源的滥用。把宏观上降低利率、微观上加强管制作为应对经济下滑和市场波动的主要举措，是对次债危机成因、美国应对政策的误读和盲从。防范宏观系统性金融风险，需要坚持货币政策稳健取向。提高金融竞争力重要的是提高微观主体创新能力，推进金融开放和鼓励竞争创新，扩大外资金融机构准入范围，允许更多民营资本投资金融产业，拓宽金融业务范围，丰富产品创新。

次债金融危机爆发和愈演愈烈，使全球各国政府、企业和投资者都在谈论次债贷款、MBS、CDO、CDS等一系列名词，但是似乎越来越多的人认为，主要由于监管不严，这些金融创新的产品中掺杂了很多毒素（如同奶粉中掺入三聚氰胺）以及投资银行低估风险无节制地放大杠杆，才造成了次债金融危机。应对和预防金融危

---

① 本文发表于2008年第22期《中国金融》，由段国圣、张敬国讨论，张敬国执笔完成。

机，首要即是加强金融监管，在当前危机蔓延时刻，矫枉必须过正。

把金融无序创新、金融机构杠杆过大和金融监管不严看作次债危机的主要成因，是对美国和全球经济金融问题的表面认知。事实上，次债金融危机的根本成因是美国货币政策失误以及当前国际货币体系下美国对全球资源的滥用。如果其他国家包括中国把监管不严视作次债危机的主因，为防范金融危机而简单加强管制，那么中国与美国金融竞争力的落后差距会进一步扩大，在国际金融体系中进一步沦为向美国提供资源、为美国承担损失的附属经济体。

一、次债危机基础是美国对全球资源的过度使用

第二次世界大战后，美国主导建立的布雷顿森林体系确立了以美元核心的国际货币体系。美国通过其强大的产业创新、金融市场和军事实力，引领全球产业升级，主导国际资本流动与配置。20世纪90年代初，随着东欧和苏联巨变，美国成为世界唯一超级大国，经济霸权更加突显。美元资产占国际储备资产比重由1995年的59%，上升为2007年的66%。美国金融市场规模相当于全球的32%，股票相当于全球的44%，债券相当于全球的40%，美国证券市场市值相当于西方七国证券市场总量的60%。[①]

近10多年来，美国更加广泛地支配全球资源，美国的贸易逆差上升至GDP的7%，美国资本净输入占全球比重由1995年的33%上升到2007年70%。美国经济运行模式也从以收入为基础

① 数据来源于彭博：www.bloomberg.com。

的储蓄模式向以资产为基础的储蓄模式转化，美国居民较多依靠房产、股票财产升值扩大消费。从1994年到2007年的14年间，美国实际消费增长率年均高达3.5%，其持续时间之长前所未有，而同期美国民众实际个人可支配收入年均增长为3.2%。[①] 美国采用一种新的以资产为基础的储蓄策略，先是20世纪90年代后半期以股票资产抵押，而后是21世纪的前五年以房产抵押借贷消费。

因为美元的国际货币地位，美国可以一定程度地透支使用全球资源，但是没有一个经济体可以永久地入不敷出。美国经济整体就如同一个建立在高杠杆之上的金融机构，其经济的运行方式是以较低的成本进行数倍的杠杆融资，将资金投资后把获得的高额利润用于消费和继续投资。但是当某个领域资产价格出现下跌时，高杠杆使得投资亏损大幅增加，出售资产负债表降低杠杆不可避免地造成资产价格的进一步下跌，从而又形成螺旋式调整的恶性循环。

二、 次债危机主要成因是低利率刺激经济过度膨胀

2000—2001年，美国相继发生了网络泡沫破灭和9·11事件，国内经济受冲击陷入衰退边缘。为刺激经济和给市场注入信心，美联储采取宽松的货币政策，两年时间里连续13次下调基准利率至1%，是第二次世界大战以来的最低水平。2004年6月美

① 美国经济分析局：www.bea.gov。

联储开始加息后，利率上升缓慢，真实利率水平为负持续达 3 年之久。[①]

2001—2004 年，美国低利率刺激了以金融、地产以及初级商品等市场的过度膨胀。随着经济全球化的不断深入，新兴市场国家出口增长迅速，与发达国家构成一个以美国为首的完整的循环链。在宽松的宏观环境的作用下，全球经济出现过度繁荣。世界经济增速在 2005—2007 年间年平均增速达到 5%高位，大大高于过去 30 年间平均 3.3%的水平。经济膨胀表面向好还使得美国等对于金融创新放松了监管，市场缺陷与政策缺陷共同影响平衡机制的运作，矛盾不断积累并最终爆发，导致次债金融危机。

长期过低利率政策刺激经济过度膨胀，直接导致了三种后果。一是资产价格泡沫。持续低利率刺激经济扩张，美国房地产价格涨幅超过 1 倍，资产价格泡沫日益膨胀。在此期间，美联储主席格林斯潘只是认为货币政策要关注资产价格，而并没有强调要抑制或防止资产泡沫。经济的持续膨胀还使市场定价模型低估了风险，致使市场信用溢价偏低，也助长了资产价格高涨。

二是不稳健的商业模式。低利率环境使金融机构固定收益投资收益非常微薄，甚至难以覆盖费用支出。一些金融机构采用增加杠杆、购买高风险资产、购买低流动性资产来提高收益能力。从雷曼、高盛、摩根士坦利的年报看，这三家机构 2007 财年末的杠杆比例分别为 31 倍、26 倍、33 倍，流动负债占比分别高达 82%、85%、79%。[②] 低利率环境下，华尔街投资银行高杠杆、低流动性

---

① 美联储：www.federalreserve.gov。

② 雷曼（Lehman Brothers）、高盛（GoldmanSachs）、摩根士坦利（Morgan Stanley）2007 年的年报。

的商业模式愈演愈甚，潜伏危机。

三是金融创新异常活跃，而金融监管相对缺位。金融创新始终是存在的，但是低利率下经济景气持续高涨使金融当局松懈了监管。那些在OTC市场（场外交易市场）交易的固定收益类产品，很多没有得到有效监管。例如，CDS（信用违约掉期）市场的流动性曾经非常好（甚至比实体债券还要好），存量比实体债券更大，但是这个市场的游戏规则主要靠行业自律和民间机构进行协调，对于这个市场的系统性风险，没有监管机构进行监督。

金融机构的这种高杠杆投资模式在市场行情向好时会带来较高的回报，但在资产价值下跌时，金融机构就要被迫启动去杠杆化过程，即通过出售风险资产来主动收缩资产负债表，或者吸引新的股权投资来扩充资本金规模，这些行为要么会压低风险资产价格而引发市场动荡，要么会造成市场流动性紧张，酿成整个信贷市场的系统性危机。经济泡沫是个整体泡沫，只不过破裂首先发生在其最薄弱的环节，金融危机从次债领域爆发只是个技术问题。金融创新异常、过度杠杆、监管松懈是次债金融危机的表面原因，而低利率刺激下的过度借贷和经济膨胀是形成泡沫的深层原因。泡沫不是先在次债领域也会在其他领域，不是以爆裂崩溃形式也会以其他形式而最终破灭。

三、 美国通过发达金融市场转嫁危机损失

美元作为国际货币，美国金融市场作为最发达的国际金融市场，一直是美国支配全球资源的工具和场所。美国凭借其强大的金融竞争力，主导全球资本流动和配置，支持繁荣发达的美国经

济。而当美国发生金融危机产生损失和遇到经济周期性调整时，也常常会凭借其强大的金融体系将损失和问题分散转嫁到其他国家和投资者。美国的强大，很重要一点就是金融的强大。历史上，美国将其损失和问题分散转嫁到其他国家，有以下案例为证。

一是美国通过美元与黄金脱钩大大降低债务负担。第二次世界大战后美国的黄金储备占当时整个世界黄金储备的74%。美国也借此确立了美元与黄金挂钩的布雷顿森林体系。但此后美国国际收支逆差逐步增加，黄金储备也日益减少，美元国际信用严重下降，各国争相向美国挤兑黄金，美元危机迭起。1971年8月，尼克松政府宣布停止履行用黄金向各国兑换美元的义务。此后黄金价格从35美元1盎司不断调整冲高，甚至达870美元的高点，以黄金计价的美国债务大幅缩水。①

二是大幅提高利率促进投资，引发发展中国家债务危机。20世纪70年代"石油美元"的累积和流动掀起了私人商业银行向发展中国家提供贷款的高潮。而此时的拉美国家正在实行进口替代的工业化模式，产业升级、引进新技术都需要大量外汇资金。在"石油美元"泛滥、国际贷款利率很低的环境下，拉美国家纷纷走上"负债增长"之路。1981年美联储采取大幅度加息和强势美元政策，吸引了大量的外国资本流入美国，促进了美国的又一次繁荣。② 但是却引爆了拉美发展中国家的债务危机，使得这些国家纷纷陷入无法偿还外债的困境。

三是逼迫日元升值，减缓美元贬值压力并挤垮日本经济。美

① 数据来源彭博：www.bloomberg.com。
② 美联储加息从1980年的9.5%提高到1981年的20%。

国为解决巨额贸易逆差问题，1985 年与日本达成“广场协议”，强迫日元升值。在“广场协议”后的短短三年时间，日元在从 1 美元兑 240 日元上升到 1 美元兑 120 日元。为了防止日元升值打击经济成长和造成通货紧缩，日本央行实行扩张性的货币政策，催生了房市、股市的泡沫，泡沫破灭引发了长达 10 多年的通货紧缩。

四是吸引全球资本发展高风险信息产业。1994 年克林顿政府为刺激经济推出以互联网为主的科技革命，同时采取了强势美元的政策，吸引大量资金流入美国。[①] 随着劳动生产率的高速增长，在设备投资的拉动下 1992—2000 年间美国经济平均增速达到 4%，为战后以来的最佳表现。2000 年后，投资过度的美国 IT 泡沫全面破灭，纳斯达克指数缩水 70%，约 5 万亿股市市值蒸发，在强势美元以及信息革命吸引下投入美国市场的大量境外资金血本无归。

在此次次债危机中也是如此，到目前美国承担了 2/3 约 1.2 万亿美元的坏账损失，其余 1/3 约 5 500 亿美元已经通过金融市场转移给了欧洲和其他世界各国。[②]

四、 宏观稳健和微观创新是建立金融强国的关键

美国次债金融危机，实际是低利率刺激经济过度膨胀、过度透支全球资源后，泡沫破灭造成资产价格和投资银行经营方式的剧烈调整。次债金融危机爆发后，为降低市场崩溃的风险，美联储迅

---

① 1994 年美联储加息从 3%提高到 5.5%。

② Goldman Sachs, *Leveraged Losses-Still Out There*, March 24, 2008.

速大幅降息，并联合西方主要经济体共同降息，竭尽所能向市场提供流动性，希望通过临时救急措施尽可能放缓市场波动。

为维护资产价格稳定，降低欧美金融危机对新兴市场经济的压力，刺激经济增长，新兴市场国家包括中国近来也纷纷下调利率[①]，同时金融当局加强监测与监督。这些政策措施目前对于应对和预防危机是正确和及时的，但是这些措施不能治本。相反从中长期来看，如果把宏观上降低利率、微观上加强管制作为应对经济下滑和市场波动的主要举措，则是对次债危机成因以及美国应对政策的误读和盲从。不仅于刺激经济是事倍功半，反而可能加大经济金融宏观运行的风险，损伤金融效率。

美国当前的政策是救急救火，力图避免金融体系崩溃、经济陷入衰退。将来金融市场平稳后，美联储利率目标水平将趋于中性，金融创新依然会被鼓励和支持，当然监管也会改进。中国面临的问题与美国不同：经济方面是自身景气周期向下和外部需求快速下降对经济增长的压力，金融方面是投资美国市场损失和经济金融动荡下金融机构的不良资产上升和流动性紧张。

2007 年之前的 5 年中国经济快速增长，国际化是一个突出的特征，同时也存在消费比例偏低、外贸顺差偏高的失衡问题。而失衡的根本原因，除了美国需求膨胀的外部因素，内因则是在经济快速增长的同时，国家的税收、收入政策存在缺陷甚至扭曲，社会保障、劳动保障、环境保护制度与经济国际化相比越来越滞后。2008

① 2008 年 10 月 8 日，中国央行将人民币存贷款基准利率各下降 0.27 个百分点。中国香港也在同一日内两次下调基准利率共 150 个基点。2008 年 9 月 1 日，印度央行降息 100 个基点。同日，印尼央行将存款准备金率由 9%下调至 7.5%。韩国央行 10 月 9 日将基准利率下调 0.25 个百分点。

年下半年以来，中国经济增长快速下滑，金融领域受经济下行和国际危机影响风险因素不断加大。经济保增长和金融防风险成为当前政策的要点，从中长期看提高经济金融运行效率和竞争力是支持持续平稳较快增长的基础。

保持经济运行稳定，防范金融风险，首先是防范宏观系统性金融风险，为此应坚持货币政策稳健取向。一是促使利率接近中性水平，既维护金融机构运作效率，也避免给实体经济以太多利息压力。二是保持汇率水平基本稳定。对于中国这样金融市场不发达的发展中国家来说，汇率走势主要反映了经济体竞争力的持续变化，并适当体现周期性波动。当前在美元大幅走强情况下，保持人民币有效汇率基本稳定，并体现市场波动性，人民币兑美元汇率应小幅贬值，而不应该钉住不变，只是在美元走弱时而借机升值。在中国经济走强，美元动荡背景下，人民币的区域货币作用客观上在增强。人民币汇率政策的把握，从国际责任和影响来看，也应本着有效汇率基本稳定的原则。三是坚持甚至强化基本有效的资本管制。

提高金融竞争力重要的是提高微观主体创新能力。继续推进金融开放和鼓励竞争创新，扩大外资金融机构准入范围，允许更多民营资本投资金融产业，拓宽金融业务范围，丰富产品创新。只要宏观金融环境稳定，金融监管监测、分析有效，微观金融主体创新一般不会产生系统性风险，而其对于金融经济竞争力的提升会起到发动机一样的根本推动作用。否则，中国如果因为美国次债危机而简单地加强微观管制，进一步限制本来就不活跃的金融创新，那么中国与美国金融竞争力的落后差距会进一步扩大，在国际金融体系中进一步沦为向美国提供资源、为美国承担损失的附属经济体。目前在美国金融体系运转困难、金融创新倒退情况下，中国不仅应在战略上继续坚持稳步推进金融创新的原则，还应该考虑挖掘机遇，更快提高中国金融竞争力。

次债金融危机中的保险业风险分析[①]

摘要:美国次债金融危机的根源主要在于长期低利率环境导致的金融系统的系统性风险。保险集团 AIG 陷入危机并破产源于投资策略过于激进,为获取担保费收入提供大量次债相关的信用违约担保。20 世纪 80 年代后,大约三个时期出现了保险行业系统性经营危机的风险,对保险行业的安全以及经营模式均形成了关键性的影响,对此类教训中国保险机构要予以借鉴。

一、 次债金融危机发展历程及根源

2007 年以来美国的次债金融危机起因于住房抵押贷款中的次贷问题,即房地产价格见顶回落后,借款人违约导致贷款银行发生坏账损失。美国由于房贷证券化程度较高,证券化过程中的各种参与者都产生了不同程度的损失,如贷款银行和服务商、房利美和房贷美等政府机构、投资银行(证券化产品的设计者)、债券担保

① 本文写于 2008 年 11 月,由张敬国、任建畅、张乐执笔,张敬国总纂完成。

机构(为证券化产品提供信用增级)、投资者(年金、基金、个人投资者、外国投资者等)等。

次债危机至今大致可分为四个阶段。第一个阶段(2007 年 8 月之前)是从商业银行爆出次债问题到贝尔斯登宣布其下两对冲基金[①]破产清算,这段期间市场认为次债问题只是一个局部市场的局部问题,次债存量仅占住房贷款的 13.6%,即总量约 1.7 万亿,不会对金融和经济产生很大影响。

第二阶段(2007 年 8—12 月),贝尔斯登旗下的两只对冲基金清盘后,爆出次债损失的金融机构越来越多,市场一度陷入流动性危机,货币市场基金和资产支持票据市场承受了巨大的赎回压力。

第三阶段(2008 年 1—6 月),次债危机愈演愈烈,金融机构一方面针对信用损失进行财务减计,一方面想方设法通过股本融资和变卖优质资产的方法来充实资本金。但那些风险相对集中和单一的金融机构,如美国地区性商业银行难逃破产命运。今年以来,美国的地区性商业银行已有 10 余家破产。

第四阶段(2008 年 9 月至今),金融机构甚至金融系统的流动性状况迅速恶化,金融机构系统性风险爆发,金融机构被迫火线拍卖资产、甚至是出售自己来找到资金实力雄厚的商业银行作为后盾,否则随时可能倒闭。每个行业和领域内所谓的"最弱的一环"的机构面临被挤兑乃至破产的威胁。

次债危机逐步演化为金融机构的系统性风险,而且不论从地域分布(欧洲、日本和新兴市场)看,还是从行业分布(商业银行、投

---

① High-Grade Structured Credit Strategies Enhanced Leverage Fund 和 High-Grade Structured Credit Strategies Fund。

资银行、保险公司)上看,都有进一步蔓延开来的态势。尽管美国最终通过营救方案的可能性较大,但是仍然不能确定次债危机已近尾声,市场风险仍然巨大。

深入挖掘,美国次债金融危机的根源主要在于长期低利率环境导致的金融系统的系统性风险。

长期低利率导致了三种错误:一是资产价格泡沫。本轮经济景气周期,美国的资本市场和房地产市场都经历了更长的牛市,风险将继续保持在受控的水平上,金融工具定价模型都低估了风险。金融危机爆发引起金融行业重新检讨资产价格定价以及金融理论创新。

二是低利率促成了一些不稳健的商业模式。低利率环境促使金融机构采用增加杠杆、购买高风险资产、购买低流动性资产来获取流动性溢价。从雷曼、高盛、摩根士坦利的年报看,这三家机构2007财年末的杠杆比例分别为31倍、26倍、33倍,流动负债占比分别为82%、85%、79%,第三类资产(不能明确定价的资产)分别有420亿、692亿、737亿,而权益只有225亿、428亿、313亿美元。华尔街投资银行高杠杆、低流动性的商业模式不可取,金融行业正在重新洗牌。

三是低利率环境下,金融创新异常活跃,而金融监管相对缺位。金融创新始终都在进行,那些在OTC市场(场外交易市场)交易的固定收益类产品,很多没有得到有效监管。例如,CDS(信用违约掉期)市场曾经流动性非常好,存量比实体债券更大,但是这个市场的游戏规则主要靠行业自律和民间机构进行协调,对于这个市场的系统性风险,没有监管机构进行监督。

二、次债危机中濒临破产的保险机构：AIG事件分析

次债金融危机愈演愈烈，美国国际集团（AIG）濒临破产急剧加重了人们对保险机构在次债危机中遭遇的担心。AIG 是全球最大的保险金融服务集团，在 2007 年《财富》500 强排名世界第 10，在全球 130 个国家和地区设有分支机构。AIG 旗下有寿险、财险、金融服务和资产管理四大业务。根据其 2007 年年报计算，AIG 的寿险业务占集团总收入的 43.9%，财险业务收入占 43%，金融服务业务占 8.6%，资产管理业务收入占 4.5%。截至 2008 年 6 月底，AIG 资产总额达 10 000 亿美元，净资产约 800 亿美元。次债危机爆发前，公司保险业务经营正常。

AIG 陷入危机并濒临破产源于其在美国的投资策略过于激进，为获取担保费收入提供大量次债相关的信用违约担保。据彭博消息预期，AIG 在信用违约担保上的总损失约超过 700 亿美元。

1987 年，AIG 设立子公司 AIG 金融产品公司［AIG Financial Products Corp（AIGFP）］，开发并出售多种结构性投资产品。2000 年以来，AIG 购买了大量 AIGFP 出售的信用违约掉期产品（Credit Default Swap，CDS），对次债相关产品的担保高达 32 万亿美元。该产品为 CDOs（抵押贷款债券）提供信用违约掉期合约，与住房市场涨跌息息相关。不良的 CDOs 为诱发次债危机的衍生金融产品之一。只要购买了 AIGFP 的 CDS，就承诺当承保的证券出现违约时，向买家进行赔偿。许多 CDS 合约还规定，如果所承保证券的风险上升，AIG 还需要向买家提供现金或国债等

抵押品，成为引爆AIG危机的导火索。

次债危机爆发后，AIG在2007年第四季度和2008年第一季度亏损共计130亿美元，2008年第二季度亏损达53.6亿美元。为补充资本金，AIG于2008年6月增资202.5亿美元[①]（原计划增资125亿美元）。由于违约风险上升，AIG提供违约互换的许多抵押贷款证券和公司债价值严重缩水。根据条款，AIG需要向买家们增加抵押品，受此影响，AIG陷入了“流动性危机”。2008年9月15日，标准普尔、穆迪等评级机构将AIG的信用评级下调。自身评级下调之后，AIG还需要为买家提供超过140亿美元的追加抵押品，成为压垮AIG的最后一根稻草。

CDS风险较高，不符合保险公司稳健经营原则，全美2000余家保险公司中多数不提供CDS产品，但AIG不仅涉足CDS，而且为CDS、CDOs此类交易设置了相应的投资机构。次债危机爆发之前，AIG一直是信用违约掉期市场的主要卖方，该公司向遍布全球的数十家金融机构和公司出售这一衍生产品，买方包括了华尔街投行、欧洲银行等，正是这种激进的投资安排毁灭了AIG老牌帝国。

三、历史上保险业系统性风险回顾

结合当前次债金融危机的影响，为深入分析保险业风险状况，可以从历史角度总结保险业风险大事。保险行业作为经营风险、提供长期储蓄和养老资金管理的商业机构，传统上采取十分保守

① 美联储：www.federalreserve.gov。

的经营模式，从而在20世纪70年代以前保持了相对稳定的运营和发展。但是20世纪80年代以来，由于金融市场资产价格剧烈波动，各类金融机构之间竞争激烈，保险机构风险偏好增加，保险业经营面临多重风险因素的影响，出现了较多保险公司倒闭，甚至是全行业危机的局面。

纵观国际保险行业的发展历史，大约三个时期出现了保险行业系统性经营危机的风险，对保险行业的安全以及经营模式均形成了关键性的影响。

一是20世纪80年代美国保险机构大批倒闭。20世纪70年代末，美国为了治理战后出现的最为严重的通货膨胀，大幅度提高利率水平。1979年年底，存款准备金率提高到8%，贴现率上调至12%，联邦基金利率从12%上升到17%，1980年代初联邦基金利率甚至上升到20%。

在利率大幅度波动的时期，保险公司的经营受到了严峻挑战。一方面，保险公司的负债方产品被迫发生改变，由传统的定期寿险向担保投资合同(GIC)、万能寿险(Universal Life Contracts)、可变寿险等演变，以提高对客户收益回报，适应市场竞争要求。同时，保险公司还在产品中向客户提供了许多不收费的期权(包括退保权、保单贷款权、保底利率以及延期等)，这些期权在金融市场波动变大时，加大了保险公司经营风险。另一方面，保险公司普遍采取更加激进的投资策略，从原来仅投资于国债等高信用品种上，扩展到公司债、抵押贷款甚至是垃圾债、股票等领域，加大了保险公司的投资风险。据统计，1971—1991年间，美国共有190家寿险公司破产，大大超出了美国1929年经济危机时的水平。其中代表是Executive Life，该公司通过成功的垃圾债券投资，在1974—

1988年间，迅速从市场第355名升至第15位，其资产组合的65%投资于垃圾债券。当美国垃圾债券市场发生风险时，该公司于1991年倒闭。①

二是20世纪90年代日本泡沫经济破灭后保险公司的倒闭风潮。90年代日本泡沫经济破灭时，日经股票指数由最高的38 916点下跌幅度达到80%，不动产领域资产价格跌幅也超过70%。日本寿险公司主要受到两个方面的挤压：一方面持有大量股票、地产的保险公司（如后期建仓股票、不动产的千代田生命）在市场泡沫破灭时资产缩水严重，资产价值低于负债额度。另一方面，泡沫破灭之后日本央行长期维持零利率的政策，使定价利率较高（如4%—6%）的保险公司不堪重负而被拖垮。日产生命最先倒闭，此后东邦生命、迪拜生命、大正生命、千代田生命、协荣生命和东京生命等7家寿险公司②相继破产，改写了日本寿险行业顺利发展、全球领先的历史。

三是21世纪初欧洲保险公司陷入困境。2002年，发达国家股市尚未从网络泡沫中完全恢复，市场又遭遇“安然”、“世通”等事件影响③，发生信用危机，美国和欧洲股票市场均出现了大幅度下跌。此前，欧洲保险公司为获取更高收益，其投资组合中持有股票的比例由1992年的25%左右迅速提升至35%以上，股市下跌使

---

① 张仕英：《保险保障基金制度的理论基础与实证分析》，复旦大学硕士学位论文，2002年。

② 平安证券：“中国保险产品发展空间巨大”，经济观察网2007年3月27日。

③ 2001年安然向美国证监会递交文件，承认做了假账：从1997年到2001年间共虚报利润5.86亿美元，并且未将巨额债务入账。根据美国证券交易委员会的调查资料：世通公司在1999—2001年虚构的销售收入达90多亿美元；通过滥用准备金科目，利用以前年度计提的各种准备金冲销成本，以夸大对外报告的利润，所涉及的金额达到16.35亿美元；又将38.52亿美元经营费用单列于资本支出中。

保险公司资产出现巨幅缩水。2002年标普宣称将对131家保险公司做降级处理，欧洲顶尖的保险巨头，包括法国安盛集团、苏黎世金融服务公司、安联集团、瑞士再保险等，损失高达几十亿美元。英国保险业投资股票的比例超过50%，英国金融监管当局不得不三次放宽偿付能力监管标准①，以避免保险机构在低位大幅减持股票造成更大的损失。虽然欧洲保险业的危机大多通过再融资或出售资产得到了解决，但危机影响改变了业内对欧洲稳健风格的判断。

四、 对中国保险机构风险管理的启示

通过对次债金融危机影响、AIG破产原因以及历史上保险业系统性风险的分析，初步对当前中国保险机构风险管理得出以下启示：

一是保险机构的风险控制特别要控制保险资产投资风险。保险国际巨头AIG破产，直接、根本原因就是过度投资于风险不确定的信用违约掉期产品（CDS）。CDS产品的推广和流行在2000年以后，而AIG在短短的不到10年时间，累计提供30多万亿担保，并大量涉足次债相关产品，正是这种快速、激进的投资策略将AIG在金融体系出现大幅波动时逼入绝路。此外，历史上保险业三次系统性风险爆发，都和保险资产投资策略出现较大调整、资产价格较大波动有关，管理、控制保险投资风险至关重要。AIG事件对于中国保险机构的借鉴意义主要在于：对于不熟悉的领域，如

① 英国金融监管局：www.fsa.gov.uk。

衍生品投资,需要非常谨慎。

二是保险资产投资风险管理要注意防范系统性风险。20 世纪 70 年代后,美元与黄金脱钩使国际金融体系更加不稳定,国际经济、金融全球化加速,金融创新、金融竞争愈演愈烈,多国宏观货币金融政策也会有失误,金融体系系统性风险有增无减,在此背景下出现了保险行业三次系统性阵痛。金融投资包括保险投资,特别要关注、研究系统性风险。当前中国保险业投资,要关注中国经济增长放缓、金融机构不良资产上升、外汇流入流出、人民币汇率利率调整等可能的系统性风险,谨慎安排投资策略,尽可能减小资产负债表大幅调整。

三是保险机构特别是保险集团要严密监管附属机构。AIG 的破产,与其子公司 AIG 金融产品公司过度开发、向母公司推销结构性产品(信用违约掉期)密切相关。AIG 金融产品公司员工不到 400 人,在金融创新领域非常激进,经营风格与 AIG 保险业务迥异,而 AIG 集团对其开发和推销的产品并不能有效把握。中国保险机构集团化趋势也日益明显,有效管理、支持和协调附属机构运作是控制风险的重要环节。

此外,结合中国保险业的现实情况和当前存在的问题,建议关注以下问题,采取多种监管措施,督促保险行业稳健发展。

一是中国资本市场经历了 2008 年上半年的大幅下挫后,相当于经历了一次小规模的股灾。中国保险行业可能出现一次偿付能力的快速缩水和个别公司偿付能力严重不足的局面。这是必须尽快研究和着手解决的重要问题,不然,很可能演化成为中国保险行业的一次系统性风险事件,从而动摇广大民众对保险行业已经比较脆弱的信心和信任。需要认真研究帮助偿付能力不足的公司补充偿付能力。

二是如何果断处理市场转型过程中可能出现的群体事件。日本和欧洲的不同发展经验表明，投连产品有助于保险公司在利率形势不利的情况下防范和化解利差损的风险。但“误导”行为的出现和蔓延以及股票市场的大幅度波动为投连类产品的发展投下了重重的阴影。投连事件的处理过程中，特别应注意把握投资型产品这种既相对复杂又成功的经验和现实的对比关系。

三是保险公司作为一家金融资产集中的公司，其投资风险在行业经营风险中处于十分重要的地位。对投资风险的方向性研究与把握，是行业监管的重要战略性课题。尤其是当前中国正处在全球经济金融一体化的过程中和次债危机风暴的发作期，保险资产管理如何在开放的市场渠道和环境之下做好风险控制，是事关中国保险行业战略发展的重要课题，同时也是中国保险行业如何在国内混业体制中竞争发展、求得生存的关键性问题。需要做好持续的深度跟踪与分析，切实汲取国际保险业发展的经验教训，掌握好特定条件下的调控尺度与艺术，为中国保险业的发展提供良好的环境和指导。

参考文献

平安证券：“中国保险产品发展空间巨大”，经济观察网 2007 年 3 月。

张仕英：《保险保障基金制度的理论基础与实证分析》，复旦大学硕士学位论文，2002 年。

第六部分

利率与汇率

利率调整与经济运行变化的周期性分析[①]

摘要:经济运行和中央银行目标利率水平调整都具有周期性。利率调整与经济运行变动之间的关系,可以通过中央银行基准利率目标水平变化与通货膨胀、经济增长等宏观变量和劳动生产率、企业利润率等微观变量之间的关系来描绘分析。在我国的宏观调控中,利率政策作为货币政策一部分,与其他各种政策手段相互协调共同发挥作用。随着经济开放扩大,协调我国与其他大国经济金融运行和货币政策调控将益发重要。

利率与经济运行之间的关系长期以来是经济理论与实践探究的重要问题。20 世纪 90 年代,主要工业国家中央银行陆续将利率确定为货币政策调控中介目标,通过货币政策操作调控市场基准利率,影响金融市场其他各种利率变化,从而对经济金融运行,即通货膨胀、经济增长、就业等主要宏观经济变量产生影响。货币当局是否调整利率,主要依据经济金融指标变化来进行决策,基准

① 本文部分发表于 2005 年 1 月 28 日《上海证券报》。

利率目标水平调整与经济金融运行变化之间存在密切的联动关系。

经济运行变化具有周期性，货币政策作为宏观经济政策，最终目标是维护币值稳定，熨平经济波动，为经济增长创造平稳环境。利率作为货币政策中介目标，针对经济运行的周期性波动，表现出一定的周期性调整特征。

利率调整与经济运行变动之间的关系，可以通过利率（本文用中央银行基准利率目标水平代表）变化与通货膨胀、经济增长等宏观变量和劳动生产率、企业利润率等微观变量之间的关系来描绘分析。市场经济主体行为变化会体现其关于利率变动和经济变化的理解，并通过市场交易反映到市场利率和价格的变化上来。

一、 美国、英国利率变动与经济运行变化

（一）美、英利率变动与相关经济变量走势

美国、英国中央银行基准利率目标水平调整变动与经济运行变化具有比较一致的周期性特征。

1993 年 7 月，美联储在国会宣布，正式放弃货币供应量而代之以利率作为货币政策中介目标，美联储根据经济金融运行的需要，调整其基准利率（联邦基金利率）目标水平。[①] 之后美联储在货币政策操作中，逐渐形成了频繁微调的利率调控方式。利率变动与通货膨胀率、失业率、GDP 增长率等经济运行指标变化密切

① Alan Greenspan(1993),"Statements to Congress",July 20 and 22,1993(semi-annual monetary policy reports),*Federal Reserve Bulletin*,Board of Governors of the Federal Reserve System,9:849 - 855.

关联。美国联储目标利率水平调整与 GDP 增长率变化有比较一致的周期性特征,特别是 1996 年以来这一特征更为明显(图 1)。美联储目标利率水平调整与 CPI 变化走势也比较一致,但是联储目标利率水平调整似乎滞后于 CPI 的变化,这在 1994 年以来的变化走势上表现得更为明显。通货膨胀指数中,PPI 的波动幅度远大于 CPI 的波动幅度,并且 PPI 变化一般领先于 CPI 变化约 1—2 个季度。

从 1993 年克林顿政府以来,美国经济进入较快增长时期,1997—1999 年 GDP 年均增长率超过 4%,同时价格水平相对稳定,通货膨胀率保持在 2%—3.5%左右,失业率从 5.5%下降到 4%。2000 年美国经济增速开始下滑,通货膨胀率有所回落,失业率上升;到 2003 年美国经济增速回升,失业率再次趋于下降,物价指数逐渐上扬,其中 PPI 上涨迅速。

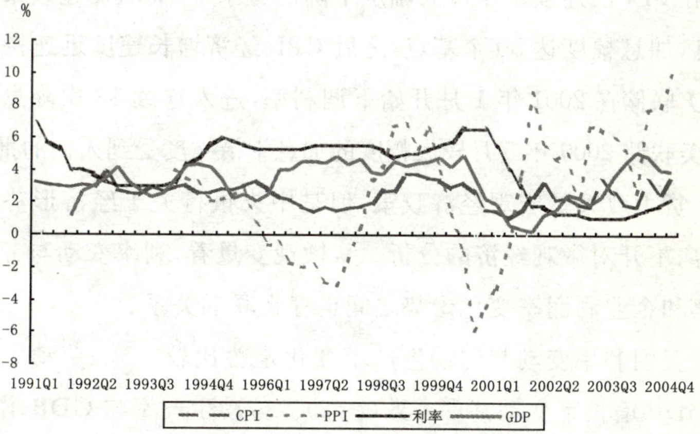

图 1 美国利率水平与有关经济变量走势

数据来源:Bureau of Economic Analysis(www.bea.gov),The Federal Reserve (www.federalreserve.gov)。

针对美国经济运行的波动，美联储灵活、频繁地进行利率调整，努力促使经济平稳运行。在1996—1999年经济总体运行良好时期，美联储8次小幅调整利率，4次上调，4次下调，上调、下调交叉，每次为25个基点，随时跟踪，灵活微调，维护经济平稳运行。2001—2003年，美联储连续13次下调利率，其中9次下调50个基点，相继抉择的货币政策调控表现为利率下调与经济增速下滑、价格指数下落的走势完全一致。2004年以来，随着价格上涨、经济上扬，美联储连续5次小幅调整利率，其调整时刻与调整幅度如市场预期，货币政策调控随着经济增长回升进入加息周期。

恰当地把握利率调整的方向和幅度是众多工业国家中央银行货币政策调控的直接任务，但是现实中这并不一定总是能够做好。美联储在扮演美国经济运行舵手的角色中，其多次利率调整都促进和维护了宏观经济的平稳运行，但是也曾遭受非议。2000年5月，在PPI已连续半年多大幅度下降的背景下，美联储连续第6次加息，加息幅度达50个基点，之后CPI、经济增长速度迅速持续下降，美联储在2001年1月开始下调利率，进入连续13次降息的过程，美联储2000年5月较大幅度的加息举措一度受到人们的批评。

货币政策是宏观经济政策，但是中央银行关于经济形势的判断，离不开对微观经济的分析。从微观变量看，利率变动与劳动生产率和企业利润率变化走势之间也存在联动关系。

美国利率变动与劳动生产率变化走势比较一致，劳动生产率与GDP增长率变动基本一致(图2)。劳动生产率与GDP增长率变化互相影响，宏观经济形势向好有利于提高劳动生产率，而技术进步、劳动生产率提高也有利于促进经济增长。观测劳动生产率变化是分析经济形势的重要方面。

美国利率变动与企业利润率变化一定程度上表现一致。1991年以来，美国企业利润率在6%至13%之间变动。相对地，企业利润率变化波动没有经济增长变化波动频繁，利率变动与经济增长变化走势更为一致，似乎说明企业管理控制微观经济运营的表现，要胜于中央银行等经济当局调控管理宏观经济运行的表现。总体上，企业利润率与经济增长率变化大势一致，显示美国经济增长是有效益的增长。

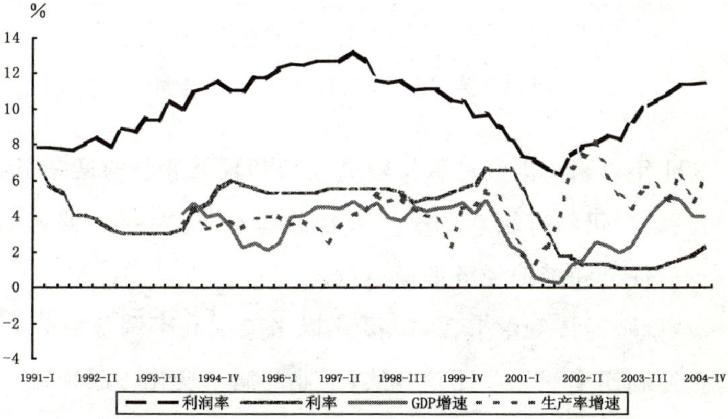

图2　美国利率、企业利润率、生产率增速走势

数据来源：BEA

英国的经济变化与利率调整与美国的情况比较相似。从宏观经济变量来看，英国基准利率（银行同业拆借利率）目标水平调整与GDP增长率变化有比较明显的一致性，利率调整与价格指数变化特别是PPI的变化，也有一定的联动性，但是利率调整比PPI变化一般会滞后1—3个季度（图3）。英国经济从1990年代初期工党执政以来，运行表现良好，GDP增长率保持在3%—4%，通货膨胀率在2.5%以下，失业率从近11%持续下降到4.7%左右。

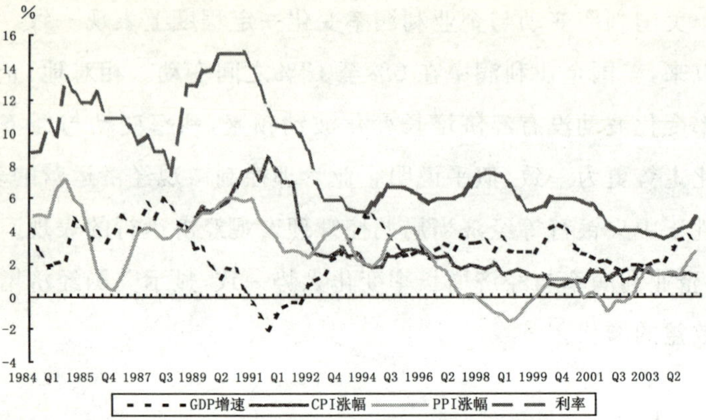

图 3　英国利率与相关经济变量走势

在 1994 年以来英国经济保持较高增长和较低通胀的良好态势下，英格兰银行仍然持续对利率进行小幅灵活调整，年均调整利率 5 次左右，促进和维护经济平稳运行。

从微观经济变量来看，1992 年以来英国利率调整与劳动生产率、企业利润率变化业比较一致，企业利润率变化一般领先利率调整 1—2 个季度(图 4)。

英国与美国经济关系密切，英国的经济波动和利率调整受到美国很大影响，但是两国经济金融也存在较大的差别。英镑近 10 年来保持了比较高的利率水平，英格兰银行货币政策目标利率水平最低也高达 3.5%，而美联储目标利率水平在 2002 年下降到 1%并持续达 1 年多时间。这一方面因为英国近年来经济增长形势较好，英国企业利润率高于美国，其真实利率水平也相对较高，另一方面可能也由于英国以金融业主要支柱产业，保持较高的利率水平有利于维护英镑汇率持续坚挺，促进伦敦的国际金融交易。

除了以上几方面，20 世纪 90 年代以来，股票、房地产资产价

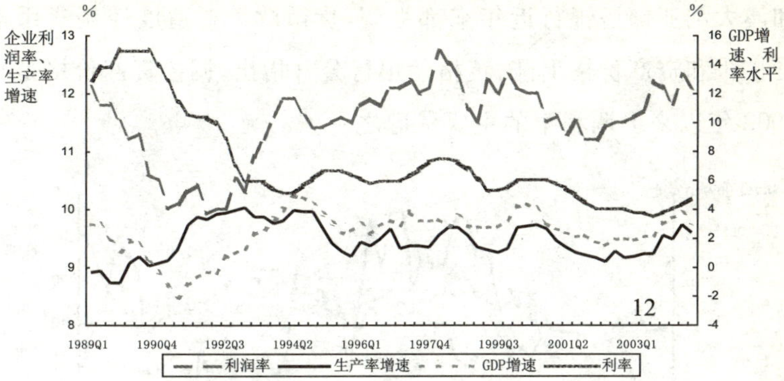

图 4　英国利率、企业利润率、生产率增速走势

数据来源：Bank of England。

格变化也较多地受到货币政策的关注，尽管不同货币当局对资产价格关注的方式和关注的程度有所区别。

从股票市场价格来看，美国和英国基准利率的变化与股票市场价格变化走势存在一致性（图 5、图 6）。自 90 年代中后期以来，两国股市价格波动多数情况下领先于利率调整。从房产价格来看，1992 年至 2001 年，美国利率调整与房价变化有明显的一致性，2002 年以来，二者走势也比较一致，但是房产价格变化幅度远大于利率调整幅度。英国在 1994—2000 年间，利率调整与房价变化走势比较一致，但是在 2002—2003 年间，利率走势与房价增长率变化出现了背离，2003 年下半年以来，二者又趋于一致。

在美国，尽管格林斯潘曾经宣称货币政策不会去刺破资产泡沫①，但是美国利率走势与资产价格的一致性反映了利率调整对资产市场至少客观上存在调节作用。英格兰银行、欧洲中央银行

① 格林斯潘 2002 年 8 月 30 日在堪萨斯城联邦储备银行讨论会上的讲话。

和澳大利亚储备银行近年来都强调，货币政策要适度控制货币信贷扩张和资产价格上涨，英格兰银行公开指出，调控资产价格是其2003年以来上调利率的主要考虑之一。[①]

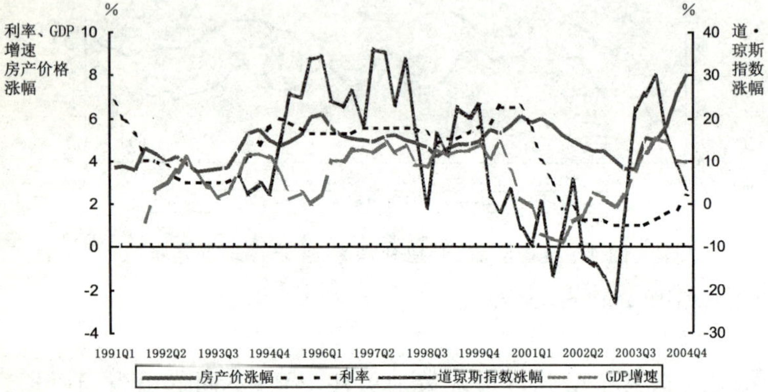

图 5　美国利率、房产价格、股市价格变动趋势

数据来源：BEA，Federal Reserve。

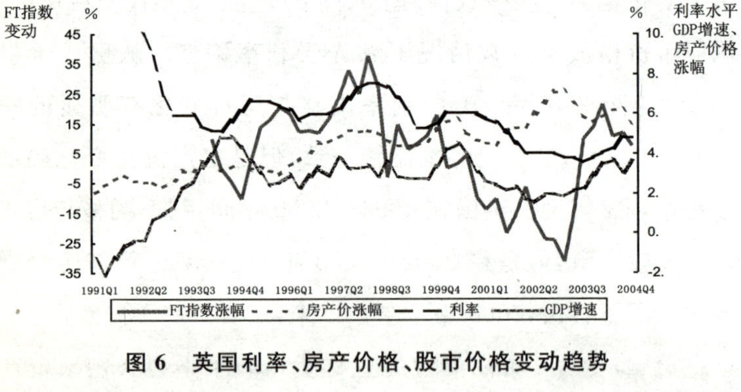

图 6　英国利率、房产价格、股市价格变动趋势

数据来源：Bank of England。

---

① 英格兰银行：www.bankofengland.co.uk。

从美、英成熟市场经济体来看，一国的利率调整周期大体上与经济运行变化周期一致。但是，由于各国经济结构不同，宏观调控针对的主要问题不尽相同，所以影响利率调整的因素以及各因素的作用大小也有区别。

利率作为货币政策中介目标，中央银行在研究是否要对其进行调整时，会同时关注经济运行向上和向下的风险，盯住价格的趋势变动，关注价格暂时变动，分析经济增长、就业增加的可持续性以及企业利润变化、居民收入变化与价格变化的相互关系，劳动生产率和投资、就业的联动关系等。从价格、就业、信贷、投资、企业利润、居民收入和消费等多个角度进行分析判断，既要思考经济运行对利率调整的要求，也要估测利率调整对企业和居民的资产负债表调整、金融资产价格变化、资本损失等影响。利率调整与经济运行变化之间的关系，作为一条线索，反映了经济金融运行的调节机制。

（二）成熟市场经济中的利率预期

在市场经济体系成熟、金融市场运行高效、货币政策调控以利率为主要中介目标的国家，如美国、英国，市场参与者根据经济运行的态势，包括经济变化的周期特征，相关经济变量的走势以及金融市场利率结构的变化，形成并调整对利率变动的预期。在成熟的货币政策调控机制下，中央银行也会协调并引导市场预期。例如，美联储、英格兰银行、欧央行都有定期的委员会例会制度，调整利率的决策基本都是在这些会议上做出的，一定程度上给市场提供了可预期的利率调整时刻。

从金融市场预期及其定价机制来看，市场交易中形成的利率风险溢价、收益率曲线含有市场对经济走势和利率走势的预期信息，金融市场运行反映了利率预期。首先，金融市场的资产风险溢价变化反映了对经济运行趋势和利率走势的预期。利率的风险溢价，即具有相同期限的商业证券的收益率和政府债券收益率之间的差额，不是稳定不变的。风险溢价包括对违约风险、流动性、信息成本以及税负等方面因素的综合考虑。风险溢价的上升，可能反映市场预期将来企业利润下降，在履行还款方面存在困难；反之，风险溢价的下降，可能反映市场预期将来企业利润增加，偿付能力增强。从长期看，风险溢价具有一定的周期性变化特征。风险溢价在经济衰退时期扩大，而在经济繁荣时期则缩小。研究风险溢价的变化，有利于判断经济走势从而分析利率走势。美国国民经济研究局曾经用风险溢价作为将来经济形势的先行指标，来预测经济衰退是否要到来或结束。①

其次，金融市场的收益率曲线形状变化也反映了对经济运行趋势和利率走势的预期。收益率曲线描述具有风险相同、期限不同的金融资产的收益率变化，收益率曲线的形状反映了不同收益率之间的关系。根据流动性溢价理论②，长期金融资产的利率等于短期金融资产利率的平均值加上流动性溢价（期限溢价），长短期利率变动以及收益率曲线形状的变化存在周期性。当经济扩张、通胀压力增大、利率趋于上升时，收益曲线的形状趋于陡峭；而经济萧条、通胀压力下降、利率趋于下跌时，收益率曲线的形状趋

---

① Arturo Estrella and Frederic S. Mishkin (1996), "The Yield Curve as a Predictor of U.S. Recessions", in *Current Issues in Economics and Finance*, Federal Reserve Bank of New York.

② Amihud and Mendelson (1986), "Asset Pricing and the Bid-Ask Spread", *Journal of Financial Economics*, 17: 223 - 249.

于平缓。投资者将收益率曲线作为一种工具预测利率：如果收益率曲线向上倾斜，长期利率上升，表明将来的短期利率水平可能上升，投资者预期通货膨胀加剧；反之，将来的短期利率水平可能下降，预期通货膨胀率下降。

二、中国利率调整与经济运行变化

（一）利率调整与相关经济变量走势

我国的利率体系主要包括中央银行基准利率、金融机构法定存贷款利率和银行间市场利率等三类。目前银行间市场利率已基本实现市场化，金融机构存贷款利率的市场化机制逐步增强，利率作为货币政策调控工具发挥越来越重要的作用。

我国金融以银行存贷款间接融资为主渠道，金融机构存贷款利率是金融体系的主导价格。1985 年以来，金融机构法定存贷款利率调整，与价格水平、经济增长变化大体上一致（图 7）。其中，利率调整与 CPI 变化的同步性比与 GDP 增速变化的同步性更为明显，一定程度上反映中国货币政策调控更加关注通货膨胀的变化。

从价格、投资、消费变化来看，CPI 上涨与消费增长变化比较同步，投资增长变化则领先于 CPI 上涨及消费增长变化有数月到 1 年左右的时间，投资增长变化波动幅度也相对更大（图 8）。相对地，我国信贷增长变化比较平稳，波动幅度小于 CPI、消费和投资波动。

1997 年以来，我国银行间市场快速发展。随着市场成员增加、市场交易规模扩大以及金融机构持有债券资产比重提高，银行

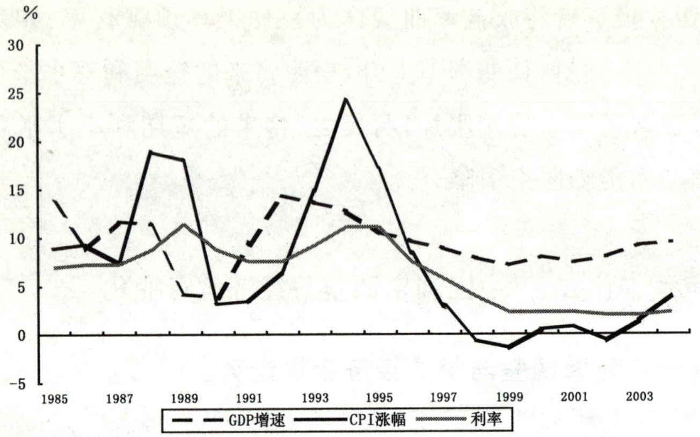

图 7　中国利率与经济增长、价格变化走势

数据来源：国家统计局，表 **8** 同。

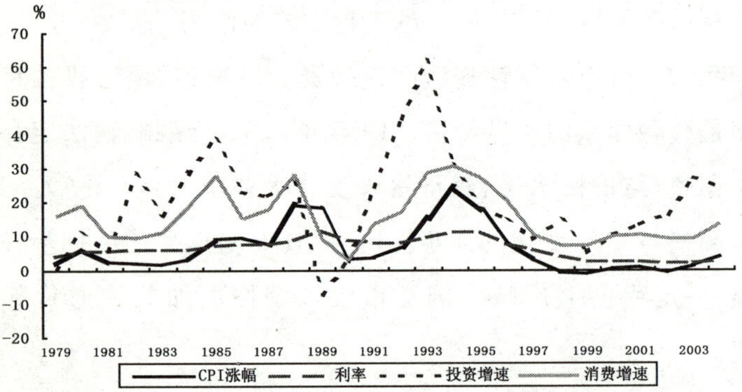

图 8　中国利率与投资、消费变化走势

间市场利率对金融运行的影响越来越大。市场资金供求是影响银行间市场利率的主要因素，此外，2003 年以来市场交易者关于通货膨胀的预期也影响了市场利率走势和利率结构（图 9）。金融机构存贷款利率与银行间市场利率之间有内在联系。从货币市场角度来看，理论上的利率结构大致是银行贷款利率＞商业票据贴现

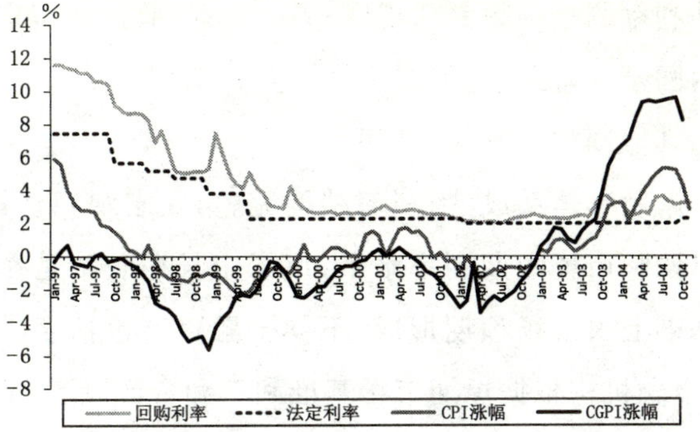

图 9　中国利率、价格变化

数据来源：国家统计局。

率>中央银行再贷款利率>中央银行再贴现率>银行同业拆借利率>债券回购利率>银行存款利率，金融机构存贷款利率形成了银行间市场利率的上下限。随着存贷款利率市场化的不断推进，银行间市场利率与金融机构存贷款利率之间的关系将进一步趋于合理、密切和联动。

（二）我国利率调整对经济运行的影响

利率在我国经济调控中具有重要作用，无论是 1990 年代初我国连续 3 次上调存款利率、4 次上调贷款利率，还是 1996—2002 年间连续 8 次下调存贷款利率，对于当时治理通货膨胀和防范通货紧缩都发挥了重要作用。

相比于成熟市场经济国家，利率在我国经济运行调控中发挥的影响还受到限制，利率调整还不能完全、及时、充分地反映经济运行的变化。这里原因比较复杂：一方面，我国法定存贷款利率的管理机制与成熟市场经济国家利率确定和形成机制不同，不可简单对比两种利率调整的频率和幅度；另一方面，我国经济市场化程度也与发达国家有差距，利率作为经济金融调控手段之一，相当多地要考虑与其他调控手段的协调配合。

发达国家利率体系成熟、利率结构完整，在宏观经济调控中，中央银行只调整市场短期利率水平，市场中长期利率是在短期利率水平的基础上由市场预期形成，不同金融资产包括存贷款的利率，也是由金融机构根据短期市场基准利率和资产风险、期限结构通过市场竞价形成。并且，发达国家经济金融市场化程度高，对利率调整的反应敏感，市场通过有效预期经济金融运行，能够逐步自主地对利率水平进行调整。中央银行对利率进行调整，既是对经济运行进行主动调节，也是一定程度上顺应市场要求。此外，发达国家市场个体和系统关于利率风险的管理能力、条件都比较成熟；金融市场产品丰富，如市场存在固定利率的长期贷款供借贷双方选择和安排；企业、金融机构利率风险管理机制有效，居民利率风险意识也较强，市场主体在分析、吸收利率变动信息的同时实现了利率风险管理。

从我国改革开放以来的宏观调控来看，在从各种数量调控向价格调控转变的过程中，一直存在数量政策与价格政策的配合问题。宏观调控从一定角度来看是为了实现宏观政策中性，既要防止通货膨胀，也要防止通货紧缩，在发达国家表现为货币政策把握利率调整时刻和利率确定水平，保持适度的、中性的利率政策。在我国，货币政策作为宏观政策的部分，利率政策作为货币政策的部分，各种政策手段共同发挥作用，相互协调实现综合宏观政策中性。作为发展中转轨国家，长期来看，我国的实际利率水平偏低，宏观政策中性比发达国家的政策中性表现得偏松。

（三）我国利率、经济运行变化与国际经济变化的关系

近年来我国经济与国际经济关系日趋密切。在我国的对外经济关系中，与美国的贸易、资金往来规模最大，我国经济金融运行受美国影响越来越大。但是从经济运行和利率调整周期来看，我国与美国经济变动的周期性并不一致(图 10)。

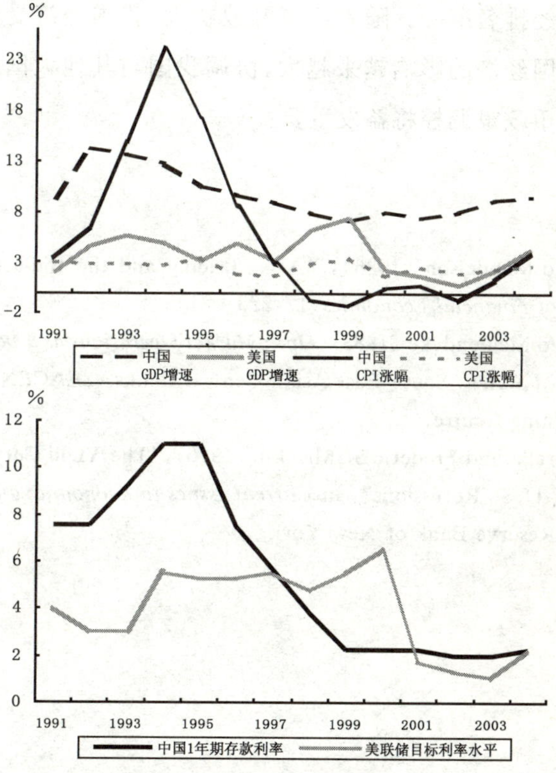

图 10　中美经济、利率走势比较

数据来源：BEA，Federal Reserve，中国国家统计局。

相对于美国，我国的经济体制以及经济结构还存在较多独有

特征，经济金融运行还保持较大的独立性。我国的货币政策调控，包括利率政策，主要基于国内经济运行调控的需要。例如，1998—2000 年间在美国连续 6 次加息的情况下，中国连续 4 次降息。在现阶段，美元利率政策对人民币利率政策的影响，主要还是通过美国实体经济对我国实体经济的影响间接实现的。

我国经济外向型日益增强，贸易依存度为 60% 多，在大国经济体中已经排名第一。随着经济开放扩大，我国经济受国际经济体包括美国经济的影响越来越大，协调我国与其他大国经济金融运行和货币政策调控将益发重要。

参考文献

Amihud and Mendelson (1986), "Asset Pricing and the Bid-ask Spread", *Journal of Financial Economics*, 17:223 - 249.

Ann - Marie Meulendyke (1988), *Open Market Operations as a policy tool in the United States*, South East Asian Central Banks (SEACEN) Research and Training Centre.

Arturo Estrella and Frederic S. Mishkin (1996), "The Yield Curve as a Predictor of U.S. Recessions", in *Current Issues in Economics and Finance*, Federal Reserve Bank of New York.

中国的利率水平与利率结构①

摘要：中国利率长期以来处于偏低水平，并存在明显的"利率幻觉"。缓解人民币升值压力可能不一定要压低利率。压低利率水平在引导汇率走势上存在双重影响：利率水平降低会增加短期投机的机会成本，但是同时也会助长国内投资过快和资产泡沫膨胀，反而吸引投机资本。为提高宏观调控效率，利率政策将发挥更大的效应。根据经济周期的变化，综合协调地调控存贷款利率和债券市场利率，使其达到或接近中性水平，将有利于实现货币政策的稳定性和连续性。

目前我国的利率体系主要包括中央银行基准利率、金融机构存贷款利率、货币市场债券市场利率和民间借贷利率等四大类。货币市场利率与债券市场利率已基本实现市场化，金融机构存贷款利率市场机制逐步增强，中央银行基准利率体系也在完善，利率作为货币政策调控工具发挥越来越重要的作用。2003年以来，一方面利率作为货币政策工具主动调控宏观经济，一方面市场利率

---

① 本文部分发表于2006年1月23日《上海证券报》。

水平和利率结构受到经济金融运行变化较大影响，如 2003 年 9 月货币市场债券市场利率走高和 2005 年 3 月份以来市场利率走低；债券利率与存贷款利率之间的关系也发生了较大变化。随着中国经济金融的国际化，人民币利率变化与国际市场相关性趋强，汇率预期对利率变化产生影响，利率在经济金融运行中的中枢地位显现。

一、利率长期处于较低水平

（一）存贷款利率变化与“利率幻觉”

我国金融以银行存贷款间接融资为主渠道，金融机构存贷款利率是金融体系的主导价格。存贷款利率变动与经济增长速度、通货膨胀率变化关系密切。1985 年以来，金融机构法定存贷款利率调整与价格水平、经济增长变化大体上一致（图 1）。其中利率调整与 CPI 变化的同步性比与 GDP 增速变化的同步性更为明显，一定程度上反映中国利率政策调控更加关注通货膨胀的变化。从价格、投资、消费变化来看，CPI 上涨与消费增长变化比较同步，投资增长、PPI 变化则领先于消费增长及 CPI 上涨变化，投资增长和 PPI 波动幅度也相对更大。

从经济运行的总体形势来看，名义利率与 GDP 增长、CPI 变化比较一致，实际利率与经济运行大势以及名义利率的走势却恰好相反：实际利率在通货膨胀上升期是负利率，利率上调的速度低于价格上涨速度；在通胀平稳和减弱时期，大多年份为正利率。

我国名义利率与 CPI 之间存在正相关关系，但是名义利率的调整远远小于 CPI 的波动，实际利率与名义利率以及 CPI 之间有

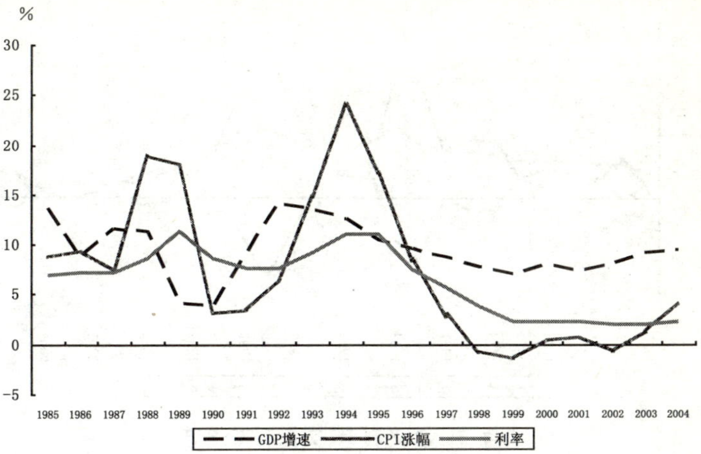

图 1　利率与经济增长、价格变化走势

数据来源：国家统计局、中国人民银行。

明显的负相关关系（图 2）。这说明，实际利率是由于价格变化和名义利率调整而被动产生的结果，实际利率本身并没有成为宏观经济调控的重要指标。我国存在明显的“利率幻觉”：居民可能根据名义利率而不是实际利率调整其储蓄行为，经济当局更多的是利用名义利率调整来进行宏观调控。1979 年以来的 26 年中，1 年期存款年均利率为 5.9%，年均贷款利率为 7.7%，而年均 CPI 为 6.1%，实际存款利率为负。分年份来看，26 年中有 11 年实际存款利率水平为负，15 年为正。在成熟市场经济国家，名义利率与实际利率的走势大体一致，且实际利率基本都为正，如美国 1980 年以来 25 年中，有 21 年联邦基金利率实际水平为正，1 年期同业拆借利率水平 25 年都为正。[①]

① 数据来源：Federal Reserve，BEA。

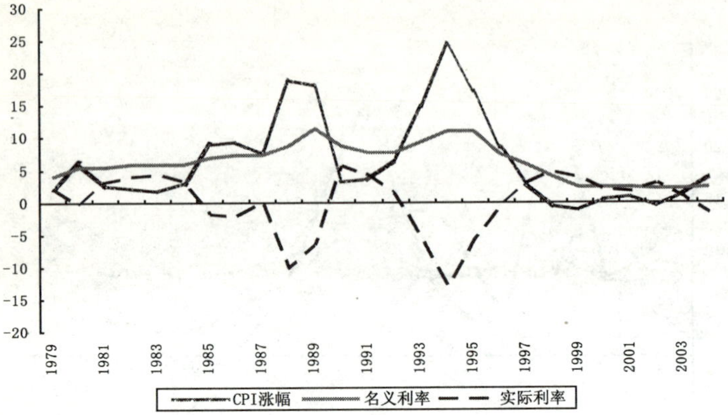

图 2 名义利率、实际利率走势

数据来源:国家统计局、中国人民银行。

相比成熟市场经济国家,我国利率水平的调整参考的指标要滞后。利率上调一般会落后经济扩张如 GDP 快速增长 2—3 个季度,利率调控的主动性相对较弱。我国利率调整更多是适应性的,是在经济运行已经出现问题的要求下较滞后地出现调整。从货币政策操作实践看,中国的宏观金融调控,主要还是通过货币信贷数量手段调控实现的,名义利率调整发挥辅助功能。对于企业扩张行为的控制,首先通过信贷控制,其次通过利率约束来实现。利率在中国尚没有成为最主要、最及时的调控工具。

(二) 货币市场债券市场利率对经济走势预期有限

1997 年以来,我国货币市场债券市场快速发展。随着市场成员增加、市场交易规模扩大以及金融机构持有债券资产比重提高,市场利率对金融运行的影响越来越大。债券市场价格、市场收益率对宏观经济、金融市场的反映能力逐步强化,市场交易者关于经济增长和通货膨胀的预期影响了市场利率水平确定和利率结构形成。

1999—2002年间，经济运行中通货紧缩压力较大，金融机构法定存贷款利率连续下调，债券市场收益率随之下降。2003年宏观调控以来，债券市场利率出现两次较大幅度的变动：一次是在2003年9月，市场利率大幅度跳升，一次是在2005年3月至9月，市场利率迅速下降。[①] 这两次变化都体现了政策效应，即2003年9月份的法定存款准备金率上调和2005年3月份的超额准备金存款利率下调，同时也受到市场对宏观经济走势预期的影响。2005年上半年市场预期经济增速将出现较大幅度下滑，加上市场流动性充裕，债券收益率大幅度走低，与实际GDP、投资高增长的态势出现背离。而成熟债券市场利率会全面反映经济增长、经济结构调整和价格上涨等变化趋势。由于我国市场体系、金融调控方式还在发育当中，市场预期理性程度有限，债券利率更多地反映CPI表面数字变化，尚不能综合反映经济运行趋势。这一方面由于交易者理性认知能力有限，一方面由于市场流动性波动较大，对市场利率造成冲击。

二、 利率政策偏松促使利率水平偏低

20世纪90年代，主要工业国家中央银行陆续将利率确定为

① 2003年8月23日中央银行宣布将于9月21日上调法定准备金率1个百分点，根据中国货币网公布的数据显示，而后的2003年8月25日至9月30日，银行间七天回购移动平均利率由2.2715%上涨至3.2340%。2005年3月—9月，国债的平均收益率从4.17%下降到2.73%。

货币政策调控中介目标，通过货币政策操作调控市场基准利率，影响金融市场其他各种利率，从而对经济金融运行即通货膨胀、就业、经济增长等主要宏观经济变量产生影响。

在金融市场上，长期利率由市场预期决定，中央银行根据经济增长和物价水平综合确定短期利率调控目标。简单地从货币政策角度来看，利率水平调整主要依据两种规则，一是通货膨胀目标，即利率调整目标是将通货膨胀率控制在一定范围之内；一是所谓泰勒规则，主要反映在美国货币政策调控实践上。[①] 美联储灵活调整利率水平，兼顾经济增长和物价变化。在成熟市场经济中，由于价格的充分市场性，GDP 增长缺口与通货膨胀变化有密切的相关性，以通货膨胀为目标的货币政策操作实际上也兼顾了经济增长，但是泰勒规则下的货币政策操作相对更加灵活和主动，货币政策的自主性更高。

在成熟市场经济的国家，宏微观经济走势趋同，利率变动与企业利润率、劳动生产率变化比较一致。由于不同时期各种要素的生产率不同，在相似的宏观经济形势下，资金回报率不尽相同。利率变动与微观经济变化的关系，不反映在基准利率水平与企业利润率、生产率水平的相关性上，而是表现在利率变动与企业利润率、生产率变动的趋势一致。从货币政策经验来看，一方面，利率水平确定以宏观调控为主导，即以调控通货膨胀率变化为出发点，利率水平是要达到中性利率水平，既不刺激通货膨胀，也不产生通货紧缩；另一方面，利率水平的确定以微观经济运行指标为参考，

---

① 联邦基金目标利率水平－通货膨胀率 ＝ 2%＋0.5×GDP 增长缺口＋0.5×(通货膨胀率－2%)，其中 GDP 增长缺口等于实际 GDP 增长率与潜在 GDP 增长率之差。

利率调整关注劳动生产率、企业利润率的变化。

在中国利率政策也是货币政策的重要组成部分，利率是货币政策实施的主要手段之一。在很长一段时期，我国利率政策主要有三方面作用[①]：一是调节利率总水平，进而影响社会资金的供求状况；二是根据信贷政策要求，调节利率档次和结构，引导和促进产业结构调整；三是作为分配手段，调节存款人、金融机构、贷款人之间的利益分配关系。

相比于成熟市场经济国家，利率在我国经济运行调控中发挥的影响还存在限制，利率调整还不能完全、及时、充分地反映经济运行的变化。这里原因比较复杂：一方面，我国法定存贷款利率的管理机制与成熟市场经济国家利率确定和形成机制不同，不可简单对比两种利率调整的频率和幅度；另一方面，我国经济市场化程度也与发达国家有差距，利率作为经济金融调控手段之一，更多地要考虑与其他调控手段的协调配合。

从我国改革开放以来的宏观调控来看，在从各种数量调控向价格调控转变的过程中，一直存在数量政策与价格政策的配合问题。在我国，货币政策作为宏观政策的部分，利率政策作为货币政策的部分，各种政策手段共同发挥作用，相互协调实现综合宏观调控。作为发展中转轨国家，现实中我国的宏观政策比发达国家的中性政策表现得要宽松。我国的货币政策，特别是利率政策，在较多时间是适应性的(accommodative)而不是中性的(neutral)。

改革开放以来，我国长期实行偏松的利率政策，实际利率长期处于较低水平，有时甚至为两位数的负利率。从国际上来看，美国

① 胡维熊：《利率理论与政策》，上海财经大学出版社2000年版。

商业银行优惠贷款的实际利率(Prime Rate)一般在5%—6%,德国在4%—6%,英国在5%左右[①],而我国20多年来平均实际贷款利率为1.6%。我国以低价格资金投入支持了经济体制改革,促进了经济快速增长,但是低利率也造成我国资金配置效率低下。

我国利率水平变化,主要受宏观形势影响,与企业微观效益走势不太一致。2005年以前,我国经济长期存在"宏观好微观不好"的特征[②],经济增长速度较高,而企业利润率相对较低,远远低于发达国家水平。我国企业利润增长的波动远远大于经济增长的波动。在经济加速增长、价格涨幅上升时期,利润大幅增加;而在经济增速较高但是增幅回落、价格涨幅下降时期,企业利润率会有较大下滑,体现出中国经济运行的粗放性与低效益性。随着我国企业盈利机制的完善,企业利润率变化与宏观经济走势也会更加一致,利率政策在调控宏观经济运行的同时,将更关注企业微观运营的变化。

三、利率结构将继续改进以适应经济金融运行要求

(一)存贷款利率结构相对完善

我国商业银行存贷款利差变化,在1995年之前表现为:经济增长较快时期,存贷款利差增大,经济增长回落时期,利差缩小。1995年以来,商业银行利差在迅速扩大后保持稳定,高达3个多百分点,相当于历史上最高时期的两倍(图3)。考虑到2000—

① 根据彭博(www.bloomberg.com)数据测算。

② 易纲、林明:"理解中国经济增长",《中国社会科学》2003年第2期。

2004年间存款期限趋于短期化，贷款期限趋于长期化，贷款利率上浮区间不断扩大，实际利差水平可能还要更高些，增强了商业银行盈利的能力。

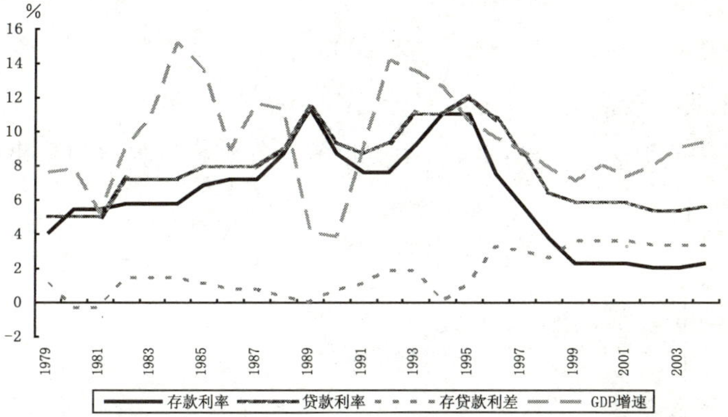

图3　存贷款利差

数据来源：国家统计局、中国人民银行。

从存款利率的期限结构来看，定期存款与活期存款利差在1997年以来趋于缩小，主要是为了降低定期存款的吸引力，促进居民增加消费。2004年在通胀较大压力下，10月份存贷款利率上调时，活期存款利率没变，定期存款中较长期存款利率上调较多，以改变储蓄存款同比少增和存款结构短期化现象。

从贷款的利率期限结构来看，在1992—1995年间，为抑制投资过热，中长期贷款利率上调幅度远大于短期流动资金贷款利率上调幅度，2004年上调贷款利率时也是如此。而在1997—2002年应对通缩压力时，中长期贷款利率下调幅度较大，主要是为了促进投资，刺激经济扩张。

(二) 债券市场利率结构将逐步理顺

在商业银行存贷款利率浮动范围扩大定价机制灵活性增强的同时,中央银行基准利率定价机制也更加灵活。2004 年 3 月建立再贷款和再贴现利率浮动机制,2005 年 3 月超额准备金存款利率下调,再贴现利率与超额准备金存款利率之间的利差由 1.35 个百分点扩大为 2.25 个百分点,中央银行基准利率调控空间大幅度拓宽(图 4)。

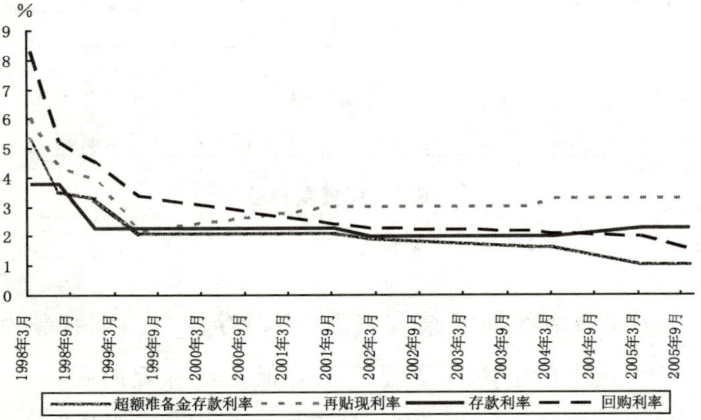

图 4　货币市场利率结构

货币市场是货币政策操作的平台,中央银行基准利率调控空间的拓宽,货币市场债券市场利率的可调整幅度也相应扩大,这可以从债券市场收益曲线变动上观察出来(图 5)。2004 年 3 月至 12 月,债券市场收益曲线上移,平均升幅近 1 个百分点,短中期收益曲线趋陡;2005 年 3 月以来,收益曲线下移,平均下移幅度达到 2 个百分点,短中期收益曲线趋于平缓。

理论上,金融市场利率由高到低的顺序大致是:银行贷款利率

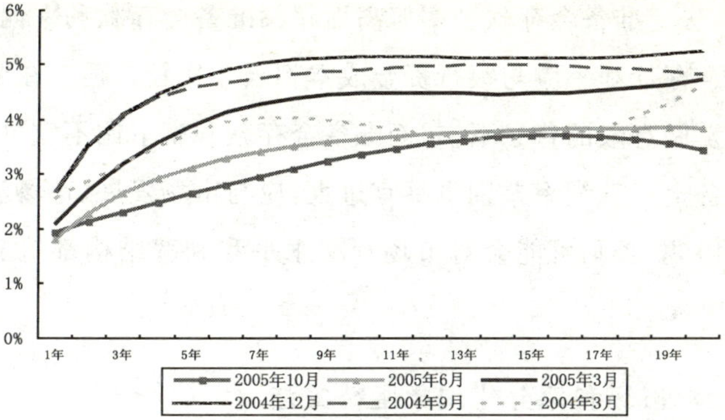

图 5　债券市场收益曲线

数据来源:国家统计局、中国人民银行。

＞商业票据贴现率＞中央银行再贷款利率＞中央银行再贴现率＞银行同业拆借利率＞债券回购利率＞银行存款利率＞国债利率＞法定准备金存款利率＞超额准备金存款利率。在存贷款利率没有充分市场化的情况下,法定存贷款利率、超额准备金存款利率构成市场利率基本框架,市场利率体系在此框架下形成。

2005 年 3 月至 9 月,在超额准备金存款利率下调,中央银行基准利率浮动空间扩大的背景下,二、三季度金融市场利率结构发生较大变化,商业票据贴现率(以及企业短期融资券利率)低于中央银行再贴现率,甚至低于银行同期存款利率,银行同业拆借利率、债券回购利率也低于银行同期存款利率,并低于法定准备金存款利率,甚至低于商业银行的资金成本(1.5%)。由于市场流动性较多,超额准备金存款利率成为货币市场上最具有基准意义的标尺,法定存贷款利率的框架参考意义弱化。2005 年四季度,债券市场利率回调对以上扭曲现象有所修正,利率结构趋于合理化。

目前的基准利率体系将会进一步合理化。从当前市场利率体系来看，法定准备金存款利率偏高而超额准备金存款利率偏低，法定准备金存款利率应与银行资金成本相当才比较合适。在中国债券市场发展有限的背景下，超额准备金存款利率下调不宜过快，与法定准备金存款利率差别也不宜过大，应与市场发展、市场流动性调控相协调，否则可能会对市场利率水平和利率结构都造成较大冲击。

（三）市场利率分化现象亟待关注

目前我国金融机构存贷款市场、债券市场还存在分割，两个市场利率也存在分化。2005 年以来，金融市场利率分化趋于明显。[①]金融机构存款利率维持在法定利率上限，贷款加权平均利率持续上升，二季度 1 年期固定利率贷款加权平均利率为 7.46%，比一季度上升 0.48 个百分点，比 2004 年 4 季度上升 0.71 个百分点。货币市场、债券市场利率大幅下行，9 月末银行间市场债券回购加权平均利率比年初下降近 80 多个基点，1 年期企业债（短期融资券）利率在 2%左右，比同期最低贷款利率还低 3.5 个百分点（图 6）。四季度债券市场利率回调，利率分化现象有所改变，但是其内在成因仍然需要密切关注。

2004 年 10 月末金融机构贷款利率上限取消后，贷款加权平均利率持续小幅上升，显示贷款利率市场机制强化，贷款资金需求仍比较旺盛。但是货币市场、债券市场利率在 2005 年 3 月金融机构超额准备金存款利率下调后持续走低，直接原因是金融机构流

---

① 2005 年 3 月至 9 月，6 个月内的贷款加权利率由 5.04%上调至 5.22%，5 年以上的贷款加权利率由 5.76%上调至 6.12%。同时期，国债的平均收益率由 4.17%下降至 2.65%。

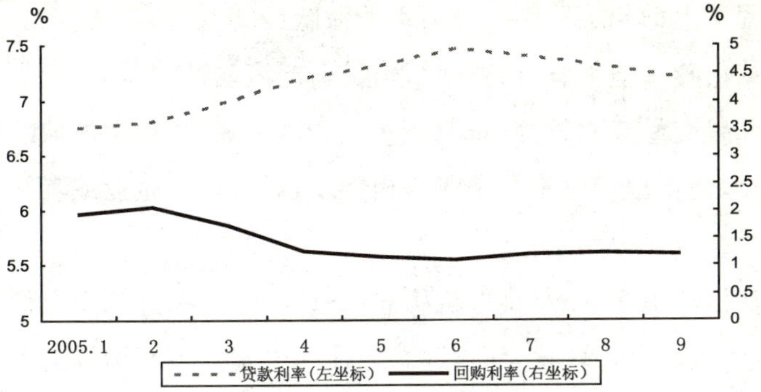

图 6　贷款利率与回购利率走势

数据来源：中国人民银行《货币政策执行报告》、中国债券网。

动性较多而市场可供投资产品较少。当前经济金融体系中存在一个矛盾：商业银行信贷增长较缓，而金融机构流动性非常充足，争相购买有限的债券资产，造成债券收益率很低，一些企业特别是中小企业贷款较难，民间借贷利率居高不下。不同的金融市场上资金供求状况差别很大，市场利率分化明显，表明我国信贷市场、债券市场、民间借贷市场明显分割。金融市场利率是断裂的而不是连续的函数，其原因主要有以下几方面：

从金融体制结构来看，中国金融市场基本上还是商业银行独木撑天，银行业中大银行垄断力量仍很强，中小银行发展不充分，加上近年来风险暴露，融资能力更加有限。2005 年以来，商业银行在经济增长趋缓，企业利润增速大幅下落的背景下，放贷行为趋于谨慎。

从金融机构改革来看，商业银行受自身改制和金融当局资本充足要求的影响，资产扩张更加放缓，信贷管理趋于严格。国有商业银行改革撤并分支机构影响了县域企业特别是中小企业融资，一定程度上助长了民间借贷活动的活跃。

从信贷环境来看，商业银行信贷资产流动性较差，特别是不良资产处置交易成本较高，贷款利率上浮也不能覆盖这些难以量化的风险，使得银行对于好企业争相贷款，对于较差企业或者是难以把握的企业惧怕放贷。

从债券市场来看，金融机构非信贷资产选择有限，企业债市场总量小，市场品种较少，而追逐企业债的资金却不断增加。

从金融调控来看，为减弱外资大量流入的动力，促进金融机构发放贷款，上半年的货币政策操作有意将除贷款以外的固定收益利率维持在较低水平。

金融市场利率分化问题反映了市场主体结构、交易成本、融资方式、产品结构等方面问题。在我国金融市场还不发达、利率没有完全市场化以及民间借贷处于灰色状态的情况下，出现一定的利率分化现象难以避免，但是利率分化益发明显，问题不是趋于减轻而是趋于加重，应引起重视。总体上，如果金融市场利率分化过度，分割、脱节时间过长，将影响金融机构与企业间资金有效融通，降低金融市场资金配置的效率，同时也不利于金融机构之间的公平竞争，市场利率分化现象亟待调整。

四、 人民币利率与国际市场关系趋于增强

加入 WTO 以来，我国经济与国际经济关系更趋紧密。在我国的对外经济关系中，与美国的贸易、资金往来规模最大，我国经济金融运行受美国的影响越来越大。但是从经济运行和利率调整周期来看，我国与美国经济变动的周期性并不一致，利率走势也不

一致(图 7)。

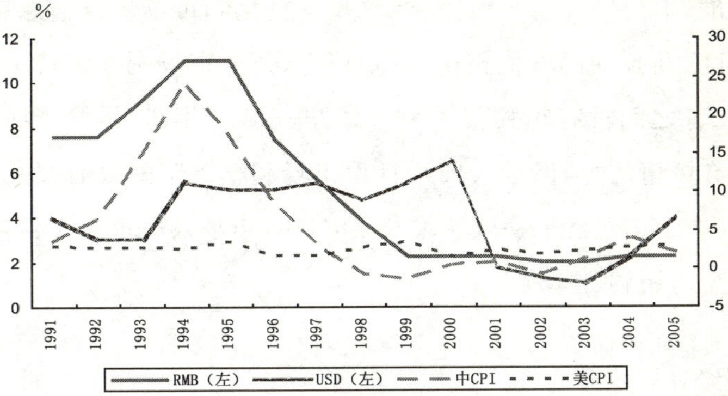

图 7 中国、美国经济利率走势

数据来源：中国人民银行、美联储。

总体上，相对于美国，我国的经济体制以及经济结构还存在较多独有特征，经济金融运行还保持较大的独立性。我国的货币政策调控，包括利率政策，主要基于国内经济运行调控的需要。例如，1998—2000 年间，在美国连续 6 次加息的情况下，中国连续 4 次降息，当时人民币还存在贬值的压力。美元利率政策对人民币利率政策的影响，主要还是通过美国实体经济对我国实体经济的影响间接实现的。

人民币汇率机制改革前后，本外币利差问题成为关注要点，利差与汇率升值预期之间的关系似乎被夸大了。2002 年以来，人民币升值预期逐步走强，在其影响下外汇流入加快加大，中国外汇储备由 2002 年年底的 2 800 亿美元直线上升至 2005 年 9 月末的近 7 600 多亿美元。人民币升值预期、外资流入与部分经济领域的扩张如固定资产投资相互强化。每当市场上人民币升值预期增强时，银行体系的外汇占款就会加速增加，香港 NDF 市场关于人民币远期汇率的升水就会提高。人民币升值预期，主要是和美元贬值程度、中国经济增长形势、外贸收支变化和市场传言信息相关，从NDF所反映的升值预期强弱与我国债券市场利率走势关系来看，二者之间没有正相关关系。1999—2002年间，尽管当时人民币存在贬值压力，但是人民币货币市场利率下降并没有强化贬值预期，在中国经济平稳较快增长下，NDF市场人民币贴水值降低，贬值压力缓解(图8)。

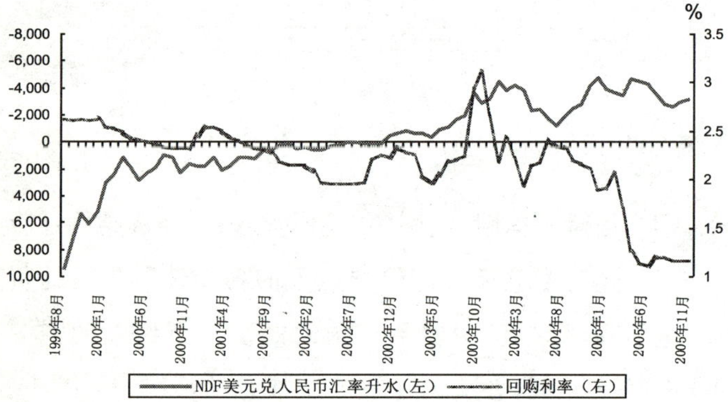

图8　货币市场利率与NDF市场美元兑人民币汇率升水值

数据来源：中国货币网、彭博。

缓解人民币升值压力可能不一定要压低利率。根据利率平价理论，人民币与美元利差的扩大，有利于缓解本币升值压力，但是这要取决于升值压力是否来自利差。① 如果升值压力主要来自经济增长预期与市场舆论，则不宜过分强调压低利率缓解升值压力。

---

① 利率平价理论(Interest Rate Parity)，最早由英国经济学家凯恩斯(John Keynes)于1923年首先提出，认为两个国家货币利率的差额等于远期兑换率及现货兑换率之间的差额。

压低利率水平在引导人民币汇率走势上存在双重影响：利率水平低会增加短期投机资本的机会成本，但是同时也会助长投资过快和资产泡沫膨胀，吸引投机资本。在升值预期压力下，保持汇率基本稳定与保持利率适度稳定都非常重要。实现中性的利率水平，适度控制投资增长，稳定市场预期，可能更有利于减弱外汇流入的压力。

人民币汇率机制与汇率水平，不仅是调控我国对外经济关系、调控国际收支的主要变量，更是配套其他改革如产业结构调整，国内劳动力、资源价格结构调整以及债券市场、外汇市场发展的战略问题，处理好汇率变化与宏观调控、特别是利率调控的关系极其重要。目前最关键的是要形成人民币对美元升值最高幅度的稳定预期，比如年汇率升值期望值控制在3%以内。对于大国经济来说，宏观调控中利率应该比汇率占有更主导、更主要的地位。如果说短期内出现利率政策配合汇率政策的情况是现实需要，那么中长期的金融调控仍会以利率等其他货币政策为主。

关于人民币汇率机制改革，从两方面理解非常重要：一是从维护经济金融平稳运行，抑制投机对中国市场冲击角度出发，人民币汇率不会出现大幅度升值；一是从完善汇率形成机制，使汇率传导有效的市场信息角度出发，人民币汇率波动幅度将放宽。这两方面是有机的统一，市场不应以一方面内容取代或混淆另一方面内容。

目前我国经济外向型日益增强，以市场汇率计算的中国贸易依存度为64%多①，在大国经济体中已经排名第一。随着经济开

① 根据《中国统计年鉴2006》，我国2005年进出口总额为116 921.8亿元人民币，国内生产总值是183 084.8亿元。那么，对外贸易依存度=（一国进口+出口总额）/国内生产总值=63.9%。

放扩大，我国经济受国际经济体包括美国经济的影响越来越大，协调我国与其他大国经济金融运行和货币政策调控将益发重要。2005 年我国外汇市场发展迅速，一些交易方式创新，如人民币远期业务和央行掉期操作，将强化本外币利率之间联系，对此应及时关注。

五、 利率政策在经济金融运行调控中的作用将会加强

2005 年中国经济运行表现出高增长、低通胀的良好态势，经济运行中的问题，除了长期存在的高污染、能耗、物耗等之外，较突出就是增长中的不均衡：一是投资、消费不平衡，二是进出口不平衡。其实，前者的问题虽然的确存在，但并不主要因为消费增长太缓，当前宏观经济中投资偏热问题比消费偏缓问题更突出。实际上，2002 年以来我国居民消费增长较快，支出结构也发生很大变化，如果将居民购房支出从社会投资项下转为消费项下①，则目前我国的消费率约为 59%，的确有待于进一步提高，但是相比近 10 年来也算平稳。促进消费更快增长应有中长期规划，不是短期宏观调控能够实现的。

进出口不平衡现象加重，外贸顺差占 GDP 达到 5% 以上，其原因主要是两方面：一是全球化进程中国际产业转移加快，我国劳动力优势突出显现，生产产品竞争力强；二是国际宏观经济形势较好，需求较旺，中国在能源、资金价格偏低的背景下，投资过热产生

---

①　根据《中国统计年鉴 2006》，2005 年住宅销售额是 14 564 亿元，近似于居民购房支出，社会投资总额 96 918 亿元，支出法国内生产总值为 186 701 亿元，那么如果将居民购房支出从投资项下转为消费项下，则投资率约为 59%。

的产能部分向国际市场释放。2005 年我国宏观经济运行中投资偏热问题仍然严重，全年投资实际增长率将超过 2004 年的投资实际增长率，这与利率水平偏低密切相关。从调控国际收支的角度来看，适度上调国内资源、能源价格，适度上调利率水平，将有利于适度控制投资增长和产能扩张，调控出口增速，促进外贸趋于平衡。在国内外生产要素价格、货币体系、市场机制差别过大的情况下，汇率升值对于我国国际收支调整的作用有限；从大国经济金融平稳运行来看，是利率而不是汇率，更应在宏观调控中占据主导地位。

提高利率面临的阻力是不言而喻的。在我国利率种类较多，并存在利率分化的现象下，综合协调存贷款利率与债券市场利率十分重要，目前应适度纠正社会正规金融渠道融资利率总体水平偏低的状况。在投资、消费实际增速同比持平或提高，非食品 CPI 稳中趋升，机电产品、资源类产品出口高速增长的背景下，提高利率和资源类产品价格将有利于促进经济平稳持续适度较快增长，也为将来经济增速较缓时期降低利率预留空间。

当前经济金融运行似乎显示出一个悖论：金融体系低效益已经成为中国经济改革发展的巨大甚至是最大威胁，改制金融机构，提高金融体系效率，需要金融政策形成一个有利于促进资金配置效率的利率水平，需要金融机构资产管理审慎有效，但是这有可能增加企业融资的难度和成本，对经济增长有所抑制，而经济增长过缓则不利于经济改革发展。

目前金融改革的复杂性可能是空前的：商业银行改制有利于经营效率提高，但是分支机构撤并、信贷管理趋严减少了部分企业融资机会；外汇大量流入促使广义货币供应加快，但是狭义货币供应较缓，企业之间资金丰歉不均加重；利率水平偏低，而市场关于汇率升值预期过高。在复杂现象的背后,应该看到金融改革的核心是提高金融配置社会资金的效率,包括微观融资效率和宏观调控效率,这是经济平稳持续较快发展的基础。

金融市场利率分化明显,体现我国经济在融资渠道、融资方式、交易成本、产品结构等方面的问题。促进金融市场利率结构合理化实际就是提高市场融资效率,这除了要进一步发展中小金融机构,丰富多领域、多样式的金融服务,降低金融机构融资的交易成本,提高信贷资产交易流动性外,当前的突破口就是大力发展公司债市场。债券市场特别是企业债市场还不发达,这尽管是金融发展落后之处,但从另一个角度来看,也是促进经济平稳运行、提高融资效率的一个机会。大力发展公司债市场,是促进存贷款利率市场化,强化存贷款利率与债券市场利率联动的基础,并可以增加企业融资渠道,对于很多信誉好、实力强的企业来说,还能够降低融资成本,有利于促进经济增长。

从宏观金融调控角度来看,以货币供应量、信贷为主的货币政策中介目标总体上还适用,但是将更加强调利率手段在调控中的作用。货币信贷数量调控存在一定的局限:一是货币信贷增长速度波动较大,货币乘数和货币流通速度变化也较大,货币信贷调控目标只能确定大概而不能严格遵循;二是货币信贷调控准确性不好把握,在调控中容易出现矫枉过正现象;三是货币结构发生的变化不易及时应对,例如当前出现的广义货币供应和狭义货币供应增速差别扩大,二者中哪个指标与宏观经济更加密切存在争议。①

① 经济学家有时用 M1 与 CPI 的相关性预测通货膨胀,有时用 M2 与 GDP 的比例证明货币超发程度。

相比往年，2005年广义货币供应增长更多是由外汇占款增加导致的，这与信贷增加创造的货币供应量增加对经济的影响不同，并且M2和M1增速差别扩大。

在我国企业市场机制增强的背景下，强化利率调控作用，根据经济周期的变化调控利率使其达到或接近中性水平，有利于实现货币政策的稳定性和连续性。由于我国利率市场化进程没有完成，中央银行基准利率、货币市场债券市场利率、商业银行存贷款利率之间联动传导机制不够灵敏，协调三类利率是利率政策的重要组成部分。在债券市场起步大发展时期，三类利率之间可能会出现分化现象，债券市场利率也会出现较大波动。但是从中长期看，货币债券市场利率与经济稳定关系将逐步形成，利率政策将逐渐趋于中性取向，利率将在宏观调控中发挥更加主导的作用。

参考文献

胡维熊：《利率理论与政策》，上海财经大学出版社2000年版。
易纲、林明："理解中国经济增长"，《中国社会科学》2003年第2期。

降息不应该成为当前宏观调控的主要措施[①]

摘要:在美国次债危机后大幅降息的时期,中国本身并没有发生金融危机,经济增速下滑主要原因是原有增长模式难以持续,简单模仿跟随危机国家降息,仓促放松货币政策,可能对于刺激经济增长效果并不明显,反而会伤害金融体系运作效率,浪费货币政策资源,目前宏观调控事倍功半,将来经济更加困难时会举步维艰。

2008年三季度以来,美国次债金融危机愈演愈烈,美欧主要经济体大幅度降低利率,以缓解次债金融危机压力。中国自9月中旬以来的一个半月时间内三次下调利率[②],相当于美联储在一次议息会议间隔期间下调贷款利率81个基点,货币政策大幅度放松。当前在国际金融危机紧张、国内经济增速下滑背景下,迅速降低利率可能有利于舒缓市场情绪、降低负债企业财务成本,但是中

① 报本文写于2008年10月。

② 2008年9月16日,央行下调一年期贷款基准利率0.27个百分点;2008年10月9日央行下调一年期贷款基准利率0.27个百分点;2008年10月30日,央行下调一年期存贷款基准利率0.27个百分点。

国本身并没有发生金融危机，经济增速下滑主要原因是原有增长模式难以持续，简单模仿跟随危机国家降息，仓促放松货币政策，可能对于刺激经济增长效果并不明显，反而会伤害金融体系运作效率，潜伏下金融风险，弊大于利。

一、激进降息是美欧国家应对金融危机的临时举措

三季度以来，为降低金融市场崩溃的风险，美联储迅速大幅降息，并联合西方主要经济体共同降息，竭尽所能向市场提供流动性，希望通过临时救急措施尽可能减缓市场紧张。[①] 美国当前的政策是救急救火，力图避免金融体系崩溃、经济陷入衰退。造成美国次债金融危机的原因，非常主要的方面，就是21世纪初美国过于宽松的利率政策。

2000—2001年间，美国相继发生了网络泡沫破灭和9·11事件，国内经济受冲击陷入衰退边缘。为刺激经济和给市场注入信心，美联储采取宽松的货币政策，连续13次下调基准利率至1%，是近50年以来的最低水平。2004年6月美联储开始加息后，利率上升缓慢，真实利率水平为负持续达3年多之久[②]，为美国历史罕见。长期过低的利率水平刺激经济金融膨胀，直接导致了两种后果：一是资产价格泡沫，二是金融企业高杠杆经营。低利率环境致使金融机构固定收益投资收益非常微薄，甚至难以覆盖费用支

---

① 2008年10月8日，美国联邦储备委员会、欧洲央行、英国英格兰银行以及加拿大、瑞士和瑞典等国的央行采取联合行动同时将基准利率降低0.5个百分点。

② 2002年—2005年8月美联储联邦基金利率目标水平低于同期CPI涨幅，持续3年多为负利率。

出。一些金融机构采用增加杠杆、购买高风险资产、购买低流动性资产来提高收益能力。低利率环境下，华尔街投资银行高杠杆、低流动性的商业模式愈演愈甚，潜伏下巨大危机。

为维护资产价格稳定，降低欧美金融危机对新兴市场经济的压力，刺激经济增长，新兴市场国家包括中国近来也纷纷下调利率，同时金融当局加强监测与监督。这些政策措施目前对于应对和预防危机有必要性，但是不能治本。相反从中长期来看，如果把宏观上降低利率作为应对经济下滑和市场波动的主要举措，则是对次债危机成因、美国应对政策的误读和盲从。不仅于刺激经济是事倍功半，反而可能加大经济金融宏观运行的风险，损伤金融效率。

二、 降息不能解决中国潜在GDP增长率下降的问题

2008年三季度以来，中国外向型企业倒闭加速、工业增加值增速大幅下降、GDP当季增速下滑1个百分点，形势陡然严峻，如何保持经济增长基本平稳而不至于过快下落成为宏观政策的核心任务。当前中国经济增速的下滑，有周期性需求下降的因素，但是更深层次的原因是原有外向型经济带动的模式难以持续，中国国际化、参与全球产业配置的进程减缓，国际化带来的技术进步和劳动力转移速度下降，潜在GDP增长率下降。

改革开放30年以来中国年平均GDP增速是9.8%，实际经济运行中潜在GDP增长率是个区间而非不变的平均水平。根据HP滤波方法统计测算，改革开放30年以来中国潜在GDP增长率大概处于8.5%—10.5%的区间。潜在GDP增长率取决于劳

动力增速和劳动生产率增速。由于中国经济新兴和转轨的特征，劳动力增速不简单地指社会劳动力人数的增长，更有意义的是指低生产率的农村劳动力向高效率的城镇劳动力转移的速度，取决于城镇对农村半失业状态劳动力的吸收能力。劳动生产率取决于技术和制度进步，在中国以制造业为主的产业模式下，中国企业参与国际产业分工的进度和外商设备投资的增速，对于技术进步（相当多的是技术引进速度）和城镇吸收农村劳动力能力有决定性影响。2003—2007年间中国经济国际化加快，技术引进、劳动力转移都在加快，中国GDP年平均增速10.8%，这里尽管也有一定的周期过热因素，但是潜在GDP增长率提高是高增长的基础。

2007年四季度以来，中国出口增速下降，发达国家向中国产业转移的速度减慢，技术引进减缓，尽管城镇新增就业处于高位，但是工厂倒闭失业人数也在增加，原有增长模式难以持续，潜在GDP增长率快速下降，可能持续滑落到8.5%甚至更低，加上经济景气周期性调整，实际GDP增速会更低。

当前宏观政策首要是创造空间防止潜在GDP增长率下滑过快，为此应加快发展弱项产业，增加就业机会，通过制度进步提高生产率。两项政策需要实质性推行，一是拓宽民营资本进入行业，如允许民营资本进入医疗、金融、电讯行业，二是政府减税降低资本金营运负担以鼓励创业。其次是相机抉择逆经济周期性调节。反周期促进经济增长的宏观政策，扩大政府支出政策的作用一般大于降息。1998—2001年中国治理通货紧缩时积累了一定应对经济下滑的宏观调控经验，即实行积极的财政政策和稳健的货币政策，前者增加需求的原动力，主要是扩大社会投资需求，后者维护经济运行的效率，促使投资收益率达到适度水平。

三、利率水平偏低不利于中国经济效率提高和竞争力增强

银行存贷款的间接融资渠道是中国金融主渠道，存贷款利率是利率体系的主导价格。改革开放30年以来，中国金融机构法定存贷款名义利率调整与GDP增速、CPI变化比较一致，实际利率变化与经济运行大势以及名义利率的走势却恰好相反：实际利率在通货膨胀上升期是负利率，利率上调的速度低于价格上涨速度，而在通胀平稳和减弱时期，大多年份才为正利率。[①] 中国名义利率与CPI之间存在正相关关系，但是名义利率的调整远远小于CPI的波动，实际利率与名义利率以及CPI之间有明显的负相关关系。实际利率是由价格变化和名义利率调整而被动产生的结果，实际利率本身并没有成为宏观经济调控的重要指标。存在明显的"利率幻觉"：中央银行更多的是利用名义利率调整来进行宏观调控。

中国长期实行偏松的利率政策，实际利率处于较低水平，有时甚至为两位数的负利率。1979年以来的30年中，1年期存款年均利率为6%，年均贷款利率为7.8%，而年均CPI为6.2%，实际存款利率为负。分年份来看，30年中有14年实际存款利率水平为负，16年为正。

低利率政策在历史上以低价格资金投入支持了经济体制改革，但是低利率也造成中国资金配置效率较低，成为金融企业竞争

① 1979年—2006年27年中中国实际存款利率有12年实际存款利率水平为负，15年为正。1997年—2003年CPI处于－1.4%至1.2%区间，1年期实际存款利率为正。

力落后于实体企业竞争力的原因之一。在经济高涨时，低利率一般还伴随着信贷管制，企业获得资金的机会取决于其规模而不是回报率，社会资金配置效率降低。低利率还可能助长资产泡沫。2003—2007年间，中国经济处于上升周期，房地产价格成倍上涨，股票价格指数上翻数倍①，期间中国实际利率水平却处于近10年来最低水平，1年期存款利率实际水平平均为-0.8%。形成经济过热、资产价格泡沫的因素较多，低利率是其中重要的一个。

在2003—2007年经济景气上升时期，中国利率上调滞缓，致使实际利率水平一直处于较低水准。当前经济下行，在利率水平本来就偏低、经济下滑主要是原有增长模式难以持续情况下，降低利率是配合举措，但是不宜下调过快过猛，甚至成为比减税、扩大政府支出、拓宽民营资本投资范围更主要的宏观政策，变成宏观调控、刺激经济增长的依赖措施。否则，大量浪费货币政策资源，既不利于经济增长模式转变的稳步推进，还可能造成利率过早逼近流动性陷阱水平的风险。目前宏观调控事倍功半，将来经济更加困难时会举步维艰。

---

① 2003—2007年间，房价每年涨幅大概分别为6.1%、17%、24.3%、7%、18.5%，合计涨幅200%，上海证券指数从1307上涨到6124，涨幅达到370%。

利率过低是中国宏观经济不稳定的重要原因[①]

摘要：2003年以来中国利率水平过低，从国内历史看处于最低阶段，从国际比较看属于最低群体。低利率刺激中国经济持续透支式地高增长，加剧房地产泡沫爆膨，政府应对通货膨胀和资产价格高涨被动仓促进行行政调控，加大了经济波动。主张人民币利率保持低位的理由其实都是似是而非，在经济调控工具选择上，利率比汇率更有理论和现实效力。中国股票市场缺少长期投资安排，低利率和宏观政策行政性波动促其使然。

2010年中国股票价格持续走低，25%的跌幅居世界主要市场之首。除了资金面上受到新股发行的压力，宏观面上的信贷规模控制、房地产泡沫挤压、对中国经济增长速度不可持续的担心以及对经济模式转型缺乏信心，都是市场低迷的深层次原因。2009年中国经济在强烈刺激下迅速反弹，当前却面临增速下降、价格上

① 本文部分发表于2010年8月23日《第一财经日报》。

涨、资产泡沫、转型艰难等巨大挑战，计划体制下的“一放就乱、一收就死”的痼疾魅影再现。中国经济在高速增长后隐患重重，其根源在于经济运行机制改革缓慢；从宏观政策角度看，利率水平过低是经济金融不稳定的重要原因。

一、 中国利率水平历史最低、世界最低

2003 年以来中国利率水平过低，从国内历史看处于最低阶段，从国际比较看属于最低群体。目前中国以银行存贷款间接融资为主渠道，存贷款利率是金融体系的主导价格，可以代表利率总体水平情况。

2003 年以来的近八年，是中国利率水平最低阶段。这期间只有 2003、2005、2006 和 2009 四年的 1 年期实际存款利率为正，其余四年为负，最低年份里达到 -2.4%。八年期间 1 年期实际存款利率平均为 -0.15%。其中 2003—2007 年 GDP 增速连续超过 10%的五年里，1 年期实际存款利率平均为 -0.1%。①

低利率在中国是个老问题。1980 年以来的 31 年中，1 年期名义存款利率年均为 5.8%，而年均 CPI 涨幅为 6%，实际存款利率为 -0.2%。分年份来看，31 年中有 14 年实际存款利率水平为负，17 年为正。然而，在 1997 年以前中国实行储蓄存款保值政策②，当存款利率低于通胀率时，商业银行要对储户贴补存款利率

① 2003—2007 年 1 年期存款利率平均为 2.6%，通货膨胀率 CPI 平均为 2.7%，实际利率为 -0.1%。

② 中国人民银行：《中国人民银行关于调整存、贷款利率并实行储蓄存款保值的通知》，1993 年 6 月 29 日。

低于 CPI 涨幅的差额部分，即实际存款利率至少为 0 而不会是负数。1997—2003 年间存款利率高于通胀率，2003 年再次出现负利率后储蓄存款保值政策没有恢复实施。从这一点来看，最近八年中国利率水平为历史最低，储户遭受了负利率损失。

中国利率国际比较属于低水平。从可以获得的数据比较来看，中国实际贷款利率明显比美国低。1980 年以来，中国 1 年期名义贷款基准利率年均为 7.6%，实际贷款利率为 1.6%。同期间美国 1 年期名义最优贷款利率年均为 8.3%，实际贷款利率为 4.8%（年均 CPI 涨幅为 3.5%）。2003—2010 年间，中国 1 年期名义贷款基准利率年均为 5.9%，下浮 10%的优惠利率为 5.3%，实际贷款利率为 2.6%（年均 CPI 涨幅为 2.7%）。此期间，1 年期实际最优贷款年均利率美国为 2.9%，印度为 5.7%，新加坡为 3.5%，印尼为 8.3%，中国台湾为 4.8%，只有日本为 1.6%比中国低[①]，国际比较中国利率属于最低类水平，而中国 GDP 增速却是最高的。

二、 利率过低是中国宏观经济不稳定的重要原因

利率调节经济至少有三种渠道：一是利率总水平高低影响资金供求进而影响社会总需求，二是利率档次和结构变化引导产业结构调整，三是作为分配手段调节存款人、金融机构、贷款人之间的利益分配。[②] 利率水平过低是利率政策过于宽松的体现。

① 根据彭博网站（www.bloomberg.com）数据计算。

② 胡维熊：《利率理论与政策》，上海财经大学出版社 2000 年版，第 233 页。

中国改革初期计划经济机制全面而且深入，货币信贷政策主要靠贷款额度分配调节经济，利率水平低体现了居民补贴银行、银行补贴企业(银行还通过核销不良贷款更多地补贴企业)而企业效益低下的一种经济方式。随着改革开放推进，特别是2001年加入世贸和国有银行开始全面改制，市场经济体系初步建立。货币政策进一步地从直接的信贷调控向间接的货币总量和利率调控转变，中性的货币政策立场(既不刺激经济扩张也不造成经济紧缩)是维护经济平稳运行的基础。中性利率水平相当于名义GDP增长率，成熟市场经济国家基本都是如此，比如过去十年美国为5%、欧元区为3%、英国为5%、日本为1.5%。[①] 发展中国家为实现追赶，存在压低利率形成居民补贴企业增加投资提高增长率的现象，但是这种金融抑制利弊共存，需要随着经济体制市场化而逐步实现融资方式和利率市场化。

中国2003年以来年均GDP增长11%，如果实现中性真实利率水平，1年期实际存款利率至少为3%—5%，1年期实际贷款利率至少为5%—8%。然而2003年以来，中国货币政策立场偏松，利率水平过低，促使经济运行基础不稳固，经济波动过大，表现如下。

一是2003—2007年间在低利率背景下中国经济持续透支式地高增长。此五年中国GDP平均增速为11.7%，超过近30年GDP平均增速2个百分点，2005—2007年间GDP增速平均更是达12.8%，与此同时通胀压力加大，CPI迅速上升到8%，房地产

---

① 根据彭博数据(www.bloomberg.com)测算。

价格年均上涨约 20%[①]，上证指数从 1500 点暴涨到 6000 多点。同期中国利率水平极低，即使参照最低的通货膨胀指标 CPI 涨幅计算[②]，存款真实利率平均也仅为 0.3%，贷款真实利率平均为 3%。2003—2007 年间中国经济透支增长带来巨大后患，资产泡沫膨胀，环境污染、资源消耗恶劣，贫富分化加剧，经济未来增长空间受到严重压缩。

二是 2009 年到 2010 年 1 季度低利率加剧房地产泡沫爆膨。在 2009 年信贷跳增 10 万亿的同时，存贷款利率也大幅度下降，其中个人住房贷款利率下浮 30%，按 5 年期以上贷款利率 5.94% 打 7 折计算仅为 4.1%。这个贷款利率水平，创造了中国改革开放 30 多年来最低贷款利率纪录，同时也低于第二次世界大战后美国任何时期住房按揭贷款利率。美国住房按揭贷款利率 2000 年以来平均约为 6.4%，最低为 4.9%，正是这种利率水平促成了次债危机的产生。

三是低利率加剧通胀、资产泡沫后，政府被动仓促进行行政调控加大了经济波动。2005—2007 年间经济透支增长，2008 年上半年通胀压力爆发 CPI 涨幅超过 8%，金融当局被迫实施严格的信贷额度管制遏制经济扩张，造成企业资金骤紧，叠加上意外的美国次债危机，经济增速坠落。2010 年 1 季度房地产泡沫继续膨胀近乎失控，政府被迫出台类似停止房贷、禁止购房式的行政手段冻结市场，经济增速再次下滑。

---

① 根据国家统计局房地产交易金额和交易面积数据测算。

② 据《中国统计年鉴》公布的数据显示，2003—2007 年间 CPI 涨幅最低是 2003 年的 1.2%。

三、 利率保持低位没有充分理由

利率水平过低是经济大起大落的重要原因,利率低位徘徊难以提高的理由主要有以下三点,其实都是似是而非。

第一,中国产能过剩,通缩压力大于通胀压力,加息易加剧通缩。此理由不成立。首先,2003—2010 年间中国 CPI 涨幅平均为 2.7%,加上资产价格高涨,经济过热和通胀压力十分明显。并且,不是利率越低越能预防通缩。一方面,利率过低减少了居民储蓄资产收入从而不利于消费增长。目前居民储蓄存款 29 万亿,利率低于中性水平至少 3 个百分点,相当于居民每年收入少增约 9000 亿元。另一方面,利率过低刺激企业政府进行低成本融资,增加投资形成过多产能。还有,低利率促使经济过热和资产泡沫,泡沫最终会崩溃形成通缩。美国 1929—1933 年大危机和次债危机以及日本 1991 年后的萧条都是如此。中性利率水平是维护经济平稳、既不形成通胀也不形成通缩的基础。

第二,为缓解汇率升值压力,尽可能不提高利率。这是近年来货币政策的系统性失误。首先,事实证明“汇率为纲”观点不成立。此观点认为宏观调控应以汇率升值为主线,如果人民币名义汇率不升值,就要通过价格上涨实现实际汇率升值,即人民币不升值或升值幅度不够是中国经济过热以及房地产泡沫的主要原因。现实证明其谬。1985—1990 年间日元升值近 50%,但是正是在升值时期日本房地产价格暴涨了 100%。2009 年人民币名义有效汇率升值 15%,超过 2005—2008 年三年合计升值 10%的幅度,但是房地产价格跳涨 40%,为历年最高涨幅。实际上,利率而非汇率才是中日这样大国货币政策的主要工具，正是利率过低促成了泡沫经济。其次，加息与热钱流入增加人民币升值压力没有直接关系，中美利差变化与 NDF 市场人民币升值预期相关性非常不显著。[①]不加息致使利率太低反而会刺激企业扩张加大出口。2003 年以来，中国出口产品由劳动密集型转向资本密集型，劳动密集型的纺织品出口占比由 20%下降到 15%，而资本密集型的机电产品出口占比由 50%上升到 65%[②]，低利率促使资本密集型行业如钢铁行业扩大产能并加大出口。还有，目前人民币汇率已经出现高估的风险。在通胀和资产价格膨胀下，中国的衣、食、房、车都不比美国便宜。从购买力平价看，人民币已基本不存在升值空间。汇率问题政治色彩浓厚，在经济调控工具选择上，利率比汇率更有理论和现实效力。

第三，信贷控制可以替代“杀伤力太大”的加息手段。信贷控制与加息的紧缩取向一致，但是不可替代。利率是市场资金定价的基准，存款、贷款、购房、投融资等经济活动，都需要通过利率来预期成本收益和定价。从总量方面看，低利率刺激投资扩张和资产价格膨胀，在不加息背景下政府调控不得不过多依靠信贷管制、房产交易管制等行政措施，加大了经济波动。从结构方面看，低利率帮助企业、银行和政府剥夺了居民储蓄资产收益，恶化居民收入在 GDP 占比过低问题，加剧了消费、投资比例失衡。

四、 利率过低促使金融市场投资短期化

目前中国经济出现两难局面，政策取向对于经济走势至关重

---

① 据测算，相关性为 27%。

② 商务部：www.mofcom.gov.cn。

要。一种情景是维持利率低水平，二季度推行的节能减排、整顿地方政府融资平台等限制政策从三季度略微放松逐步过渡到四季度大幅放松以刺激经济增长。实际上就是重启 2008 年下半年和 2009 年上半年的政策，只不过程度和提法有所不同。另一种情景是放松行政管制，大力推行政府减税、减少垄断，同时提高利率趋于中性水平，即用市场化的中性政策（改变其偏松状态）替代行政化的紧缩政策。

从历史上看，利率水平趋于中性有主动和被动两种渠道：主动渠道是指金融当局主动将目标利率调整至中性水平如 1 年期实际存款利率在 3%—5%。被动渠道是指利率水平长期偏低，只有在经济周期性地处于调整或者萧条时期，由于价格水平涨幅迅速下降甚至通货紧缩，实际利率被动地处于中性水平，在 1990—1991 年、1999—2003 年和 2009 年曾经出现过。[①]

当前如果通过主动渠道实现利率中性或接近中性，同时政府减税、减少垄断，这将给中国经济转型和持续增长铺垫良好的宏观基础。金融市场投资将处于相对稳定的宏观环境下，投资者主要考虑投资标的价值因素，减少对时紧时松、反复多变的政府调控政策的猜疑。

低利率环境下的投资带有“博傻”色彩，判断最终谜底并不困难，大家都看得出来 2007 年的股市泡沫和 2010 年的房市泡沫。在此环境下，对于投资者来说，关键是既要参与泡沫，又要抢先在泡沫破裂前出逃，重点就是要把握波段操作，抛弃长线投资。在判断买卖时机上，分析经济自主周期的确必要，但是由于政府行政干

---

① 这三个阶段实际 1 年期存款利率分别平均约为 4.8%、2.1% 和 3%。

预频率高、手段多、影响大，判断政府行为比判断经济内生趋势要更及时、密切。

中国股票市场缺少长期投资安排，低利率和宏观政策促其使然。展望十二五时期，如果利率问题一拖再拖而长期处于过低水平，人民币汇率由于外部压力难以应对而持续升值，经济冷热时多用行政手段来刺激和压制，那么对于投资策略安排来说，更需要摒弃长线投资而坚持短线操作，此外还要考虑的就是在某个时机大量兑换美元到海外进行房产、股权投资。我们都期盼中国经济能平稳持续发展而长期买入做多，然而在利率过低等重大隐患下却不得不无奈地去进行随时做空的准备。

参考文献

胡维熊：《利率理论与政策》，上海财经大学出版社 2000 年版。

人民币汇率改革路向何方[①]

摘要：外汇交易主要由于金融交易需要，其次才是贸易交易需要而发生的。人民币汇率管理放松进程的快慢，将主要取决于中国金融市场包括货币市场、资本市场和外汇市场的发展程度。目前中国出口额60%以上来自三资企业，如果一方面通过税收对出口企业进行大量补贴，听任企业对劳动力、环境进行掠夺，一方面又试图通过汇率升值来促进国际收支平衡，那就实在是自相矛盾和本末倒置了。人民币汇率改革是国内、国际体系的一联结点，与汇率改革相伴，中国金融机构、金融市场成长发展，劳动力、资源价格体系合理市场化，人民币资本项下可兑换推进，这些方面的协调、配合十分重要。

进入21世纪以来，中国金融改革的两大主线是国际化与市场化，2005年7月21日出台的人民币汇率改革是这两条主线的综合体现。汇率改革更深层次地打通了国内、国际市场之间的金融交易，与国有银行引进外国投资者、推进资本项下可兑换、发展债

① 本文写于2006年5月。

券市场等改革前后呼应，加速了中国金融国际化与市场化。汇率问题又与增长、就业、外贸、内资等多个经济问题相关，后者的综合协调将根本性地影响到汇率改革的基本路径。

一、 汇率改革集中反映中国金融的国际化

通过国际化促进现代化，是中国经济金融改革基本思路之一。金融国际化至少包括机构国际化、市场国际化、货币国际化等三方面。人民币汇率改革是继加入 WTO 后中国经济金融开放的又一项标志。加入 WTO 使国有银行改革有了时间表，而改革的核心之一是引进外国战略投资者，国有银行改制上市也安排在海外，国际化被改革寄予厚望。汇率改革与国有银行改制呼应配合，使国内金融机构在经营活动中更要全面地综合评估国内外市场的运行变化。汇率改革背景之一是应对人民币升值压力，当前人们更多地关注汇率升值压力对中国外贸、货币政策调控造成的被动影响，但是从另一方面来看，人民币升值预期提高了国有银行的资产竞价能力，增强在股份制改造过程中对外国投资者的吸引力，有利于国有银行实现快速改制。

人民币汇率改革也大大加快了我国外汇市场的发展。外汇市场成员迅速增加，从几十家商业银行扩展到所有金融机构和部分一般企业；本外币交易做市商制度初步形成，汇率水平直接与外汇市场作市商报价关联；外汇交易方式不断丰富，从即期交易发展出远期、掉期、期权等多种形式。

汇率改革还催动人民币资本项下可兑换进程，使国内市场与国外市场金融交易更加直接和密切。人民币远期交易范围放开到

偿还境外借款等部分资本和金融项目;2006 年初 QFII 制度降低了外国投资者门槛,缩短了资金冻结时间;QDII 制度很可能在年内推出。金融机构投资理财业务创新加快,不断推出的多种结构性产品,将国内投资与国际投资联通起来,逐步从投资收益部分的可兑换向本金加收益的全面可兑换发展。

针对升值预期影响下大量外汇热钱涌入,金融当局主要采取了"放出"而不是"限入"的措施应对,放松资本可兑换并快速发展外汇市场,顺应并加强了金融国际化趋势。在汇率改革中,利率平价理论即以低利率支持汇率改革的思想是主流。[①] 利率平价的前提是货币可兑换,关于利率平价理论的宣传,实际上促使人们接受资本管制低效的现实以及人民币快速走向可兑换的趋势,为全面放松资本管制、资本项下兑换做好铺垫。[②]

亚洲金融危机后,人民币在中国周边地区流通增加,并有向区域货币发展的趋势。汇率改革改变了钉住美元的制度,增强了人民币的独立性。加上存在升值预期,人民币在周边贸易中成为重要结算货币,人民币的国际地位稳步提升。

二、 汇率改革进程取决于金融市场发展

1999 年,国际货币基金组织将汇率制度分为无单独法定货币的汇率、货币局安排、传统的钉住、水平区间钉住、爬行钉住、爬行

---

① 刘勘:"人民币升值不宜过快,保持存款低利率水平",《证券时报》2006 年 8 月 18 日。

② 利率平价是指两个国家货币利率的差额相等于远期汇率及即期汇率之间的差额,其假设前提是资本自由充分地在两国之间流动。

区间、有管理浮动、独立浮动八种。[1] 人民币汇率改革，是从钉住汇率制转变到有管理浮动汇率制。从 2005 年 7 月份以来的人民币汇率波动路径看，当前的汇率制度介于爬行区间与有管理浮动二者之间。从长远看，关于人民币汇率的管理将逐步放松，汇率波动幅度将逐渐扩大，以致最终过渡到自由浮动。汇率管理放松进程的快慢，在国有银行改制上市完成后，将主要取决于中国金融市场包括货币市场、资本市场和外汇市场的发展程度。

在国际金融市场上，外汇交易主要由于金融交易需要，其次才是贸易交易需要而发生的。2004 年国际市场上外汇交易金额约为 700 万亿美元，国际贸易进出口单向金额计算约为 9 100 亿美元，前者相当于后者的 77 倍。[2] 汇率所反映的货币供求 95%是由于金融市场投资、流动性管理、风险管理等金融交易需要产生的，只有不到 5%是由于贸易结算需要产生的。从这一点来看，仅仅从贸易的盈余或赤字来讨论汇率的升值或贬值是不充分的。所谓均衡汇率水平的确定，受贸易收支、资本收支、利率水平、金融效率、技术创新、国家政治等多方面因素的影响。一国货币的强弱、被认可程度、抵抗冲击的能力，归根到底取决于一国经济发达程度以及金融市场的深度和广度。

中国加入 WTO 后的国际化速度大大超出了人们的预料，之后 5 年外贸年均增长 30%，经济对外依存度超过 70%，外汇储备金额由 2001 年的 2 000 多亿美元跳跃上升至 2005 年的 8 000 多亿美元。在此背景下，人民币汇率改革和资本项下可兑换改革推

---

① 国际货币基金组织：www.imf.org。

② 外汇交易金额根据国际清算银行公布的 2004 年 4 月的日均交易额 1.93 万亿估算，国际贸易额来自国际货币基金组织。

出，人民币国际化提上日程。需要指出，目前中国虽然有 8 000 多亿外汇储备，但是中国还不是金融大国，更不是金融强国，在人民币走向自由浮动和完全可兑换的条件中，最欠缺的就是国内金融市场发展，无论债券市场、股票市场、外汇市场。

外汇交易首要是金融交易，一国货币对外价格即汇率的平稳、灵活、有效性，首先取决于本币金融资产价格的有效性，取决于本币金融市场的深度和广度。目前中国资本市场特别是长期债券市场发展严重滞后，外汇市场层次也比较单一，外汇集中于中央银行和商业银行，企业持有外汇较少。这一方面说明中国国际化层次还比较低，企业海外投资较少；另一方面也说明企业管理外汇资产的空间、能力和主动性需要培养。近年日本外汇流入量一直比中国大，但是外汇储备增长没有中国快，主要因为日本企业和居民持有更多的外汇资产。[①] 在充分国际化、市场化的经济体中，国家只拥有一部分外汇，大多数外汇留在私人部门当中。外汇市场广度和深度是汇率定价有效的基础，汇率改革与外汇市场发展相辅相成。

资本市场和外汇市场的落后，将直接制约人民币走向自由浮动和完全可兑换的进程。在缺乏相当规模和相当层次的金融市场的情况下，如果货币国际化进程过快，汇率的大起大落和外汇的大进大出将是难以避免的。

---

① 根据彭博数据，截至 2005 年年底，日本持有外汇资产约 2.3 万亿美元，其中官方外汇储备 1 万亿美元，企业和居民持有 1.3 万亿美元。

三、中国经济金融现状决定人民币汇率不会快速大幅升值

人民币汇率改革是根据中国经济发展的需要主动推出的，但是在汇率改革前后都面临着较大的升值压力。加入 WTO 后，中国国际竞争力持续显现，劳动生产率明显提高，人民币存在升值的趋势。汇率改革半年多来的走势显示，人民币汇率将按照爬行浮动的特征逐步升值，年升值约在 3%左右。汇率的双向波动幅度逐步放大，汇率水平确定与外汇作市商直接联系，进一步体现汇率作为一种价格信号，对市场供求变化的敏感。对人民币快速大幅度升值的期望，既不符合中国的现实，更不符合中国的利益。

认为人民币应该快速大幅度升值的理由主要有二：一是近年来贸易顺差较大，2005 年达到 GDP5%以上，较大的顺差容易引发贸易摩擦，威胁经济增长的可持续性；二是中国外汇储备较多，2006 年一季度末将成为世界第一。从中国的现实出发，以上因素促使人民币趋于升值，但是远不能得出快速大幅度升值的结论。如前所述，人民币没有快速大幅度升值的金融市场基础。同时，人民币也不具备快速大幅升值的经济基础。从潜在财政负担来看，中国社会保障资金缺口约有 9 亿元①，金融机构约 3 万多亿不良资产虽然剥离②，但是并没有消化，仍然以社会不良资产形式存在。从这两点看，人民币也有贬值的压力，只是压力没有释放，没能缓解当前市场过度渲染的升值压力。

---

① 高西庆在中金公司 10 周年论坛上的发言，2005 年 9 月 5 日。

② 工、农、中、建四大银行 1999 年剥离不良资产 1.2 万亿，2004—2006 年间剥离 2 万亿，合计剥离 3.2 万亿。

从调控中国经济金融平稳有效运行角度来看，人民币没有快速大幅升值的必要。近年中国贸易顺差较大，在贸易保护主义影响下，较大贸易顺差可能难以持续。中国无意谋求贸易顺差扩大，但是也不必急于追求贸易顺差减少。19 世纪的英国和 20 世纪的美国，其经济金融崛起都借助过巨额的贸易顺差，只是那时的国际货币体系与当今不同，英国获得的是白银，美国获得的是黄金。[①] 美国之所以在 1945 年拥有世界四分之三的黄金储备，取得国际金融霸权地位，其直接原因是第二次世界大战期间出口成倍增长积累大量储备。即使是第二次世界大战后的日本，其经济金融崛起与持续大量贸易顺差和获得大量外汇储备密切相关。在非战争时期，如果说大额贸易顺差难以持续，中国在经济崛起同时需要承担一定的促进国际经济平衡的责任，为促进国际收支平衡，需要适当进行宏观政策调整，那么目前中国首先需要调整税收、国内定价机制、环保、社保等政策，其次才是允许人民币汇率小幅升值。

目前中国出口额 60%以上来自三资企业，而三资企业所得税率比内资企业低一半还多，同时中国还实行出口退税政策，为此每年财政支出约 3 000 亿元。[②] 多年来中国经济存在“高增长、低福利”问题，其原因主要不在于贸易顺差太大和外汇储备太多，而在于自身的经济、社会管理效率太低，致使能源资源定价偏低，环境保护不利，民工劳动、社会保障不足。在环保、社保制度乏力背景下，高经济增长包括高出口牺牲了中国环境和劳工社保权利。促

① 19 世纪英国通过贸易和非贸易手段从中国获得白银就达到 13 亿两，相当于清朝 10 多年的国库收入。1945 年第二次世界大战结束时，美国通过出口获得的黄金储备占到世界黄金储备总量的 75%。

② 2008 年前中资企业所得税率为 33%，外资企业为 15%，2008 年 1 月 1 日起统一为 25%。另外，根据国家税务总局统计数据，2005 年出口退税达 3 371 亿元。

进贸易平衡，首先应该纠正以上政策，减少出口退税，对三资企业所得税取消超国民待遇；提高财政资金效率，完善社会保障制度；增加企业环境污染的成本和为员工提供社会保障的成本；根据市场供求情况，适当提高资源能源价格市场化定价机制等。

促进国际收支平衡是相对的，在各国经济水平差别较大、中国劳动力价格优势巨大的情况下，中国将长期保持国际收支盈余。适度汇率升值有利于经济结构调整，但是汇率快速大幅度升值会加剧中国资源配置和经济政策的扭曲。如果一方面通过税收对出口企业进行大量补贴，听任企业对劳动力、环境进行掠夺，一方面又试图通过汇率升值来促进国际收支平衡，那就实在是自相矛盾和本末倒置了。

在逐步建立健全金融市场、完善社会保障、改进经济政策的背景下，人民币实行爬行区间和比较有效的浮动汇率管理符合中国现实利益，爬行浮动会吸引一些预期人民币升值的外资，但是市场上大量的热钱流入投机的还是人民币快速大幅度升值。人民币汇率实际波动升值的路径将使市场传言不攻自破，热钱投机将趋于减少。在有管理浮动汇率制下，金融当局将会有效控制升值压力，引导和利用好升值预期，以有利于国有银行改制、人民币资本项下可兑换等改革措施稳步出台，有利于人民币稳步走向国际化。

四、 人民币汇率改革博弈国际货币体系变动

第二次世界大战后，美元核心货币、美国金融市场、美国跨国金融机构铸成了美国在国际上的金融霸权地位。虽然在 70 年代初期和 80 年代中后期，美元货币制度一度受到冲击和挑战，但是

总体上美元在国际货币体系中居主导地位。美元结算在国际贸易中占60%，美元债券占全球债券市场40%，美元资产在国际储备中比重达60%以上。美元的核心地位与美国强大的金融实力相辅相成，美国投资银行占证券市场业务份额70%以上，美国证券市场市值占西方七国总市场60%，美国金融机构在全球金融创新中长期居于领先地位。①

在以美元为核心的国际货币体系下，各国的汇率制度主要是本币对美元的汇率制度，美联储是美国的中央银行，一定意义上也是全球的中央银行。美国的经济金融调控，既是调控美国经济，也是调控全球经济。在美元主导的自由浮动汇率制度下，美国经济调控的影响，通过美元汇率波动等形式传导到世界各国。在以美元为核心的国际货币体系下，各国中央银行实际是美国财政部、美联储进行美元交易的第一层次的做市商，在美国的主导下参与国际经济调控。

美元本位的国际货币体系具有内在缺陷，“特里芬难题”揭示美元汇率存在较大波动的必然性。世界经济发展变化起伏，20世纪80年代多极化趋势强过美国霸权形势，而90年代又是美国单极突出。进入21世纪以来，欧元出现，中国持续快速增长，日本经济调整逐步完成，世界经济有显露多极化迹象，但是这种迹象还很不确定。

20多年来，中国走在经济崛起的道路上。在人民币走向世界的过程中，在以美元为核心的国际货币体系下，一方面中国同美国将有所合作，协调人民币与美元的关系，另一方面，将坚持对人民

---

① 数据来源彭博(www.bloomberg.com)。

币汇率制度的有效管理和循序改进，把握汇率改革的主动权。中国已经成为世界经济的重要一极，在可预见的将来，中国难以实质性地改变美元国际储备霸主货币的地位，但是人民币可能同欧元、英镑一样，成为国际储备货币之一，这有利于促进中国与世界经济金融平稳运行。人民币完全走向世界需要较长的时间，其中关键是中国企业、金融市场、法律会计制度要实现国际化，这远比拥有较高的经济增长、较多的国际储备以及让人民币汇率浮动起来要复杂得多。

人民币汇率改革是国内、国际体系的一个联结点。与汇率改革相伴，中国金融机构、金融市场成长发展，劳动力、资源价格体系合理市场化，人民币资本项下可兑换的有序推进，这些方面的协调、配合十分重要。中国将在国际化中走向现代化，也将在现代化中影响、推进国际经济体系的建设。改革路在脚下，但不是简单的路向西方。

参考文献

刘勘："人民币升值不宜过快，保持存款低利率水平"，《证券时报》2006 年 8 月 18 日。

加速升值抑制通胀:逻辑的错误与错误的逻辑[①]

摘要:人民币汇率加速升值不仅不能抑制通胀,反而加剧通胀压力。2004年以来中国经济过热的原因,主要是国内经济扩张动力充足,国际经济需求强劲,同时中国的货币政策立场偏松。在通货膨胀加剧的形势下,外汇管制偏弱而信贷控制加强且价格限制严格,完全颠倒了行政干预的先后次序,调控效果也一定是事倍功半。如果中国经济制度和收入结构不能及时改进,失衡过多地依靠汇率来调节,将使企业、政府忙于苦于应对人民币升值压力,无暇无力进行要素价格调整和环境保护投入,会恶化而不是改善中国经济结构问题。

女士追求时尚,经济学家也追求时尚,2008年初流行的观点是:人民币加速升值抑制通货膨胀。当前在通货膨胀问题严峻的背景下,部分人士将人民币升值作为抑制通胀的有效甚至主要手段,这是逻辑的错误,也是错误的逻辑,是极其危险的。

---

① 本文部分发表于2008年3月27日《第一财经日报》。

一、中国经济面临全面恶性通货膨胀的危险

1998年至2003年，中国价格水平保持稳定，居民消费价格(CPI)同比涨幅在1.5%以下。2004年中国经济出现过热现象，CPI月度同比涨幅最高达到5.3%，年度同比涨幅达到3.9%。之后在有力的宏观调控下，2005年CPI涨幅回落到1.8%。但是2006年以来，物价水平再次明显上涨，通货膨胀问题日益突出，并呈现出从较少类商品向大多数商品蔓延、从温和上升向大幅恶化的趋势演变。

2006年4月，我国粮食价格开始持续上涨，并带动其他食品价格上涨。2006年12月粮食价格同比上涨6.9%，蛋、肉和油脂类商品价格从下降急剧逆转变成同比上涨10%。2007年1—4月蛋、肉和油脂类商品价格的涨幅继续扩大，5月份猪肉价格出现跳升式上涨，同比涨幅超过10%。[①] 羊肉、牛肉、水产品以及蛋类价格都大幅上涨，涨幅也不断扩大。

2007年下半年通货膨胀开始向经济各个领域渗透，肉、蛋、奶、方便面等多类食品价格跳升，日用类其他商品价格也持续上涨。从非食品的七大类商品(烟酒及用品、衣着、家庭设备用品及服务、医疗保健和个人用品、交通和通信、娱乐教育文化)来看，除了衣着类，另外六大类价格的涨幅都出现了明显上升，CPI涨幅不断跳升超出企业和民众预期。

---

① 国家发改委：《猪肉、鸡蛋价格上涨 鲜菜价格回落—近期大中城市重要商品和服务项目价格变动情况综述》，2007年5月31日。

除了经济下游领域的居民消费品价格上涨,中游的工业出厂品价格(PPI)和上游的原材料、燃料、动力购进价格也全面上涨。PPI同比涨幅从2006年末的3.1%上升到2007年年末的5.4%,2008年2月又跳升到6.6%,期间原材料、燃料、动力购进价格同比涨幅由4.7%上升至9.7%。

正是通货膨胀在各类商品领域的扩散和加剧,导致居民关于通胀的预期不断恶化。老百姓对肉类、食用油、水电、煤气、房租等的价格动向极其敏感,在全国多个城市商场的价格优惠活动中,都出现了抢购现象,甚至发生蜂拥踩踏致人死亡的悲剧。① 一旦通胀水平不断走高并超出预期,企业和居民通胀预期更加恶化,通胀形势恶性循环,那么近期CPI上涨速度很可能超过两位数,将造成生产生活行为紧张、秩序混乱,经济大起大落的风险很难避免。

二、 人民币加速升值不是抑制而是加剧通货膨胀的因素

当前宣传人民币升值可以抑制通胀的理由主要有三:一是根据简单的经济学教科书,在其他经济变量不变的前提下,一国货币升值,有利于抑制该国的出口,降低进口商品物价,从而有利于抑制通货膨胀。二是根据经济学"巴拉萨-萨缪尔逊"模型,发展中国家经济腾飞,贸易品生产效率相对提高快,在货币不升值情况下,非贸易品包括土地、劳动力等价格赶超贸易品价格,造成通货膨胀。升值和通胀二者必然选一。三是中国经济过热的根源在于

① 见"血案发生,血拼仍疯狂",《北京青年报》2007年11月12日。

人民币汇率严重低估（部分人士测算在40%左右[①]）造成的国际收支顺差过高，从而导致流动性过多、货币信贷膨胀和通货膨胀，宏观调控正本清源就是要使人民币汇率尽快升值到均衡水平。

理由之一仅仅是一种静态的、局部的分析，存在逻辑的错误。中国经济的现实和全局情况，要比这种思路复杂、深奥得多。有人测算，人民币名义有效汇率升值10%，促使CPI涨幅短期下降0.8个百分点，长期下降3.2个百分点。[②] 但是，2005年7月至今，人民币名义有效汇率升值超过5%，实际有效汇率升值超过10%，中国CPI涨幅不降反升，从1.8%上升至8.7%。汇率是一个局部的、结构的而不是总量的经济指标，在一个动态的经济运行体系下，汇率升值对于通胀的抑制作用具有局限性和不确定性，特别是中国在出现全面通胀的情况下。

理由之二依据"巴拉萨－萨缪尔逊"模型做出的推理，与中国实际情况不符。中国这一轮通胀的起点是粮食、资源品等可贸易商品价格上涨，目前涨幅最大的也是粮食和食品价格，通胀蔓延的领域也以可贸易商品为主，而劳动力价格上涨相对滞后，用"巴拉萨－萨缪尔逊"模型不能解释中国通胀的传导路径，人民币升值和通胀之间没有非此即彼的关系。

理由之三实际上是对中国宏观经济运行、人民币汇率问题基于错误逻辑的错误推断，需要全面批判。2004年以来中国经济过热的原因，主要是国内经济扩张动力充足，国际经济需求强劲，同时中国的货币政策立场总体偏松。

---

① Franklin J. Vargo (2003), Testimony before the House Committee on International Relations, United States Congress.

② 中金公司研究部：《中国汇率传导效应分析》，2008年3月20日。

首先，人民币汇率水平不是中国经济过热的根源。2004年以来，中国贸易顺差大幅度上升，其成因主要是国际需求强劲和中国加入WTO后与国际经济融合加深。2003—2007年间，世界经济年均增长4.5%，比20世纪90年代高出1.5个百分点。中国加入WTO后进一步融合到国际垂直分工体系中。2004年以来中国贸易顺差累计5 735亿美元，其中加工贸易顺差6 868亿美元，非加工贸易逆差1 134亿美元。国际收支顺差约为1.4万亿美元，其中贸易顺差占比仅为40%。[①] 断言人民币汇率低估是中国贸易顺差甚至国际收支顺差的根源，实际上并不成立。中国经济快速增长的同时，国际竞争力有所提高，所以人民币汇率恢复有管理的浮动制度和汇率水平适度升值是正确的。关键是要认识到中国经济在全球化中的加工贸易特征，不要错误地认为人民币汇率是贸易顺差甚至是国际顺差形成的根源，更要把握好中国宏观调控和人民币汇率调整的主动，不要被动跟随国际市场舆论。

第二，2005年人民币汇率改革以来货币政策总体偏松，助长了经济过热和通货膨胀加剧。货币政策偏松的表现，一是人民币利率水平偏低，货币信贷增长偏快，二是对外资流入管制不够强势有力。而货币政策偏松的主要原因，是应对人民币汇率升值问题过于被动。

2005年7月是人民币汇率改革出台后的第三个季度，市场上人民币升值预期强烈，为了抑制外汇流入，货币政策操作简单地强调利率平价机制，放松公开市场操作，引致货币市场利率下行，1

① 根据2004年以来的中国海关总署统计数据和国家外汇局《中国国际收支报告》中公布的数据计算而得。

年期中央银行票据利率由 2005 年年初 2% 下降至 9 月份的 1.3%。[①] 同时货币供应量增速提高，由年初的 14% 上升到年末的 18%，2006 年以来货币供应量同比增速平均为 17.9%。2005 年至 2006 年，在全球利率提高的背景下，人民币利率却始终处于低位甚至真实利率为负，资金成本过低和货币流动性宽松助长了国内经济过热。2006 年之后，随着货币供应量增速走高，通胀压力增大，货币政策操作关于利率平价的说法时强时弱，加息和上调准备金率政策虽然多次出台，但是货币政策总体上仍然偏松。原因是货币政策不是以货币信贷利率为主导实行调控，而是坚持"汇率为纲"，允许人民币加速升值，在通胀上升的逼迫下，被动加息和回收流动性。如果 2005 年下半年货币政策操作不放松，2006 年至 2007 年多项货币政策措施都提前 6—9 个月出台实施，并加大紧缩力度，目前通胀压力不会这样大。

对外汇流入管理的软弱是货币政策宽松的又一突出表现。2005 年以来的人民币汇率改革，包含了人民币汇率升值、恢复有管理的浮动汇率制和促进资本项目开放多项内容。在促进汇率波动反映市场供求变化的目标下，金融当局鼓励资本流出，但是并没有加强控制资本流入。在人民币加速升值预期推动下，外汇流入势如潮水。2004 年以来，外汇储备增加额中扣除经常项目顺差和外商直接投资（FDI），还增加了 5 000 多亿美元[②]，就能够说明这一点。

关于加强外汇流入管制，有关部门的说法是：这在技术上很难

---

① 中国债券信息网：www.chinabond.com.cn。

② 中国海关总署《海关主要统计数据》和国家外汇局《中国国际收支报告》。

实现，并且与金融开放的大方向相背，即使短期加强了也不可持久，所以不如对外汇流入流出都放松管制。这个说法与中国现实情势不符。1997年亚洲发生金融危机，中国得以幸免的基础就是资本项目管制。假设当时我国没有加强资本流出管制，人民币汇率贬值压力和经济增速走低压力就会大得多。再假设这次危机发生在今天，如果没有有效的资本管制，中国依然难以避免金融危机。

中国作为转轨发展中国家，在经济管理中采用一定行政手段是必要的。在外资流入汹涌、通货膨胀加剧的形势下，可以考虑的行政手段有外汇流入管制、信贷规模控制和商品价格限制三种。相对地，价格限制负作用更大，可能造成供给萎缩、资源错配。信贷控制负作用其次，仅可能降低商业银行效率。外汇流入管制负作用最小。资本流动管制不完全是一种行政管制，它还是一种国际经验和制度，是抑制投机、避免资金大进大出的防火墙。对资本流入的管制难以百分之百有效，但是加强管制和松懈管制仍然会有极大区别。当前如果外汇管制偏弱而信贷控制加强且价格限制严格，是完全颠倒了行政干预的先后次序，本末倒置，收效也一定是事倍功半。通胀压力将会越积越重，增大全面恶性通胀的风险。

第三，人民币汇率加速升值目前不仅不能抑制通胀，反而加剧通胀压力。当前人民币汇率加速升值，从局部看可能会对部分进口商品价格有抑制作用，从全局看则会激化人民币升值预期，刺激更多的外汇资金流入。加上在所谓促进人民币汇率定价机制市场化框架下，资本项目管制偏松，外资流入如溃堤洪水。还有，此时如果再简单地强调利率平价机制，不敢针对通胀压力果断加息、强力回收货币流动性，而是紧抱着人民币升值抑制通胀的假说，将是舍本逐末，抱薪救火，使通胀形势愈演愈烈。

三、人民币停止加速升值是抑制通货膨胀的条件

落实宏观调控，近期防止通货膨胀恶化，人民币停止加速升值是其条件。

目前人民币汇率升值预期强烈、外汇流入管制偏松，成为通货膨胀积聚的原因之一。通货膨胀最终是一个货币现象，尽管从局部的角度看，通货膨胀可以分为需求拉动型和成本推动型，但是本质上都是货币量过多，比如在金本位制度下，就基本不存在通货膨胀问题。宏观调控首先是总量调控。结构问题总是会存在的，总量问题和结构问题总是会发生关系的。货币政策调控首先是控制货币信贷总量适度，利率水平适度，然后再去调整汇率等结构性问题。

当前的货币政策面临的形势极其复杂和严峻。对其梳理和解决，是一个货币政策理念问题，更是一个需要把握和决断的实践问题。面对通胀全面恶化的风险，把握宏观调控主动权，巩固宏观调控的公信力至关重要。人民币汇率停止加速升值，削弱市场严重的投机预期，是防止和治理通货膨胀的先决条件。与此同时，用强势手腕管制外汇资金流入，自主独立实施货币政策调控，适度加息和控制货币信贷增速，才能抑制和缓解通胀压力。1998 年中国政府承诺人民币不贬值时[①]，遭受了很大非议，也受到了外汇市场贬值预期力量的巨大冲击。但是 10 年后回头看，这项承诺总体上是

① 1998 年 3 月 17 日，新上任的国务院总理朱镕基承诺人民币不贬值。

成功的，其根本之处就是把握了经济金融运行调控的主动权，稳定了经济金融运行趋势。

四、 人民币停止加速升值是保持经济平稳较快增长的基础

首先，人民币停止加速升值是应对国际经济形势的需要。当前发达经济体景气迅速回落，经济增长明显走弱，国际金融市场波动剧烈，“世界从瀑布顶端跃下，却不知道水有多深”[①]。受国际需求萎缩影响，从中期看中国经济必然走低。目前我国出口企业成本上升、订单下降，明显暴露出下滑的迹象。在世界经济动荡疲弱情况下，中国要及时考虑如何努力保持国际市场空间，当前应停止人民币加速升值，对自身国际竞争力留有余地。相反，人民币此时加速升值，就如同物体从空中降落，不仅没撑起降落伞，反而背上越来越重的石头，结果必然是硬着陆。

并且，人民币停止加速升值，是防止外汇资金大进大出，避免出现通货紧缩和经济大起大落的前提。2004 年以来，中国经济增长超过了潜在 GDP 增长速度[②]，经济中积累了周期调整的压力。人民币升值预期强化和资本管制放松，外汇资金流入泛滥成疾。一旦中国经济周期性回落，人民币升值过度后出现贬值预期，外汇资金流入停滞，企业和居民大量用人民币购买外汇，就会形成巨大的通货紧缩压力。近年来出台的多项鼓励外汇流出的措施，在人民币升值背景下效果不明显，在人民币贬值背景下则会使外汇出

① 哈佛大学教授肯尼思·罗戈夫(Kenneth Rogoff)，2004 年 11 月。

② 根据滤波方法测算，1980—2009 年间中国潜在 GDP 增长率在 8%—9.8%，2004—2007 年间中国实际 GDP 增速分别为 10.1%、11.3%、12.7%和 14.2%。

逃如虎添翼。外汇市场形势逆转资金集中流出造成的通货紧缩，会急剧加重中国经济周期性回落的下行风险，甚至造成经济衰退。[①]

还有，人民币汇率停止加速升值是改善中国经济结构的条件。2003年以来，中国经济国际化、经济结构升级和世界经济的强劲增长，促进了中国的快速增长，但是中国的价格、收入、劳动保障、环境保护制度的滞后加剧了中国经济结构不平衡问题。改善中国经济结构，需要综合改进收入、税收政策和价格、社保、环保制度。如果中国的经济制度和收入结构不能及时改善，所谓的失衡主要想通过汇率来调节，那么迫使企业、政府忙于苦于应对人民币升值压力，无暇无力进行资源价格调整和环境保护投入，将会恶化而不是改善中国经济结构问题。

最后，人民币汇率停止加速升值，是促进金融开放和提高经济运行效率的基础。人民币可兑换、资本项目自由化、人民币拥有国际结算和国际储备的地位，是中国金融开放成为金融强国的里程碑标志。汇率是国内外市场交易的中枢，每年国际市场上外汇交易量相当于贸易交易量的80多倍[②]，汇率形成机制改革、金融开放核心是国内金融市场与国际金融市场对接，其基础是金融市场发展而不是贸易状况。如果金融市场发展落后，而汇率浮动和资本管制放松过早过快，将埋藏下巨大的金融危机风险。一旦危机爆发，将大大延迟中国金融开放和发展的进程，欲速则不达。

---

① 1998年，中国受亚洲金融危机冲击，境内外汇资金外流，成为基础货币增速下降以致产生通货紧缩压力的因素之一。

② 根据国际清算银行数据，2007年4月国际市场上日均外汇交易金额约为3.3万亿美元，依此测算年交易金额约为1 200万亿美元，根据国际货币基金组织统计，2007年国际贸易进出口金额单向计算约为14多万亿美元，前者相当于后者的86倍。

参考文献

中金公司研究部:《中国汇率传导效应分析》,2008 年 3 月 20 日。

人民币汇率：冰山更多在海面下①

摘要：顺差和汇率都是表象问题，一国经济的根本在于就业、通胀和福利。把顺差和汇率作为中国经济的根本问题是避重就轻。目前汇率出现国际纷争的核心原因是商品和资本流动性较高而劳动力流动性较低。巴—萨模型下实际汇率升值源于贸易品生产率增速差异引致的非贸易品价格上涨的差异，外贸收支顺差变化则反映了国民经济核算中储蓄的变化。过度强调汇率升值调节顺差和储蓄，汇率升值水平就可能高于购买力平价水平，这可以部分地解释当前出现的人民币对内贬值和对外升值现象。人民币汇率改革之后，汇率机制从钉住改为爬行钉住美元，是中国当局从其所理解的金融稳定角度进行的汇率安排。人民币还需要名义锚约束，是中国宏观当局货币政策立场偏松、缺乏市场信任也缺失自信的结果。考虑到中国近年来资产价格膨胀的速度，按市值计算，外商在华资产价格有可能达到3万亿美元，与中国外汇储备规模孰高孰低难以定论，中国对外到底是净资产还是净负债需要细

① 本文部分发表于2011年10月31日、11月16日、11月23日的《中国证券报》。

察。开放是中国经济发展的原动力之一,在货币领域,近年来出现对外开放市场化、对内管制行政化、金融改革进退矛盾的现象。货币当局关于商业银行利率市场化政策的核心是贷款利率管下限、存款利率利率管上限,这种利差保护政策巩固强化了商业银行在中国金融领域的垄断强势地位,助长甚至放大了中国经济顺周期波动,抑制金融创新、阻碍经济增长方式转型。中国经济不均衡问题的核心是经济对外国际化进度快而政府对内管理市场化进步慢。

人民币汇率问题近年来一直是热点,然而有很多判断需要深究。

一、 汇率是本质还是表象

人民币 2005 年 7 月后兑美元开始爬行升值,2008 年 9 月至 2010 年 6 月再次钉住美元,2010 年 6 月后恢复爬行升值。目前国际上很多人认为人民币汇率低估,需要大幅度升值,其主要理由是:从双边看中国对美国有较大顺差,从多边看中国外贸整体顺差较大。国内一些人也认为人民币低估是中国经济总量过热和结构失衡的根源,货币政策一度以“汇率为纲”,强调升值对中国颇有好处:淘汰落后产能,促进产业升级和经济平稳增长等。2005 年后,很多人把中国外贸顺差大的现象视作经济一大问题,2007 年商务部还把“减顺差”作为工作目标之一。[①] 顺差以及相联系的汇率果

① 2007 年 1 月 16 日,商务部在全国商务工作会议上提出,“减顺差”将成为 2007 年中国外贸发展的头等大事。

真是中国经济根本问题吗?

事实胜于言辩,有德国例子供思考。德国外贸顺差自2001年以来保持在高位,贸易顺差占GDP比重平均达到6.5%,2007年最高时为8%,最近的2010年为6.1%,均分别超过中国的3.9%、7.5%和3.1%(图1)。① 德国贸易顺差在更长时间、更高幅度上超过中国,当前也比中国更明显或者说“严重”,那么德国为什么没有像中国如此重视这个问题呢?主要是德国面临的国际压力比中国小。事实上,对本国来说,贸易顺差大并没有什么直接的不利!

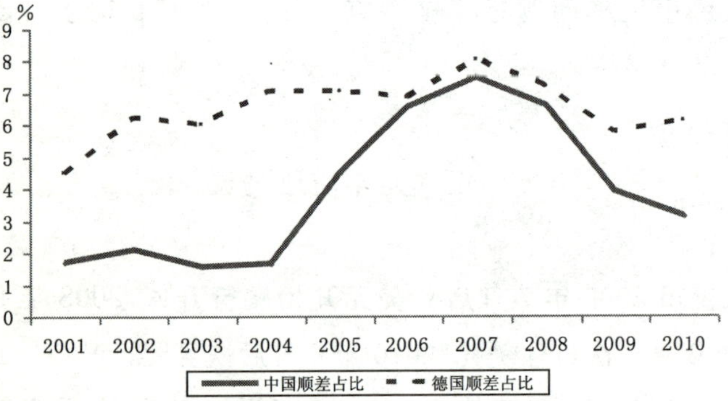

图1　中国德国贸易顺差与GDP比重(%)

德国贸易顺差大多来自一般贸易,由于顺差来源地比较分散,所以国际压力不大。德国进口商品主要是食品和肉类、矿物燃料、饲料和烟草等,出口商品主要是机械设备、化工品、电子技术产品、汽车等。德国的进出口贸易约75%发生于欧洲国家,顺差约70%也来自欧洲内部。并且,由于1972年4月欧共体通过了“巴塞尔

---

① 欧盟统计局:epp.eurostat.ec.europa.eu。

协议"[①](规定各成员国货币间的汇率可允许波动幅度是上下1.125%),1999年欧元区正式运作,近40年来德国进出口贸易都较少受到汇率的影响。对德国来说,其货币与主要贸易伙伴国家货币汇率基本是固定的,甚至处于同一货币区,无论是顺差还是逆差,汇率已经不再有意义,更不会宏观调控以"汇率为纲"了!

再从一个新视角来思考中国的问题。中国的最大顺差地是美国,2010年对美国顺差为1830亿美元[②],美国的最大逆差地也是中国。这种顺差能说明中国和美国经济之间有什么区别和各自优劣呢?如果中国和美国处于一个货币区,使用同一种货币而不存在汇率问题,且资本、商品和劳动力可以充分流动,那么会发生什么现象呢?

情如假设,那么对中国来说,从价格角度看,中国的食品、服装、汽车等价格有下行压力,商品房价格可能大幅下降,因为同品质的衣、食、车、房在美国比中国便宜,美国的环境如饮食安全、空气质量等优势明显。中国的劳动力价格可能上升,因为大量居民会流动到美国。商品价格下行而劳动收入上升,中国居民福利会增加。而对美国来说,商品房价格会上涨,劳动力增加,经济增速提高。

这个假设与现实距离遥远,但是可以启发人们反思中国经济在国际比较中的根本问题是什么,是高增长背后的低福利!对于一个国家来说,顺差和汇率都是表象问题,一国经济的根本在于就

---

① 陈彪如:《国际金融学》,华东师范大学出版社1992年版。

② 国家外汇管理局国际收支分析小组:《2010年中国国际收支报告》,中国外汇管理局网站2011年4月1日。

业、通胀和福利，其中福利与社会法律制度和政府行政能力密切相关。如果说在国际交往中不可避免地要对贸易顺差问题进行协调并使货币有所升值，那是可以考虑的；但是把顺差和汇率作为中国经济的根本问题则是混淆视听。中国经济中的高能耗、物耗、污染和房价高涨、通货膨胀问题，根源在于资源（水、电、燃气等）价格以及资金价格（利率）受计划管制太低，环境保护和劳动保护淡薄，民生权利微弱。淡化国家管理的低效率和扭曲行为而将问题转移为顺差以及汇率，是避重就轻。

二、　汇率取决于什么

当今世界上货币区只跨越有限的国家，现实中存在着多种货币与汇率，那么汇率决定于什么呢？国际市场上流行观点是汇率取决于国际收支变动，顺差（经常项目加资本项目）大则升值，逆差大则贬值。这个说法有一定的理论和现实优势：从表象看符合经济理论的市场供求决定价格的逻辑；现实中有利于一些贸易逆差国及债务国如美国在需要时施压顺差国货币升值，同时有利于跨国金融机构利用市场波动炒作获利。美欧资本在国际上处于强势地位，市场波动是资本获利的重要条件。

然而，用国际收支平衡理论来证明人民币汇率低估存在问题。

一是中国国际收支顺差远远大于贸易顺差，甚至是贸易顺差2倍还多。

2005—2010年间中国贸易顺差累计1.2万亿美元（这里只包括货物而不包括服务贸易，由于中国服务贸易常年为逆差，加入服务贸易后贸易顺差会更小），同期国际收支顺差累计2.6万亿美元,贸易顺差占比约 45%[①],人们常常将外汇储备增加归因于贸易顺差大是一个逻辑不严密的说法(图 2)。非贸易项下的资本流动占更大比重,而这种资本流动与汇率升值有互相强化影响。

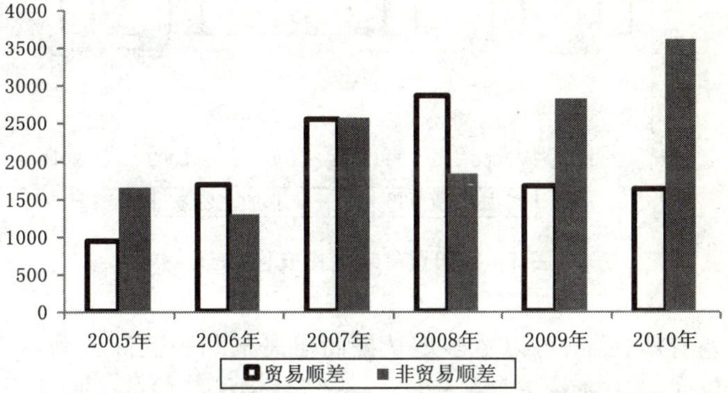

图 2　中国国际收支顺差构成(亿美元)

二是中国的对外贸易中,加工贸易是顺差,非加工贸易是逆差。2005—2010 年间中国加工贸易顺差累计 1.46 万亿美元,非加工贸易逆差累计 2 460 亿美元(图 3)。[②] 加工贸易顺差来源主要是加工环节的低成本优势,包括劳动力、环保费用。对中国来说,加工贸易必然是顺差,其中至少要包括工人工资。相比于劳动力工资上涨,通过汇率升值来降低加工贸易顺差是事倍功半。

将问题正本清源,贸易顺差国需要很紧迫地去降低顺差吗?既然德国拥有占 GDP 6%的一般贸易顺差都欣然接受,中国在劳动力过剩情况下拥有 GDP 3%左右的贸易顺差(并且 120%来自加工贸易)又何必着急呢? 如果出于国际合作协调需要试图对贸

① 根据 2005—2010 年外汇管理局公布的《国际收支报告》和统计局公布的《国际统计年鉴》中的世界国际收支部分计算而得。

② 根据外汇管理局公布的 2005—2010 年《国际收支报告》计算而得。

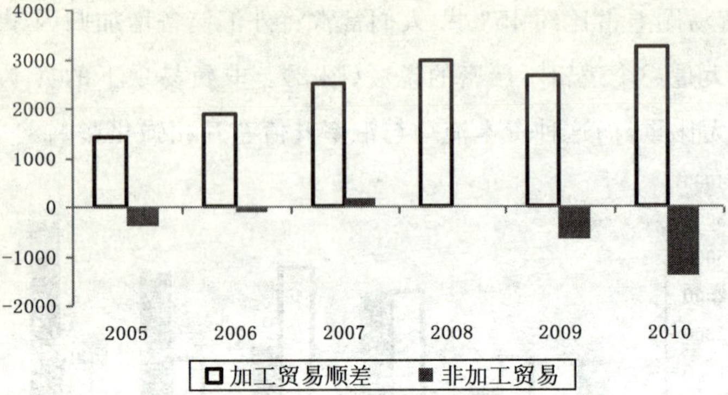

图3　中国贸易顺差构成(亿美元)

易顺差有所控制,可以更多地从提高居民福利去提高劳动者工资、要求企业增加环境保护费用,汇率手段不应该过多强调。

关于汇率,更基础性的一个理论是购买力平价[①]。用购买力平价测算均衡汇率面临的问题是商品样本的范围,如果选取可贸易品样本,中国的食品、服装、汽车、电器等日用商品可能都比同品质的美国市场商品昂贵。如果说中国的劳动力价格便宜,但是劳动力属于非贸易品;如果把非贸易品纳入样本,中国的商品房可能是价高质低的典型代表。衡量购买力的商品样本有大有小,商品内涵更是有宽有窄,如果只比较可贸易品价格,人民币兑美元汇率面临升值抑或贬值压力不好定论。购买力平价与国际收支理论关于均衡汇率水平的重要区别是:前者反映商品比价的变化,相对比较稳定,后者反映商品和资本流动,波动性较大。

与购买力平价相关又相异的理论之一是"巴拉萨—萨缪尔森"

① 购买力平价理论最早是由20世纪初瑞典经济学家古斯塔夫·卡塞尔提出的,是指两种货币之间的汇率决定于它们单位货币购买力之间的比例。

模型①。该模型的基本内容是:社会商品分为可贸易品和不可贸易品,可贸易品价格在国际市场上趋于一致,基本适用于购买力平价,可贸易品部门工资取决于部门生产率,生产率高则工资水平高;由于劳动力可以在可贸易品部门和不可贸易品部门间流动,部门间工资水平一致,可贸易品部门生产率提高以及工资上升会导致不可贸易品部门工资上升以及不可贸易品价格上涨,从而导致实际汇率升值,而生产率高的国家货币汇率也会因此高估。

根据"巴—萨"模型,有人提出2003年来中国制造业生产率提高,人民币汇率应该升值,要么是人民币名义汇率主动升值,要么是通过通货膨胀使实际汇率升值。假设"巴—萨"模型在中国一定程度有效,但是使用该模型也要深入分析中国的现实情况:第一,中国制造业投资增速处于高位,2005—2010年间中国投资年均增长26%,生产率提高可能主要源于资本投入增加。另外,中国不是充分就业状态,全要素生产率提高未必直接导致工人工资明显增加。在2003年以来的国民收入分配中,企业收入占比从约35%上升到40%,而劳动者收入占比从约50%下降到40%②,一定程度就是这一现实的反映。

第二,如果利用"巴—萨"模型测算出人民币有升值趋势,那么也一定要区别于国际收支顺差包括贸易顺差与汇率的关系。"巴—萨"模型的出发点是购买力平价,即可贸易品在国际市场存在一价定律,实际汇率升值源于贸易品生产率增速差异引致的非贸易品价格上涨的差异。外贸收支顺差变化则反映了国民经济核

---

① Samuelson, P.A. (1964), "Theoretical Notes on Trade Problems", *Review of Economics and Statistics*, 46:145-154.

② 国家统计局:《中国经济统计年鉴》,2003-2011年版。

算中储蓄的变化，即使生产率不变，一国储蓄率的提高也会导致贸易顺差增加。储蓄率提高的原因很多，如人口红利变化、贫富差距扩大、企业利润快增、政府收入暴涨等。在此情况下如果过度强调汇率升值调节顺差和储蓄，汇率升值水平就可能高于购买力平价水平，这可以部分地解释当前出现的人民币对内贬值和对外升值现象。

21 世纪以来经济全球化加速，世界名义 GDP 年均增长约 4%，世界贸易年均增长约 7%，全球外汇交易额年均增长约 10%。[①] 这种全球化是以美国为首的发达经济体设计的体系，即以世界贸易组织和国际货币基金组织的规则为基础，其特点之一是商品和资本自由流动加大，而劳动力流动自由度提高不明显。

目前汇率出现国际纷争的核心原因之一是商品和资本流动性较高而劳动力流动性较低，2003 年以来，中国在加入 WTO 后的世界经济高涨周期中，储蓄率上升，贸易顺差增加，资本流动将贸易顺差放大为倍增的国际收支顺差，从表象上形成巨大的人民币升值压力，远远超过购买力平价和“巴—萨”模型机制能解释的升值幅度。美国议员指责中国操纵人民币汇率，论据之一是如果央行不大规模购汇并进行基础货币对冲，人民币汇率将大幅度升值。[②] 反驳此论断并不困难，由于发达国家严格限制移民流入，致使劳动力在国际市场不能自由配置，全球市场经济机制并不充分，中国存在大量剩余劳动力，干预汇率和资本流入极其正常。

---

① IMF：www.imf.org。

② Logan Right (2010), *Renminbi Exchange Rate Analysis*, George Washington University.

三、 汇率机制还是汇率水平

2005 年 7 月人民币汇率改革时宣布，将实行参考一篮子货币的有管理的浮动汇率机制。6 年多来的实际情况是人民币基本钉住美元并爬行升值，汇率机制变化不大，只是汇率水平渐进升值。人民币汇率机制问题曾经为众人关注。经济学家举例论证在国际货币基金的 180 多个成员中，GDP 超过 5000 亿美元经济体基本都不是固定汇率机制[①]，浮动汇率是基本汇率制度。但是人民币汇率改革之后，自始至今关注焦点都是汇率水平而非汇率机制。中国基本没有改变汇率机制，货币当局重点把握人民币兑美元渐进、可控地升值，在升值过程中人民币兑美元汇率的浮动是舞台周围的装饰帷幕。

外贸高顺差是人民币升值的直接缘由，如果从调节贸易顺差角度来调控人民币汇率，应该以人民币有效汇率(类似兑一篮子货币汇率)为标的。但是 2005 年以来，人民币有效汇率是人民币兑美元爬行升值关系下倒推出来的数字而非调控目标。2007 年中国贸易顺差历史性地达到 2 600 亿美元，同比增长约 50%，当年人民币兑美元升值约 5%，但是人民币有效汇率从年初的 104 贬值到年末的 102。2008 年 9 月至 2009 年 3 月金融危机时期，中国外贸顺差减少约 30%，人民币再次固定钉住美元，但是人民币有效汇率从 105 升值到 123(图 4)。[②]

---

① 国际货币基金：www.imf.org。

② 国际清算银行：www.bis.org。

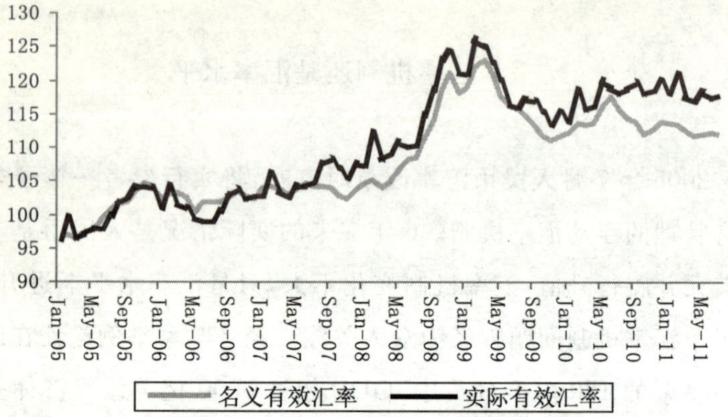

图 4 人民币有效汇率走势

金融市场与商品市场不同，资本流入流出关注的是人民币兑美元汇率的变化而不是人民币有效汇率的变化。人民币兑美元爬行钉住的机制，是中国当局从其所理解的金融稳定角度进行的汇率安排，即在基本接受美元为名义锚的前提下对美元渐进升值，这在危机时人民币再次钉住美元时反映得更为淋漓尽致。所以说，中国在人民币汇率上是以应对美国压力为出发点，以美元国际货币为名义锚，以金融市场稳定为主、对外贸易调整为辅来把握人民币汇率变化。

汇率改革 6 年后人民币兑美元累计升值 30%，目前人们再次探讨汇率机制和汇率水平。汇率机制方面，非单边升值的双边浮动汇率机制重新引起议论，但是汇率浮动需要有浮动的参照基准，要么是美元，要么是一篮子货币，从人民币汇率机制的路径依赖看可能是美元。目前暂时看不到人民币汇率大幅浮动的可行性，原因之一是中国货币政策稳健性令人质疑，人民币存款利率近 10 年来有 6 年为负利率，商业银行年新增贷款动辄从 5 万亿翻倍到 10

万亿，货币政策过于松弛。[1] 人民币还需要名义锚约束，这是中国宏观当局立场偏松、缺乏市场信任也缺失自信的结果。

然而，国际形势变化如美国经济复苏乏力、货币政策持续宽松、主权信用等级下调等，令中国不断面临挑战，需要思考如何真正实行稳健的货币政策，或者到底是选择美元还是一篮子货币作为名义锚。尽管国际上参考一篮子货币的国家多是小国，但是这种机制的确兼顾了货币政策的对内和对外稳定，特别是在美国货币政策宽松背景下。中国虽然是大国，但是事实上没有充分建立市场经济机制，中央银行也不具有独立性，选择一篮子货币名义锚，是一种过渡时期内外兼顾的可考虑之项。

汇率水平方面，市场最关注的是人民币兑美元大幅升值，以及中国房价暴涨、通胀加剧、政府债务激增之后人民币是否会贬值、什么时候贬值？回顾日本20个世纪末的经历有助于分析此问题，中国当前的通胀与资产泡沫成因与1990年的日本相似，都存在外需下降后货币信贷过度宽松的情况。日本1991年房市、股市泡沫破灭价格暴跌50%以上，GDP增速从1990年的7%跌落到1991年的3%，但是日元汇率却继续由1991年的1美元兑换130日元升值到1995年初的80日元，直到1995年4月才开始贬值，1998年7月贬值到1美元兑换147日元，1998年底升值到130日元，之后10年基本在130—110日元波动。日本经济泡沫破灭后日元继续升值原因可能有二：一是日本贸易顺差创纪录达到1 200亿美元左右；二是美国1991年储蓄信贷危机导致经济衰退，GDP增

① 2008年、2009年和2010年新增人民币贷款分别为4.9万亿元、9.6万亿元和7.9万亿元。

速从1990年的2%下降到1991年的-1%，美元利率大幅下调从1990年的8%下降到1991年的4%。日元1995—1998年间的贬值原因一是日本外贸顺差下降约10%，二美国利率与日本利率走势分歧加大，美国从1993年加息到1995年的6%，日本则持续降息到1995年利率仅为0.5%（图5、图6）。[①]

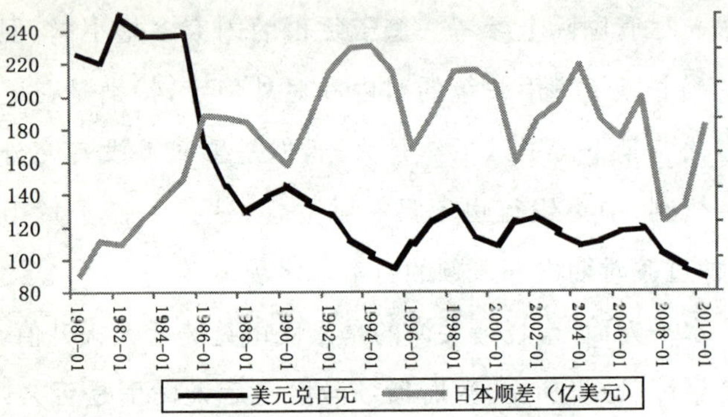

图5 日元汇率与日本贸易顺差

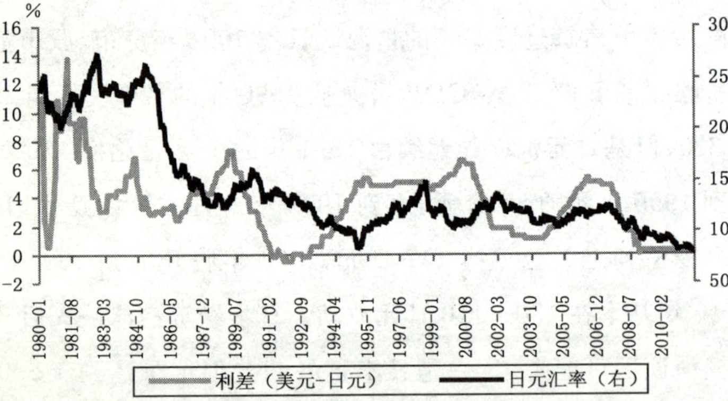

图6 日元汇率与美元日元利差走势

① 数据来源：美联储（www.federalreserve.gov）、日本央行（www.boj.or.jp）。

从目前作短期展望,人民币兑美元还有升值的可能,因为一是中国贸易顺差较大,二是美国经济增长较缓,低利率持续,继续施压人民币升值。从过去10年特别是近5年的经济形势看,人民币可能在不是很久的未来出现贬值调整,潜在的风险因素目前已经很明显:1.通胀和资产泡沫已经使中国除人力服务以外的商品价格基本都高于美国,尽管这里有间接税负重的因素,但是在中国政府债务攀升、行政体系扩张的背景下,实际税负增大的可能性远大于其降低的可能性;2.全要素生产率增速下降,根源在于政府经济比重上升,还有外商投资增速和外贸增速下降可能抑制技术进步速度;3.实际利率过低,货币扩张过快,资金配置效率低,金融体系沉淀资金包括不良资产累积,如果货币增速下降将使问题资产凸现。其他方面因素变化,如美国提高利率等,可能触发风险在某个时间演变成现实。

如果宏观当局还遵循当前的金融稳定逻辑,人民币钉住或者参考美元的名义锚安排很可能将继续存在。对于投资者来说,目前继续做一些短期投机人民币升值交易获得盈利的可能性仍然较大,一方面因为短期存在升值的国际压力,另一方面即使将来出现贬值压力,境内现汇市场上人民币贬值也很可能晚于、缓于远期市场预期。如果宏观当局改变其名义锚逻辑,比如改变爬行钉住美元为真正参考一篮子货币则会打乱次序,汇率投机较难操作。

四、 抑制通胀还是刺激泡沫

汇率升值本身具有抑制通胀的作用,主要从三个方面体现。第一从总供求角度看,汇率升值有利于限制出口以及促进进口,相当于限制需求同时增加供给。第二从投入产出角度看,中国大量进口铁矿石、原油、铜等初级产品,汇率升值有利于降低进口原材料成本,从而有利于控制产成品价格。第三从"巴—萨"模型看,汇率升值通过抑制贸易品和非贸易品部门工资上涨可以抑制非贸易品价格上涨。

通货膨胀最终是一种货币现象,归根到底是货币发行过多造成的,汇率升值抑制通胀的作用不可强调过度。第一,中国贸易顺差来自加工贸易,汇率变动对于加工贸易进出口调节效应有限。第二,国际上资源型商品价格高涨反映了全球工业化进程加快以及出口商相对进口商存在阶段性议价优势。依据购买力平价,汇率变动主要是体现不同经济体的可贸易品综合价格水平变动,对于调节可贸易品不同类别之间比价的作用有限。第三,"巴—萨"效应反映了充分就业状态下非贸易品部门工资和价格与非贸易品部门工资和价格的关系,这种比价调整是有序甚至一定程度上必要的,与货币超发导致的通货膨胀截然不同。"巴—萨"效应在中国显现有限,2005 年以来中国居民收入占 GDP 的比重下降,工资上涨不是通胀的源头而是其结果。[①]

也有人将货币发行过多与汇率升值不够和国际收支顺差太大相联系,认为央行为维持汇率稳定而购入美元大量投放基础货币。2005—2010 年,中国货币供应量 M2 从 25 万亿增加 48 万亿到 73 万亿,其中贸易顺差 1.12 万亿美元对应约 8 万亿人民币,非贸易顺差对应约 10 万亿,贷款增加 30 万亿。占货币供应量增加额 21% 的非贸易顺差外汇占款,这一部分外汇流入多大程度由汇率

① 数据来源:国家统计局(www.stats.gov.cn)。

升值预期刺激导致存在争议。贸易顺差引致的货币供应增加只占16%,不是矛盾的主要方面。[①]

相反,也有人认为中国当局应对人民币升值有误,货币政策立场过松造成中国房地产价格泡沫和通货膨胀。错误有:一是强调所谓利率平价,压低人民币利率以配合汇率升值同时尽可能减少外汇流入;二是人民币持续单方向升值形成预期吸引大量外资流入造成大量货币投放;三是2009和2010年在顺差对经济增长贡献下降后,货币信贷过度投放两年新增贷款约18万亿。[②] 在2005年人民币汇率改革推出前后,中国官、学、商人士反复研究日本广场协议和泡沫经济问题,并基本一致认为是货币政策失误、低利率造成了日本的股市、房市泡沫,然而中国在2009、2010年基本重演了日本房地产泡沫形成的故事。美国次贷金融危机后人们反思房地产泡沫成因,其中不可不说的就是格林斯潘的低利率刺激,但是中国就是在应对这个危机影响时期采取了类似的超宽松货币政策造成了类似的房地产泡沫问题。

在低利率、宽货币背景下,中国企业规模膨胀,房地产价格暴涨,外商对华投资资产市值迅速增长。截止2010年年底,外商在华资产按成本价格计算约为1.5万亿美元,2008年年底和2005年年底分别为9 200亿和4 700亿美元。[③] 考虑到中国近年来资产价格膨胀的速度,按市值计算,外商在华资产价格有可能达到3万亿美元,与中国外汇储备规模孰高孰低难以定论,中国对外到底

---

① 数据来源:中国人民银行网站。

② 根据中国人民银行公布的《2009年金融市场统计数据报告》和《2010年金融市场统计数据报告》显示,2009年和2010年新增贷款分别为9.6万亿元和7.9万亿元。

③ 国家外汇管理局:www.safe.gov.cn。

是净资产还是净负债需要细察。流入的外国资本不仅赚取了人民币升值的收益，更多地还获得了中国资产价格膨胀的增值。

国内外教训都证明，货币政策立场是一国宏观政策的根基，货币信贷利率是货币政策的基本变量，相比之下汇率次要的多。目前有人说汇率稳定与货币政策独立不可兼得，潜在的前提是资本管制无效。2010年2月，国际货币基金组织少见地发布了一篇正面对待资本管制的报告——《资本流入：管制的角色》。① 报告承认，资本跨境自由流动对新兴市场国家存在有利的方面，但是也存在问题。巨额资本流入可能导致汇率高估，加大信贷膨胀，刺激资产泡沫，增加金融体系风险。如果一国经济增长处于潜在增速，储备水平适度，汇率没有低估，资本流入是短期形式的，那么配套以审慎的宏观经济政策，资本管制对于控制资本流入有效。报告指出，在应对资本流入时，可以考虑对于外汇借款征收无息外汇准备金，对短期外债征收流入税，对于短期套利交易征收交易税，对于外资流入规定最短停留期，等。从国际多边角度看，适度的资本管制有助于管理跨国的溢出影响，减少热钱流动，降低负债风险，有利于调整全球失衡和促进系统稳定。

2008年9月至2011年8月，美联储数量宽松货币政策使其资产负债从9 100亿扩张到2.8万亿，货币供应量M2从7.9增加到9.3万亿，但是贷款余额从7万亿下降到6.8万亿，美国输出资本2万亿(其中贸易逆差8 000亿，资本外流1.2万亿)。② 美联储数量宽松政策，增加没有美国实体经济得到的信贷支持，只是增加

① Jonathan D. Ostry (2010), *Capital Flow: The Role of Controls*, IMF staff position note, February, 19.

② 美联储：www.federalreserve.gov。

了资本流入国和美国金融市场流动性。在此背景下,对流入国来说,资本管制的作用非常关键,而汇率持续升值与刺激资产膨胀的低利率结合最可能诱发资本流入。

在20世纪中叶国际货币基金组织成立初期,各国经济制度和水平差异大,资本管制是经典和常态。随着西方经济发展和7国集团形成,发达国家社会制度、经济发展基本处在一个平面上,商品和资金的流动日益自由化。中国经济社会结构与发达国家还没有处于一个层面,实现资本自由流动,可能需要考虑以下几个条件:1.参与国际经济分工方式上水平分工需要大于垂直分工。如果还是以垂直分工、加工贸易为主,说明中国缺乏独创产品和有竞争力的产业,主要优势还是劳动力便宜。劳动力价格系统性差异使资本流动不是在一个平面上进行,而是可能出现瀑布式跳差冲击。2.企业全球布局生产销售。资本流动反映和带动贸易、直接投资、证券投资资源配置。以本国企业作为发起主体带动的资本流动,有利于本币计价、支付、投资行为国际化推广以及本国货币政策效应向国际市场传导,避免只是以单向、被动角色承受国际市场冲击。3.金融市场基本成熟。

2005年以来,中国对资本流入管制略有加强,但是没有采取无息外汇准备金、对短期外资征收流入税以及交易税等措施。货币政策主要采取提高准备金率和发行央票对冲资本流入产生的流动性。从现实看,在中国贸易依存度超过50%情况下,资本流入管制的确面临困难。然而,经济的国际化就是对中国提出这样的挑战,要么提高行政管理效率控制资本流入,要么加快改革向成熟市场经济体演进,比如将城市长期的农民工待遇市民化促进城市化和人本化,支持民营经济以产生更多像华为、吉利这样的企业向国际发展，加快利率定价市场化等。

五、人民币对外开放与对内开放

开放是中国经济发展的原动力之一，制造业对国外资本和国内民营资本的开放，成就了中国制造业大国的地位。金融领域开放比较落后。一方面外资金融机构在金融市场上的影响很有限，相比于外资企业产值占我国制造业产值的30%，外资银行资产占我国银行业总资产比例自1996年以来一直徘徊在2%—3%左右，国际比较占比很低。另一方面金融业对国内民营资本开放停滞不前，即使将城信社、农信社和股份制银行中的民生银行、浙商银行合并统计，民营金融机构总资产比重也仅为10%左右。[①] 中国金融业以政府拥有和干预为主导的产权安排仍需要实质性的改革。

在货币领域，近年来出现对外开放市场化、对内管制行政化、金融改革进退矛盾的现象。

人民币对外开放市场化表现在几个方面：一是人民币汇率按照市场供求形势持续升值。这是基于汇率与国际收支的逻辑，2005年以来外汇市场上持续存在出售美元等外币来换购人民币的情况，人民币兑美元持续升值并不时加快升值速度。仅仅在2008年9月至2009年3月市场出现贬值预期，NDF市场美元兑人民币升水[②]，当时货币当局采取了重新钉住美元而不是贬值的

① 中国银行业监督管理委员会：www.cbrc.gov.cn。

② 根据彭博数据计算。

策略。二是人民币跨境结算推广,人民币离岸市场规模快速增长。自20世纪90年代以来,人民币在周边国家和地区如蒙古、越南、老挝、缅甸、台湾、香港等流通,成为边境贸易的重要支付结算货币。随着中国贸易规模扩大,人民币币值走强,人民币在境外流通有扩大之势。2009年7月中国发布《跨境贸易人民币结算试点管理办法》,2011年8月推广至全国,鼓励对外贸易使用人民币进行计价结算。[①] 目前跨境贸易中人民币结算量大概占20%,主要是中国内地企业进口对外支付人民币。这些跨境贸易结算支付货币虽然是人民币,但是贸易合同计价货币大多还是美元。境外企业之所以愿意用美元计价而接受持有人民币,升值预期是主要原因。2009年后,企业和政府开始较大规模地在香港发行人民币债券,截至2011年9月,在香港人民币存款余额约6100亿元,债券存量金额约1900亿元,人民币离岸市场初步形成。[②] 香港人民币债券市场利率时常受到政策冲击,例如人民币升值的速度以及发债募集资金可投资于内地市场的额度等。

在人民币对外开放市场化同时对内却表现为行政管理强化。第一,信贷额度控制手段恢复,这在2007年、2008上半年和2011年表现充分。至2007年很多商业银行虽然已经进行了股份制改造,引进外国战略投资者,甚至在国内或者海外上市,但是2009、2010年信贷大跃进证明,只要政府所受约束有限,以政府及国有企业为大股东的商业银行自我约束机制就不会充分有效,宏观信贷额度管理也就难以摒弃,必要时甚至需要强化。第二,商业银行

---

① 中国人民银行 :www.pbc.gov.cn。

② 李小加:“香港离岸人民币市场已经初步形成”,2010年11月12日《上海证券报》。

存贷款利率市场化停滞。近年来，货币当局关于商业银行利率市场化政策的核心是贷款利率管下限、存款利率利率管上限，保护商业银行利率维护其盈利能力，这种利差保护政策在中国金融经济领域产生深远影响。一是巩固强化了商业银行在中国金融领域的垄断强势地位。利差保护促使商业银行利润增长迅速，2005—2010 年间银行利差收入年均增长约 25%，利差收入占营业收入 85%的高比重持续不下，在收入高增长支持下商业银行快速扩张，资产占金融资产比重持续高达 90%，商业银行在与保险、基金、券商等金融机构业务谈判中强势定价地位明显。① 二是助长甚至放大了中国经济顺周期波动。2005—2010 年间商业银行收入和利润累计增长数万亿元，利差保护政策表面上充实了银行利润和资本有利于银行系统稳定，但是现实中利润、资本使商业银行增加了扩大数十万亿贷款的能力，信贷过快扩张加重了中国经济过热、透支问题。三是抑制金融创新、阻碍经济增长方式转型。在利差保护下，商业银行坚持存贷盈利策略，集中力量多存多贷而对业务创新投入不够。以国有产权为主的银行体系信贷投放倾向于国有企业和政府投资。由于存款利率过低，商业银行每年少支付给 30 万亿储蓄的存款利息约 1 万亿元。就像财政收入增速远高于居民收入增速与民争利一样，商业银行在利差保护下资本与信贷高增长也是一种政府经济与民争利的表现，阻碍经济增长方式转向消费主导。②

2011 年货币政策持续收紧，宏观经济受到调控压力，部分金

---

① 根据交易所上市的中国的商业银行年报测算。

② 2003—2010 年间中国财政收入年均增速 21%，远高于城镇职工工资年均 14%的增速。

融扭曲也得到调整。存款低利率问题受到高通胀和紧货币影响,资金"脱媒"现象明显,民间借贷融资增多,金融机构纷纷也办理各种理财业务,尽可能使资产负债表外化,规避行政定价管制,明确反映了中国金融机构种类和金融服务不丰富、金融定价非市场、货币政策长期偏松问题。以开放促改革是中国现代化演进的经验。金融与其他产业一样,开放首先是产权的开放,市场准入的开放,对外资更对内资开放,破除垄断,促进竞争。在国内金融改革左进右退之际,推行人民币跨境结算和离岸市场,尽管从技术上可以提高人民币对外认知程度,促进资本项目可兑换的加快,但是由于缺乏金融产权、盈利模式、利率市场化更深层次的改革,中国的金融和货币仍将缺乏竞争力。

参考文献

Jonathan D. Ostry (2010),"Capital flow: the role of controls", *IMF staff position note*, February 19.

Logan Right (2010), *Renminbi Exchange Rate Analysis*, George Washington University.

Samuelson, P.A. (1964), "Theoretical Notes on Trade Problems", *Review of Economics and Statistics*, 46,145 - 154.

陈彪如:《国际金融学》,华东师范大学出版社,1992 年版。

国家外汇管理局国际收支分析小组:《2010 年中国国际收支报告》,中国外汇管理局网站 2011 年 4 月 1 日。

李小加:"香港离岸人民币市场已经初步形成",2010 年 11 月 12 日《上海证券报》。

索 引